심리학과 철학의 놀라운 결합. 폴 블룸은 인간이란 존재를 명쾌하고 확고하게 해명한다. 그리고 인간이 어떤 모습으로 변모할지를 심사숙고하는 데 필요한 정보를 제공한다.

_ 피터 싱어, 『동물해방』 저자

폴 블룸은 정신발달학의 권위자다. 그의 이론은 우리의 일상뿐 아니라 학자들을 매혹하는 중요한 질문들에서 빛을 발한다. 그의 손에서 냉정한 과학은 살아 있는 생명체로 거듭난다.

_ 사이먼 배런 코언, 『마음맹』 저자

이 책은 재미있는 읽을거리인 동시에 심리학 분야에서 가장 심오한 사상가이자 최고의 저술가가 공개하는 새로운 발견이다. 명쾌하고 매력적인 책이라, 독자들은 천천히 읽으면서 음미하고 싶어질 것이다.

_ 대니얼 길버트, 『행복에 걸려 비틀거리다』 저자

폴 블룸은 쾌락의 여정을 따라 인간이라는 별난 성향의 집합소로 안내한다. 여행의 끝자락에는 '우리 안의 마법'이 이해되기 시작한다. 이 책은 아름답고 가치 있는 작업의 결정체로서, 우리는 본질주의자이고 보이지 않는 질서에 따라 움직인다는 진리를 중심으로 구성되었다.

_ 조너선 헤이트, 『행복의 가설』 저자

폴 블룸은 오늘날 정신과학 분야에서 가장 심오한 학자이자 냉철한 저술가 중 한 명이다. 우리의 내면에 관해 당신이 한 번도 읽어보거나 생각해 보지 못한 새로운 통찰을 내놓고 생생한 사례와 명료한 설명으로 쉽게 이해시키는 능력이 뛰어나다.

_ 스티븐 핑커, 『빈 서판』 저자

『우리는 왜 빠져드는가?』는 예술이 왜 우리에게 즐거움을 주고 왜 중요한지, 그리고 왜 우리를 감동시키는지에 관해 내가 읽은 책 중 최고의 논의를 제시한다.

_ 대니얼 레비틴, 『뇌의 왈츠: 세상에서 가장 아름다운 강박』 저자

풍성하고 도발적인 이 책에서 폴 블룸은 쾌락의 역설을 논하고, 식인행위에서 피카소와 이케아 가구에 이르기까지 쾌락에 관한 모든 것을 탐색한다. 기이한 형태의 쾌락은 인간의 마음에 관해 가르쳐주는 유쾌한 방법이었다.

_ 조나 레러, 『탁월한 결정의 비밀』 저자

행복에 관한 문헌을 추적하는 정신의학자로서 나는 이 책이 '인간이 좋아하는 것을 왜 좋아하는지에 관한 새로운 과학'에 대한 가장 포괄적이고 권위 있는 저술이라고 확신한다. 우아하게 쓰인, 그리고 많은 즐거움을 주는 책.

_ 피터 D. 크레이머, 『우울증에 반대한다』 저자

매력적이고 시사적이다. 예일대 심리학 교수인 블룸은 유연하면서도 명쾌한

작가이며 쾌락에 대한 그의 반직관적인 주장들의 행진을 보는 것은 매혹적이다.

_ 마이클 워시번, 미국 공영 라디오 방송

∙

폴 블룸은 진화적이고 사회적인 관점에서 쾌락을 탐구하지만, 흔히 하는 것처럼 이 주제를 감각과 연결시키지는 않는다. 음식, 예술, 섹스, 쇼핑 등 쾌락과 연계된 활동들에 대한 연구나 일화를 검토함으로써 쾌락이 사물—동물이건 식물이건 혹은 광물이건—의 본질 혹은 핵심에 다가가게 해 준다고 결론을 내린다. 그는 인간이 쾌락을 받아들이는 동시에 산출하도록 만들어졌다고 주장한다.

_「리드 비즈니스 인포메이션」

∙

폴 블룸은 실험, 인용, 철학적인 단편과 일화를 이해하기 쉽게 소개한 이 책에서 음식, 섹스, 예술 등의 주제를 풍부하게 다룰 뿐만 아니라 더 깊은 주제까지 건드린다. 쾌락원리의 창시자 지그문트 프로이트도 이 책을 기꺼이 인정했을 것이다.

_「타임」

∙

섹스, 음식, 예술, 그리고 재미에 대한 책을 거부할 사람이 있을까? 그렇지는 않을 것이다. 이 책은 그 모든 주제를 다루지만 이 책에 담긴 철학, 발달 심리학, 진화 이론에 대한 깊이 있는 이해 덕분에 죄책감 없이 이 주제를 즐길 수 있다. 『우리는 왜 빠져드는가?』는 당신의 뇌세포를 자극할 것이고 더 많은 것을 원하게 만들 것이다.

_「뉴스위크」

폴 블룸은 세련되고 서투른, 보편적이고 진기한, 사실적이고 상상력이 풍부한 즐거움 모두를 탐구한다. 자신의 연구뿐만 아니라 신경과학, 행동경제학, 철학 분야의 다양한 연구를 인용하면서 인간 쾌락의 핵심에 본질주의가 작용한다는 강력한 논증을 제시한다.

_ 메이와 몬테네그로, 「시드 매거진」

학술적이면서도 명민하다. 폴 블룸은 날카롭고 적절한 방법으로 책에 양념을 친다. 고무적이고 잘 전개된 논증이 돋보인다.

_ 「커커스 리뷰」

행복이라는 일반적인 주제에 대해 이미 널려 있는 많은 책들과는 차원이 다른 책. 주변을 정리함으로써 더 행복해질 수 있다는 식의 조언은 여기에 없다. 폴 블룸은 단지 기분을 좋게 하는 요소 이상의 심오한 우리 내면을 탐색한다. 물리적이고 사회적인 세계와 협상하는 데 도움이 되는 생각의 책략들을 우리의 마음이 어떻게 진화시켰고, 그러한 책략들이 어떻게 예기치 않은 장소에서 우리에게 즐거움을 주는지를 분석한다.

_ 「뉴욕 타임스」

기묘한 이야기와 색다른 통찰이 현대 심리학의 미개척 분야에서 소개된다. 이 책은 일상의 사소한 것들에서부터 우리를 흥분시키는 것들에 이르기까지, 인간이 어떻게 그리고 왜 그것들을 소중히 여기고 즐기는지를 보여준다. 이것은 또한 인간이 이룩한 최고의 예술을 설명하려는 과학의 절박한 시도에 관한 것이다.

_ 「선데이 타임스」

우리는 왜 빠져드는가?

HOW PLEASURE WORKS by Paul Bloom

How Pleasure Works

우리는 왜 빠져드는가?

인간 행동의 숨겨진 비밀을 추적하는 쾌락의 심리학

폴 블룸 지음 | 문희경 옮김

살림

아버지 버니 블룸에게 이 책을 바칩니다.

인간이 좋아하는 것을 왜 좋아하는지에 관한 심리 실험

인간의 쾌락에는 동물적인 면이 있다. 개를 데리고 나가서 산책한 후 집으로 돌아오면 나는 소파에 주저앉고 개는 강아지 침대로 올라간다. 나는 차가운 물 한 잔을 마시고 개는 개밥그릇에 담긴 물을 핥는다. 그러면 우리 둘 다 더할 나위 없이 행복해진다.

이 책은 동물적인 쾌락보다 불가사의한 쾌락을 다룬다. 면도날로 손목을 그으면서 쾌감을 느끼는 십 대 여학생도 있고, 매춘부에게 큰돈을 주고 때려달라는 남자도 있다. 미국인은 하루 평균 네 시간 이상 텔레비전을 본다. 남자들은 처녀와 성관계를 맺는다는 생각만으로도 몹시 흥분한다. 추상화가 수백만 달러에 팔려나가기도 한다. 아이들은 상상친구와 재미있게 놀고 아기담요를 끌어안고 위안을 얻는다. 사람들은 운전 중에 선혈이 낭자한 사고 현장을 자세히 보려고 속도를 늦추기도 하고 눈물을 짜내는 영화를 보려고 극장에 간다.

이 책에서는 미술, 음악, 소설, 마조히즘, 종교와 같은 인간 고유의 쾌락을 다룬다. 음식이나 섹스는 인간만의 쾌락은 아니지만 인간이 음식과 섹스에서 얻는 쾌락은 다른 동물이 느끼는 쾌락과는 본질적으로 다르다.

이 책에서는 쾌락이 심오하다고 말한다. 감각기관으로 지각하는 세계에 중점을 두지 않는다. 오히려 대상에서 얻는 즐거움은 우리가 그 대상을 어떻게 생각하는지에 달려 있다. 그림이나 이야기를 감상하는 지적 쾌락에도 적용되고 배고픔과 성욕을 채우는 단순한 쾌락에도 적용되는 관점이다. 그림을 감상할 때는 화가가 누구인지가 중요하고, 이야기를 읽을 때는 진실인지 허구인지가 중요하며, 스테이크를 먹을 때는 어떤 동물의 고기인지가 중요하고, 성관계를 맺을 때는 상대가 누구인지가 중요하다.

쾌락을 심오하다고 보는 관점은 인지심리학에서 가장 흥미로운 이론들 가운데 한 가지 이론과 연결된다. 이 이론에서는 인간은 물론 세상 모든 사물에는 보이지 않는 본질이 있고 본질이 사물의 참모습이라고 가정한다. 실험심리학에서는 우리가 본질주의적 관점으로 물리적 세계와 사회적 세계를 이해한다고 제안하고, 발달심리학과 비교문화심리학에서는 본질주의적 관점이 본능적이고 보편적이라고 제안한다. 요컨대 우리는 타고난 본질주의자라는 뜻이다.

1장에서는 본질주의를 설명하고 본질주의가 일상의 수수께끼 같은 쾌락을 이해하는 데 도움이 된다고 강조한다. 그리고 여섯 장에 걸쳐 쾌락의 다양한 영역을 탐색한다. 2장과 3장에서는 음식과 섹스를 다룬다. 4장에서는 유명인이 소유했던 물건이나 아기담요를 비롯하여 특별한 물건에 대한 애착을 다룬다. 5장에서는 미술과 행위를 다룬다. 6장과 7장에서는 상상의 쾌락을 다룬다. 장마다 나름의 주제를 다룬 독립적인 고찰로 읽을 수도 있다. 마지막 장에서는 쾌락과 관련된 몇 가지 폭넓은 의미를 생각하고, 과학과 종교의 매력을 고찰하면서 이 책을 마무리한다.

이 책에서는 개인 발달과 인류 진화의 기원을 돌아보면서 쾌락의 본질을 이해하고자 한다. 기원을 탐색하면 통찰에 도움이 된다. 생물학자 다아시 톰슨D'arcy Thompson의 유명한 말처럼 "만물은 그렇게 되어왔기 때문에 그런 것"이다. 그러나 심리학에서 진화론을 거론하면 자칫 불필요한 혼란에 빠질 수 있으므로 여기서 명확히 밝혀둘 점이 있다.

우선 '진화'라는 말이 곧 '적응주의(생물의 형태, 생리, 행동 등 거의 모든 형질은 적응적이고, 최적에 가까운 상태를 유지하려 한다는 이론—옮긴이)'를 의미하지는 않는다. 심리학의 주요 쟁점은 대개 적응에 관한 논의다. 적응을 논의하는 이유는 인류 조상이 적응하는 과정에서 번식이익을 얻었기 때문이다. 그중 몇 가지는 이 책에서도 거론한다. 하지만 그 밖에 인간 정신의 다양한 측면은 진화의 부산물일 뿐이다. 진화생물학자 스티븐 제이 굴드Stephen Jay Gould 와 리처드 르원틴Richard Lewontin의 용어를 빌리자면 '스팬드럴 spandrel(건축물에서 인접한 두 아치 사이에 자연스럽게 생기는 삼각형 모양의 공간. 어떤 과정에서 생기는 부산물을 뜻한다.—옮긴이)'인 셈이다.[1] 쾌락에 관해서는 특히 맞는 말이다. 예를 들어 사람들은 포르노를 즐기지만 매력적인 남녀가 벌거벗은 사진이나 동영상을 본다고 해서 번식에 도움이 되지는 않는다. 포르노의 유혹은 우연한 사건이다. 벌거벗은 사람에 대한 호기심은 인간이 진화하면서 발생한 부산물일 뿐이다. 마찬가지로 쾌락의 깊이에 관한 논의도 대개 우연한 사건과 연결된다. 본질주의가 진화해 온 이유는 세계를 이해하기 위해서였지만 이미 본질주의를 획득한 지금에 와서는 본질주의가 생존이나 번식과 상관없는 방향으로 우리의 욕구를 이끌어간다.

다음으로 '진화'라는 말이 '어리석음'이나 '단순함'을 의미하지는 않는다. 얼마 전 영문학과 세미나에서 소설의 쾌락에 관해 토론한 적이 있다. 세미나가 끝나고 어느 참가자가 찾아와서 내 접근 방식에 놀랐다면서 내 접근법이 생각만큼 나쁘지 않았다고 말했다. 단순하기 짝이 없는 생물학의 환원주의를 들먹일 줄 알았는데, 독자가 작가의 심리상태를 몹시 궁금해한다는 주제와 인간이 이야기를 즐길 때는 풍부하고 복합적인 직관이 끼어든다는 주제를 다루어서 놀랐다고 했다.

영문학과 교수가 마음에 들어 한다니 내심 기쁘기는 하지만 한편으로는 당혹스러웠다. 솔직히 나는 단순하기 짝이 없는 생물학의 환원주의를 이야기했다고 믿었다. 그런데 그의 소감을 들어보니 나는 보통의 경우 양립하지 않는 두 가지 주장을 동시에 옹호한 셈이었다. 일상의 쾌락이 심오하고 초월적이라는 주장과 일상의 쾌락이 오랫동안 진화해 온 인간 본성을 반영한다고 말하는 것이다. 두 가지 주장이 서로 충돌하는 듯 보인다. 쾌락이 심오하다면 문화적으로 학습된 것이어야 한다. 반대로 쾌락이 진화의 결과라면 단순해야 한다. 특정한 자극에 특정한 방식으로 반응해야 한다. 직관적이고 저급하고 피상적으로, 말하자면 어리석은 방식으로 반응해야 한다.

결국 이 책에서 내세우는 주장이 범상치는 않다는 사실을 인정해야겠다. 쾌락은 현명하고 심오한 직관에서 일어나는 현상이라고 말하는 동시에 진화적이고 보편적이며 본능적이라고 주장하고 있으니 말이다. 하지만 이 책은 두 가지 주장 모두 사실이라고 밝힌다. 사실일 뿐 아니라 중요한 문제로 부각시키려 한다. 인간 정신을 연구하는 현대 과학에는 큰 공백이 있다. 심리학자 폴 로진Paul Rozin은 심리학 교재에서 스포츠, 미술, 음악, 희곡, 문학, 연극, 종교에 관한 주제는 찾기 어렵다고 지적한다.[2] 모두 인간을 인간으로 만드는 데 꼭 필요하고, 쾌락을 이해해야 비로소 이해할 수 있는 주제들이다.

쾌락에 관해서라면 누구나 흥미로운 이야기 하나씩은 알고 있다. 이 책의 사례도 주로 가족, 친구, 학생, 동료, 비행기에서 우연히 만난 사람들과의 대화에서 수집했다. 하지만 누구보다도 쾌락을 진지하게 연구한 학자들, 데니스 더튼, 수전 겔만, 타마르 젠들러, 브루스 후드, 제프리 밀러, 스티븐 핑커, 폴 로진에게 큰 영향을 받았다. 이들 일곱 학자와 의견이 다를 때도 있지만 이 책은 대체로 이들의 이론에 대한 나 나름의 해석이다. 이들에게 학문적으로 신세졌다는 사실을 밝힐 수 있어서 기쁘다.

출판 에이전트 카틴카 매트슨에게 감사한다. 집필을 시작할 때부터 이 책이 전달하려는 주제가 무엇인지 일깨워주었고, 이후에도 조언이 필요하거나 내가 불안해할 때마다 아낌없이 지원해 주었다. 노튼출판사의 안젤라 폰 데르 리페는 내 작업을 믿고, 집필하는 동안 고민도 상담해 주고, 초고를 읽고 명확히 평가해 주었다. 정확하고 꼼꼼하게 교정교열을 마무리해 준 캐럴 로스에게도 감사드린다.

최상의 학문공동체를 자처하는 예일 대학 심리학과의 동료 교수들과 대학원생과 박사 연구원들의 지원과 인내심에 감사드린다. 심리학과 학과장 마르샤 존슨은 서로 격려하고 자극하면서 연구하는 분위기를 형성하는 데 크게 기여한 분이다. 이 책에는 내가 멜리사 앨런, 미셸 카스타네다, 길 디에센드럭, 캐서린 도널리, 루이자 에건, 수전 겔만, 조슈아 구드스타인, 카일리 햄린, 브루스 후드, 아이잣 재루디, 우트 레너즈, 로리 마크슨, 조지 뉴먼, 로리 산토스, 데이비드 소벨, 디나 스콜닉 와이즈버그, 카렌 윈과 공동으로 실시한 실험이 실려 있다. 모두에게 감사드린다.

제안하거나 질문에 답하거나 초고를 읽어준 분들께도 감사드린다. 안우경, 마하자린 바나지, 베니 베이트 할라미, 월터 빌더백, 켈리 브로넬, 엠마 부첼, 수전 캐리, 브라이언 어프, 엠마 코헨, 리사 드브륀, 레이첼 데니슨, 데니스 더튼, 레이 패어, 데보라 프리드, 수전 겔만, 대니얼 길버트, 조나단 길모어, 피터 그레이, 멜라니 그린, 릴리 기요트, 콜린 재거, 프랭크 케일, 마르셀 킨스번, 캐서린 킨즐러, 대니얼 레빈, 대니얼 레비틴, 라이언 맥케이, 제프리 밀러, 크리스티나 올슨, 카르틱, 판차나탄, 데이비드 피자로, 머레이 라이저,

로리 산토스, 샐리 사텔, 마이클 슐츠, 마크 슈스킨, 마르조리 테일러, 앨런 위너, 찰스 와이소키, 리사 준샤인에게 감사드린다. 한 학기 동안 쾌락에 관한 인지과학 세미나에 참석해 열띤 토론과 논쟁을 벌여준 여러분께 감사드린다. 특히 이 책의 초고를 읽고 다양한 의견을 보태 준 브루스 후드, 그레고리 머피, 폴 로진, 에리카 스턴, 안젤라 폰 데르 리페, 디나 스콜닉 와이즈버그에게 감사드린다. 모두 소중한 의견이었다.

끝으로 코네티컷 주, 매사추세츠 주, 온타리오 주, 서스캐처원 주 등지에서 항상 응원해 준 가족들에게 감사드린다. 아들 맥스와 재커리는 어느덧 훌쩍 자라서 발달심리에 관한 좋은 사례를 제공하지는 못하지만 기특하게도 현명하고 통찰력 있는 대화를 함께 나누는 흥미로운 대화 상대가 되어주었다. 아이들과 대화하면서 여러 가지 아이디어를 얻었다. 늘 그렇듯 제일 큰 빚을 진 사람은 협력자이자 동료인 아내 카렌 윈이다. 아이디어와 조언과 지지와 무엇보다도 쾌락을 나눠준 아내에게 고마운 마음을 전한다.

목차

1

쾌락의 심리학

우리는 왜 음악에 빠지고
물건에 집착하고 이야기에 감동하는가?

1946년 10월 15일 히틀러의 후계자였던

헤르만 괴링은 처형 직전에 감방에서 음독자살했다.

자살 직전 그가 들은 소식은 자신이 수집한

베르메르의 명작이 위작이라는 것이었다.

그를 정말로 고통스럽게 했던 것은

군사재판에서 사형을 선고받았기 때문일까,

아니면 진품이 위작으로 밝혀지면서

자신의 쾌락을 빼앗겼기 때문이었을까?

이는 비단 미술 작품만의 문제가 아니다.

우리는 일상의 모든 대상에서 쾌락을 추구한다.

음식을 즐기고 음악에 빠지고 섹스에 탐닉하고

물건에 집착하고 이야기에 감동한다.

그렇다면 쾌락은 무엇이고 어떻게 발생하는가?

히틀러의 후계자였던 헤르만 괴링Hermann Goering은 인류에게
저지른 죗값을 치르기 위해 사형대에 오르기 전에 그의 소중한 즐
거움을 도둑맞았다는 소식을 들었다. 그날 그 자리에 있던 사람의
증언에 의하면 괴링은 "세상에 악이 존재한다는 사실을 처음 깨달
은 사람" 같았다고 한다.

괴링에게 악을 행한 자는 네덜란드의 화가이자 미술품 수집가
인 한 판 메헤렌Han van Meegeren이었다. 괴링은 제2차 세계대전
중에 지금으로 치면 1천만 달러를 호가하는 회화 137점을 판 메헤
렌에게 넘겼다. 그리고 대가로 그림 한 점을 받았다. 요하네스 베르
메르Johannes Vermeer의 〈그리스도와 간음한 여인Christ with the
Woman Taken in Adultery〉이라는 그림이었다. 히틀러처럼 광적으로

미술품을 수집하던 괴링은 이미 유럽 여러 나라에서 작품을 강탈해 온 터였다. 다른 어떤 화가보다 베르메르에 열광하던 괴링은 이 작품을 손에 넣고 가장 기뻐했다.[1]

연합군은 전쟁이 끝난 후 이 그림을 찾아내 누가 괴링에게 그림을 팔았는지 수사했다. 그리고 네덜란드의 명작을 나치에게 넘긴 범인으로 판 메헤렌을 체포했다. 사형에 처해져 마땅한 대역죄였다. 판 메헤렌은 6주 동안 감옥에 갇혀 있다가 뒤늦게 죄를 자백했다. 그런데 그가 털어놓은 죄는 다른 것이었다. 괴링에게 판 그림이 위작이라는 내용이었다. 베르메르의 진품이 아니라 자기가 직접 그린 그림이라고 했다. 네덜란드에서 가장 유명한 그림 중 하나인 〈엠마오의 저녁 식사The Supper at Emmaus〉를 비롯해 베르메르의 것으로 알려진 작품들을 자기가 그렸다고 주장했다.

처음에는 아무도 믿지 않았다. 그래서 판 메헤렌은 무죄를 입증하기 위해 베르메르의 작품을 다시 그려야 했다. 장장 6주 동안 기자, 사진사, 방송국 촬영팀에 둘러싸여 술에 취하고 모르핀에 취한 채(그래야만 그릴 수 있었다.) 베르메르의 그림을 그렸다. 당시 네덜란드의 한 타블로이드 신문에는 "목숨을 걸고 그리다!"라는 제목의 기사가 실렸다. 당시 판 메헤렌이 그린 그림은 베르메르의 〈성전에서 가르치는 젊은 그리스도The Young Christ Teaching in the Temple〉라는 작품으로, 괴링에게 팔았던 작품보다 훨씬 훌륭했다. 결국 판 메헤렌은 반역죄보다 가벼운 사기죄를 입증하고 징역 1년을 선고받았다. 그러나 형기를 마치지 못한 채 옥사했고 훗날 나치를 속인 조국의 영웅으로 추앙받았다.

　판 메헤렌의 일화는 나중에 다시 꺼내기로 하고 지금은 베르메르의 그림이 위작이라는 말을 들었을 때 괴링이 어떤 기분이었을지 상상해 보자. 괴링은 여러 가지 면에서 괴상한 사람이었다. 우스꽝스러울 정도로 자아도취가 심하고 타인의 고통에는 무관심했다. 어느 기자는 괴링을 인터뷰한 후 상냥한 사이코패스라고 묘사했다. 그런 인간도 베르메르의 작품이 위작이라는 소식을 듣고 충격에 빠졌을 것이다. 어느 누구라도 그랬을 것이다. 물론 어리석게 속았다는 생각에 수치스럽기도 했을 것이다. 하지만 사기를 당한 것이 아니라 단순한 실수였다 해도 특유의 쾌락을 빼앗겼을 것이다. 베르메르의 작품을 구입했을 때는 누구의 그림인지 알아서 기쁘기도 했을 것이다. 그런 믿음이 거짓으로 밝혀지면 기쁨도 시들해진다.(반대로 모작이나 위작이라고 생각했던 그림이 진품으로 밝혀지면 기쁨이 배가 되고 그림의 가치도 올라간다.)

　비단 미술작품만의 문제가 아니다. 일상의 모든 대상에서 얻는 쾌락은 그 대상의 역사를 어떻게 생각하느냐에 따라 달라진다. 아래의 예를 살펴보자.

- 존 F. 케네디의 줄자(경매에서 48,875달러에 팔림)
- 2008년에 이라크의 한 기자가 조지 W. 부시에게 던진 신발(사우디아라비아의 백만장자가 1천만 달러를 제시했다고 전해짐)
- 홈런왕 마크 맥과이어가 일흔 번째로 친 홈런볼(유명 야구공 수집가인 캐

나다 사업가 토드 맥팔레인이 3백만 달러에 구입함)

- 최초로 달에 간 닐 암스트롱의 친필서명
- 다이애나 황태자비의 웨딩드레스 견본
- 자식의 첫 번째 신발
- 자식의 테디베어

모두 실용성을 떠나서 가치를 지니는 물건이다. 모든 사람이 수집가는 아니지만 내 주변에서는 누구나 존경하는 인물이나 중요한 사건에 얽힌 물건이나 가까운 사람으로 인해 특별한 의미를 지니는 물건을 적어도 하나씩은 수집한다. 물건에 얽힌 사연은 눈에 보이거나 손에 잡히지 않아서 똑같이 생긴 다른 물건과 구별하기 어렵다. 그래도 진품이라면 좋고 복제품이라면 기쁨이 사라진다. 이 책에서는 바로 이런 이야기를 하고자 한다.

쾌락을 보는 다른 시선들 ▼

쾌락 중에도 설명하기 쉬운 쾌락이 있고 설명하기 어려운 쾌락이 있다. 사람은 왜 물을 마시고 싶어 할까? 갈증이 해소되면 기분이 좋아지지만 계속 물을 마시지 못하면 고문이 되는 이유는 무엇일까? 이런 종류는 설명하기 쉬운 쾌락이다. 동물은 물을 마셔야 생존하기 때문에 물을 갈망하도록 동기화되어 있다. 물을 마시면 쾌락을 얻고 물을 마시지 못하면 고통스럽다.

단순하고 명쾌한 설명이긴 하지만 또 다른 질문이 고개를 든다. 왜 세상이 순조롭게 돌아갈까? 롤링스톤즈의 가사를 마음대로 뒤섞어 표현하자면 우리는 늘 원하는 것을 얻지는 못해도 필요한 것을 원한다. 그저 다행스런 우연이라고 생각할 사람은 없을 것이다. 유신론자라면 쾌락과 생존의 관계는 신의 개입으로 맺어졌다고 믿는다. 신은 피조물이 오래 살아남아 자손을 퍼트리길 바라기 때문에 물을 마시고 싶은 욕구를 심어준 것이라고 믿는다. 진화론자는 이를 자연선택의 결과라고 이해한다. 먼 옛날부터 물을 마시고 싶은 욕구가 강한 생물이 그렇지 않은 생물보다 많이 번식했다고 설명한다.

일반적으로 진화론(마음이 어떻게 작동하는지 설명하기 위해서는 진화론이 유신론보다 설득력 있어 보인다.)에서는 쾌락에는 유전자에 유리한 행동을 하게 만드는 기능이 있다고 이해한다. 비교심리학자 조지 로메인즈George Romanes는 1884년에 이렇게 말했다. "쾌락과 고통은 유기체에게 이롭거나 해로운 작용이 쌓여서 진화해 왔고, 따라서 유기체는 쾌락을 추구하고 고통을 멀리하도록 진화해 왔다."[2]

인간 이외의 다른 생물의 쾌락은 진화론으로 완벽하게 설명할 수 있다. 애완동물을 훈련시킬 때 시를 낭송하거나 오페라를 보여주면서 보상해 주지는 않는다. 진화론에 따라 맛있는 과자를 주면서 보상해 준다. 인간 이외의 다른 동물은 음식, 물, 섹스를 좋아하고, 피곤하면 쉬고, 보살펴주면 위로를 받는다. 진화생물학에서 쾌락으로 제시하는 것들을 좋아한다.

인간은 어떤가? 인간도 동물이라 대부분의 쾌락을 다른 동물과 공유한다. 심리학자 스티븐 핑커Steven Pinker에 따르면 인간은 "건강하고 잘 먹고 몸이 편하고 안전하고 일이 잘 풀리고 지식을 얻고 존중받고 성관계를 맺고 사랑받을 때" 가장 행복하다.[3] 핑커의 말에 여러 가지 쾌락이 언급되었지만 모두 침팬지나 개나 쥐 등의 동물과 같은 욕구 형성 과정으로 이해할 수 있는 쾌락들이다. 건강과 음식과 위안을 원하고 획득해서 쾌락을 얻는 것이 적응에 유리하다. 인류학자 로버트 아드리Robert Ardrey는 "인간은 직립 유인원으로 태어났지, 하늘에서 떨어진 천사가 아니다."라고 말한다.[4]

하지만 핑커가 열거한 쾌락이 완벽하지는 않다. 우선 미술, 음악, 이야기, 감상적인 물건, 종교가 빠져 있다. 이들이 인간만의 쾌락이 아닐 수도 있다. 언젠가 영장류 연구가에게 우리 안에 갇힌 영장류가 담요를 끌어안고 위안을 얻는다는 말을 들은 적도 있고, 코끼리와 침팬지가 예술작품을 만든다는 연구도 본 적이 있다.(나중에 밝히겠지만 나는 이런 연구에 회의적이다.) 그러나 어쨌든 이것은 인간이 아닌 동물에게는 정상 행동이 아니다. 인간에게는 지극히 정상이고 누구나 하는 일이지만 말이다. 이 문제에는 자세한 설명이 필요하다.

하나의 해법은 인간 고유의 쾌락이 자연선택이나 그 밖의 생물학적 진화과정에서 발생하지 않았다는 것이다. 문화에서 발생했고, 오직 인간사회에만 문화가 있기 때문에(혹은 중요하게 거론할 만큼 풍부한 문화가 있기 때문에) 인간 고유의 쾌락이 된 것이다.

진화적 적응에 초점을 맞추는 연구자들이 비판하기는 하지만 발생의 원인을 문화에서 찾는다고 해서 꼭 진화생물학을 모르거나 무시하는 것은 아니다. 뇌를 비롯해 인간을 이루는 모든 기능이 진화해 왔다는 사실을 의심하지는 않는다. 다만 인간이 머릿속에 생각을 담고 태어난다거나 구체화된 생각의 단위와 정신기관을 갖추고 태어나도록 진화해 왔다는 주장은 받아들이기 어렵다. 인간이 특별한 이유는 적응력이 뛰어나서 생각, 연습, 취향을 자유자재로 창조하고 학습하기 때문이다. 다른 동물은 본능에 충실하지만 인간은 머리가 똑똑하다.

이 이론은 어느 정도 타당하다. 누구도 인간의 지적 유연성을 부정하거나 인간의 쾌락은 문화에서 발생하고 조직화된다는 주장에 반박하지 못한다. 가령 백만 달러짜리 로또에 당첨되면 기쁨의 환호성을 지른다. 그런데 돈이라는 개념도 유전자 복제나 자연선택이 아니라 인류 역사에서 출현했다. 나아가 음식이나 섹스처럼 다른 동물들과 공유하는 쾌락조차도 문화마다 다르게 발현된다. 나라마다 고유한 음식이 있고 성적 의식이 있고 심지어 고유의 포르노그래피가 있다. 나라마다 유전자가 달라서는 아닐 것이다.

쾌락이 문화에서 발생했다고 주장하는 사람은 이렇게 말하고 싶을 것이다. 자연선택은 인간이 좋아하는 것(허기, 갈증, 성욕, 호기심, 사회적 본능)을 결정하는 데 어느 정도 역할을 해 왔지만 구체적으로 무엇을 좋아할지에 관해서는 아무것도 제시하지 않는다고 말이다. 평론가 루이스 메넌드Louis Menand는 이렇게 말한다. "생명의 모든 부분은 같은 생물학적 기반에서 출발한다. 즉, 생물학적으로 살아남지 않았다면 존재하지 않는다. 그 다음에는 모든 가능성이 열려 있다."[5]

그런데 이 책에서는 쾌락이 앞에서 설명한 대로 작동하지는 않는다고 제안하고자 한다. 쾌락은 주로 발달 초기에 발생하지, 사회인으로 성장하면서 발달하는 것이 아니다. 모든 인간이 비슷한 쾌락을 느낀다. 쾌락의 다양성은 보편적 주제 안에서 나타나는 차이 정도로 이해할 수 있다. 그림은 문화에서 시작했지만 예술을 사랑하는 마음은 문화적 소산이 아니다. 사회마다 갖가지 이야기가 존재하지만 모든 이야기에는 비슷한 줄거리가 있다. 음식이나 섹스에 대한 취향은 사람마다 다르지만 아주 많이 다르지는 않다.

예를 들어 우리와 전혀 다른 쾌락을 가진 문화를 상상해 보자. 음식의 맛을 내려고 배설물로 식재료를 닦으면서 소금이나 설탕이나 고추는 좋아하지 않거나, 모조품에 거금을 쓰면서도 진품은 쓰레기통에 버리거나, 정적이고 공포를 자아내는 선율을 들으려고 줄을 서서 기다리는 사람들을 상상할 수는 있다. 하지만 이것은 과학소설에나 나오는 설정이지 현실에는 존재하지 않는다.

한마디로 인간은 일정한 쾌락을 갖추고 태어나고 성장하면서 새로운 쾌락을 추가하지 못한다. 지나치게 단정적이어서 정신 나간 소리처럼 들릴지 모르겠다. 어쨌든 사람들은 텔레비전, 초콜릿, 비디오게임, 코카인, 딜도, 사우나, 낱말풀이, 리얼리티쇼, 소설 따위를 새롭게 만들어서 즐기지 않는가? 하지만 우리가 이런 쾌락을 즐기는 이유는 보기보다 새롭지 않아서다. 모두 이미 존재하는 쾌락에 직접 연결된다. 예를 들어 벨기에 초콜릿과 바비큐 립은 현대적 산물이지만 예전부터 존재한 설탕이나 지방에 대한 욕구를 자극한다. 새로운 음악 장르가 항상 출현하지만 생물학적으로 낯선 리듬을 받아들일 준비가 되어 있지 않으면 아무도 좋아하지 않고 결국 소음으로 전락할 뿐이다.

보고 있지만 보이지 않는 것 ▼

인간의 중요한 쾌락은 대부분 보편적이다. 그렇다고 생물학적 적응의 결과라는 뜻은 아니다. 오히려 다른 목적으로 진화한 정신작용의 부산물이라 할 수 있다.

이 말은 일부 쾌락에 관해서는 아주 잘 들어맞는다. 예를 들어 커피를 좋아하는 사람이 많은 이유는 먼 옛날에 커피를 좋아하는 사람들이 커피를 싫어하는 사람들보다 자식을 많이 낳아서가 아니다. 커피는 일종의 흥분제이고 사람들은 가끔씩 자극을 원하기 때문에 커피를 좋아하는 것이다. 지나치게 단순한 설명이긴 하지만 이 책에서 관심을 두는 다소 까다로운 주제도 부산물 이론으로 설명할 수 있을 듯하다. 앞으로 이 책에서는 쾌락이 적어도 부분적으로는 마음의 '본질주의'에서 우연히 발생한 부산물이라고 설명할 것이다.

본질주의의 한 예를 샐린저J. D. Salinger의 중편소설에서 찾을수 있다. 소설은 샐린저가 아끼는 인물들 중 하나인 시모어가 아기에게 도교의 우화를 들려주는 장면으로 시작한다.[6] 어느 날 무공이 친구 노백에게 최상급 말을 골라줄 만한 사람을 알아봐 달라고부탁한다. 노백은 가오라는 전문가를 추천하고 무공은 가오를 불러들인다. 가오는 무공이 원하는 조건에 꼭 맞는 말을 찾았다면서암갈색 암말을 추천한다. 무공이 말을 사려고 보니 놀랍게도 말은새까만 종마다. 무공은 노백을 불러 전문가라는 작자가 털색도 모르고 암컷과 수컷도 구별할 줄 모른다면서 노발대발한다. 하지만노백은 무공의 말을 듣고 크게 감동한다.

노백은 이렇게 감탄한다. "그가 거기까지 이르렀단 말인가? 아, 그렇다면 나 같은 사람 만 명으로도 대적하지 못할 인물이지. 나는 그와 비교도 안 되네. 가오가 보는 것은 영적인 대상이야. 본질을 헤아리느라 자잘한 특징은 잊는 게지. 숨은 자질을 보느라 겉모습을 보지 않아. 가오는 보고 싶은 것을 보고 보고 싶지 않은 것은 보지 않아. 봐야 할 대상을 보고 보지 않아도 되는 대상은 무시한다네."

결국 가오가 추천한 말은 최상급 말로 밝혀진다.

이 우화는 본질주의에 관한 이야기다. 사물에는 우리 눈에 보이지 않는 현실이나 진실한 본성이 존재하고 숨은 본성이 가장 중요하다는 개념이 본질주의다.[7] 존 로크John Locke는 본질주의를 이렇게 정의한다. "모든 사물의 진정한 존재이고 있는 그대로의 참모습이다. 따라서 진실한 내면이지만 일반적으로는 …… 알려지지 않았고 겉으로 드러난 자질의 기반이 되는 성질을 본질이라 할 수 있다."[8]

본질주의는 세상의 특정한 일면을 이해하는 자연스런 방법이다. 금을 예로 들어보자. 우리는 금을 생각하고, 금을 사려고 돈을 쓰고, 금에 관해 이야기하지만 금과 비슷하게 생긴 물체의 범주를 떠올리거나 논의하지 않는다. 벽돌에 금칠을 한다고 해서 금벽돌이 되지는 않는다. 그래서 연금술이 진지하게 부각되는 것이다. 어떤 물체가 금인지 알고 싶으면 화학자를 비롯한 전문가에게 실험으로 원자구조를 밝혀달라고 의뢰해야 한다.

다음으로 호랑이를 예로 들어보자. 호랑이가 호랑이인 정확한 이유를 몰라도 호랑이의 생김새만 중요하게 여기는 사람은 없을 것이다. 호랑이가 서서히 사자의 모습으로 변해 가는 사진 여러 장을 보여준다고 해도 어린아이조차 호랑이라고 생각한다. 호랑이가 호랑이인 이유는 겉모습이 달라져도 보이지 않는 속성(유전자나 내부 장기)이 그대로이기 때문이다.[9]

금과 호랑이의 예처럼 우리는 과학에서 답을 찾으려 한다. 합리적인 자세다. 과학자는 사물의 숨은 본질을 정의하는 사람이다. 과학자는 눈에 보이는 것이 전부가 아니라고 이해하면서 유리는 액체이고, 벌새와 매가 하나의 범주에 속하지만 둘 다 박쥐와는 함께 분류되지 않으며, 인간과 침팬지의 유전적 거리가 돌고래와 연어 사이의 거리보다 가깝다고 말한다. 그렇다고 꼭 과학을 공부해야만 본질주의자가 되는 것은 아니다. 세계 어디에 사는 누구든 X처럼 생겼지만 알고 보면 Y인 사물이 있다는 사실을 이해한다. 사람이 다른 사람으로 변장하거나 음식을 음식이 아닌 것처럼 꾸밀 수 있다는 사실을 이해한다. 누구든 '참모습은 무엇인가?'라고 질문할 수 있다.

사회집단에도 본질이 있는 것처럼 보일 때가 많다. 사람이 만든 도구나 무기와 같은 인공물에도 본질이 있는 듯 보이지만[10] 여기서 말하는 본질은 물리적 현상이 아니다. 역사나 의도를 가리킨다. 다른 시대나 다른 나라의 특이한 공예품의 본질을 알고 싶으면 화학자가 아니라 고고학자나 인류학자나 역사가에게 물어야 할 것이다.

본질주의는 언어에도 영향을 미친다.[11] 비본질적 언어가 무엇인지 생각하면 이 점을 이해할 수 있다. 호르헤 루이스 보르헤스 Jorge Luis Borges는 『자비로운 지식의 중국 백과사전The Celestial Emporium of Benevolent Knowledge』에 나온 동물의 분류를 소개한다. 그 일부는 다음과 같다.[12]

• 황제에 속하는 동물.

- 멀리서 보면 파리처럼 생긴 동물.
- 방금 꽃병을 깬 동물.

재치 있는 분류법이다. 별나게 묶어놓지 않았는가. '멀리서 보면 파리처럼 생긴 동물'처럼 사물을 분류하는 방법은 이론상으로는 가능할지 몰라도 세계를 지각하는 자연스런 방법은 아니다. 지나치게 피상적이어서 해당하는 명사가 없다. 실질 명사는 깊은 뜻을 담고 심오한 속성을 공유하는 사물을 가리킨다. 진화학자 스티븐 제이 굴드에 따르면 분류법은 단지 혼란을 피하기 위한 방법만이 아니라 '자연계 질서의 기초에 관한 이론'이다.[13]

언어의 본질주의로 인해 현실 세계가 달라지기도 한다. 특히 사람을 지칭할 때 그렇다. 예전에 자폐증이 있는 아이를 치료한 적이 있다. 항상 '자폐아'라고 하지 말고 '자폐증이 있는 아이'라고 불러야 했다. 장애보다는 사람에게 초점을 맞추라는 뜻이다. 명사로 말하면 본질을 규정하는 데 반해 '~이 있는 아이'라고 구절로 표현하면 본질을 규정하지 않는다.

정치적 올바름에 집착하는 태도가 아니냐고 탓할지 몰라도 실제로 명사에는 본질의 무게가 실려 있다.[14] 영화 〈메멘토Memento〉에서 레너드 쉘비는 "나는 살인자가 아니야. 일을 바로잡으려 했을 뿐이야."라고 말한다. 쉘비는 이 말을 하면서도 자기가 사람을 많이 죽였다는 것을 안다. 그렇다고 살인자인 것은 아니다. 살인자는 사람을 죽인 사람만이 아니라 특정한 유형의 사람으로 특정한 속성을 지녀야 하는데, 쉘비는 스스로 그런 사람이 아니라고 믿는다. 야구선수 존 로커는 인터뷰에서 인종차별 발언을 했다고 비난받았지만 자기는 인종차별주의자가 아니라면서 이렇게 주장했다. "빅리그에서 홈런 한 번 쳤다고 홈런타자가 되지는 않는다. …… 그런 발언 한 번 했다고 인종차별주의자가 되지도 않는다."[15]

　가벼운 예를 하나 들어보자. 얼마 전에 나는 친구와 저녁 식사를 했다. 친구는 지나가는 말로 자기는 고기를 먹지 않는다고 했다. 그런데 나중에 내가 그를 채식주의자라고 하자 친구는 화를 냈다. "광적으로 집착하는 건 아니야. 그저 고기를 먹지 않는다는 것뿐이지." 친구는 식습관을 우연한 속성으로 생각할 뿐 본질로 여기지 않은 것이다.

모든 것에서 공통점을 찾아내는 인간 ▼

　본질주의는 대부분 합리적이고 적응적이다. 겉으로 드러난 일면만 고려하면 잘못 오해할 수 있다. 식물과 동물의 세계를 관찰하면서 같은 범주에 속하는 구성원끼리 심오한 속성을 공유한다는 점을 이해하지 못하면 본질주의자만큼 오래 살아남지 못할 수 있다. 오늘날 예측하고 설명하는 과학이 득세하는 것으로 보아 심오한 본질을 가정하는 태도가 올바른 듯하다.[16]

　하지만 간혹 본질주의 때문에 혼란에 빠지기도 한다. 사회심리학자 헨리 타즈펠Henri Tajfel은 '최소 집단'을 찾아내는 연구에 착수했다.[17] 동전 던지기로 사람들을 임의로 분류해도 사람은 결국 자기가 속한 집단을 좋아하고 나아가 다른 집단과 크게 다르다고 믿고 자기 집단이 객관적으로 우월하다고 생각하는 것으로 드러났다. 본질주의 편향 때문에 있지도 않은 심오한 공통점을 찾아내는 것이다.

따라서 우리가 얼굴 생김이나 피부색처럼 눈에 띄는 차이를 우연한 변이로 간주하지 않는 태도도 어찌 보면 자연스럽다. 실제로 중대한 차이로 받아들인다. 물론 어느 정도는 의미가 크다. 어떤 사람의 생김새(예를 들어 피부색)를 알면 그 사람의 수입, 종교, 정치적 성향을 비롯한 여러 가지 보이지 않는 정보를 추론할 수 있다.(이 책을 쓰는 시점에 미국의 유색인종은 백인보다 민주당에 투표할 가능성이 훨씬 크다.) 인종은 대체로 중요한 속성이다. 생김새가 제각각인 사람들이 각자 다른 나라에서 미국으로 와서 여러 지역에 정착하고 저마다의 역사를 간직한 채 살아가기 때문이다.

하지만 본질주의는 여기서 끝나지 않는다. 인종을 비롯한 집단을 생물학적 관점으로 이해하려는 경향이 있다. 심리학자 수전 겔만은 "미토콘드리아 수준에서 유대인이 아닌 사람과는 사귈 수 없다."면서 단호한 입장을 밝힌 사람을 예로 든다.[18] 모계 혈통으로 전해지는 미토콘드리아 DNA는 유대인을 정의하는 특별한 기준이다. 우리가 인간 집단을 어느 정도나 생물학적으로 이해하는지 잘 보여주는 예다. DNA가 발견되기 전에는 혈액이 중요한 기준이었다. 그래서 흑인의 피가 한 방울만 섞여도 아프리카의 후손이라는 말이 있다. 인종에 대한 생물학적 본질주의가 '무조건' 잘못은 아니다. 스웨덴인은 일본인보다 크고 일본인은 피그미족보다 크다. 단순히 유전적 차이 때문이다. 그리고 사람들이 자기를 이런저런 범주로 분류할 때는 진보적이고 인종차별에 반대하는 사람조차도 생물학적 기준으로 접근한다. 심리학자 프랜시스코 질화이트 Francisco Gil-White는 어떤 사람이 반은 아일랜드인이고,[19] 4분의 1은 이탈리아인이고, 4분의 1은 멕시코인이라고 자기를 소개할 때 각각의 문화를 습득했거나 어떤 문화를 받아들이기로 결정했다는 뜻이 아니라 단순히 조부모의 민족적 배경을 말하는 것이라고 지적한다.

그런데 이러한 범주는 생각만큼 실질적이지 않다. 예를 들어 유전자가 유대인을 결정하는 것은 아니다. 성인은 누구나 개종해서 유대인이 될 수 있다. 아이는 유대인 가정에 입양되면 유대인이 될수 있다. 우리 집 아이들은 유대인 아버지와 유대인이 아닌 어머니 사이에서 태어났다. 유대인일까? 절반만 유대인일까? 유대인이 아닐까? 여기에 답하는 것은 정치와 종교의 영역이지 과학의 영역이 아니다. 단순한 예지만 일반적으로도 통용된다. 흔히 버락 오바마 대통령을 아프리카계 미국인이나 흑인이라고 한다. 전형적인 흑인과 전형적인 백인 사이에서 태어났는데도 말이다. 사회적 맥락에서 흑인이 백인을 누르고 승리했다는 의미를 부각시키기 위해서다. 대개 '흑인'이라는 범주에는 아이티 사람에서 호주 원주민에 이르기까지 전혀 다른 집단이 포함된다. 말 그대로 피부 한 꺼풀이 비슷하다는 이유로 같은 집단으로 분류되는 것이다. 이들이 심오한 공통점을 지녔다고 말한다면 본질주의자로서 분개할 일이다.

우리는 모두 본질주의자다 ▼

수전 겔만은 『아동의 본질주의The Essential Child』의 서두에서 네다섯 살이었을 때 어머니에게 남자아이와 여자아이가 어떻게 다르냐고 물었던 일화를 소개한다. 어머니는 "남자아이에게는 고추가 달렸고 여자아이에게는 없지."라고 말해 주었다.[20] 겔만은 믿기지 않는다는 표정으로 "그게 다예요?"라고 물었다. 남자와 여자는 옷 입는 것, 행동하는 것, 노는 것까지 천양지차이므로 흥미롭고 심오한 차이가 존재할 거라고 기대한 것이다. 겔만은 어린 본질주의자의 경험담을 통해 모든 아이는 본질주의자라는 주장을 이끌어낸다.

이는 심리학계에서 논란을 불러일으키는 주장임에는 틀림없다. 스위스의 발달심리학자 장 피아제Jean Piaget가 정립하고 오늘날 저명한 심리학자들이 옹호하는 주요 발달이론에 따르면 아동은 처음에는 직접 보고 듣고 만지는 감각을 통해 세상을 피상적으로만 받아들인다. 따라서 이 이론에서는 본질주의가 역사와 문화의 맥락에서 발생한다고 이해한다. 물리학과 생물학에서 본질주의는 하나의 발견으로, 철학자들이 기초를 다지고 훗날 과학자들이 대를 이은 지적 성과였다. 일반 사람은 결코 발견하지 못했을 것이다. 철학자 제리 포더Jerry Fodor는 이렇게 말한다. "'물론' 호메로스는 물에도 숨은 본질이나 독특한 미세구조가 있다고 생각하지 않았다.(물 이외의 다른 물질도 마찬가지였다.)"[21] 현대에는 학교에서 가르쳐준다. 게다가 인종과 성별과 카스트제도의 본질주의는 권력자들이 사람들에게 사회계급은 하늘이 내린 불변의 제도라고 설득하기 위해 지어낸 신화다.

이렇듯 본질주의의 기원을 명확히 밝히기는 어렵다. 하지만 본질주의가 문화에서 발생한 것은 아니라는 증거가 속속 발견되고 있다. 본질주의는 인간의 보편적 태도이고 호메로스도 '분명' 물에 본질이 있다고 생각했을 것이다.

앞으로 본질주의를 다루면서 주로 발달심리학 연구를 소개하겠다. 아기도 사물의 겉모습을 보고 보이지 않는 속성을 추론할 수 있다. 9개월 된 아기는 엄마가 상자를 건드리면 소리가 나는 것을 알아채고 똑같은 모양의 다른 상자에서도 소리가 날 것으로 기대한다. 아이는 자라면서 더 많이 추론한다. 그리고 점차 사물이 속한 범주에 따라 일반화한다.[22] 한 연구에서는 세 살 된 아이에게 울새 사진을 보여주고 울새의 피에 어떤 화학물질이 들어 있다면서 숨은 속성을 말해 주었다. 그런 다음 사진 두 장을 더 보여주었다. 하나는 울새와 생김새는 비슷하지만 다른 범주에 속하는 박쥐의 사진이고, 다른 하나는 생김새는 달라도 같은 범주에 속한 홍학의 사진이었다. 어떤 동물의 숨은 속성이 울새와 같을까? 아이들은 범주를 기준으로 홍학을 선택한다. 아이들이 아직 완전한 본질주의자는 아니어도 겉모습이 아니라 심오한 의미를 섬세하게 포착한다는 뜻이다.[23] 실험방식을 약간 수정한 다른 연구에서도 두 살이 되기 전 아기에게서 같은 결과를 얻었다.[24]

한편 유아는 개에서 속(피와 뼈)을 제거하면 더 이상 개가 아니지만 겉모습을 제거하면 여전히 개라고 생각한다고 밝힌 연구도 있다.[25] 그리고 유아는 심오한 속성을 공유하는 동물('안에 든 내용물이 동일')과[26] 피상적 속성을 공유하는 동물('같은 동물원, 같은 우리에 거주')에게 각각의 이름을 붙여주었다.

나와 예일 대학에서 함께 재직한 프랭크 케일Frank Keil 교수는 아동의 본질주의에 관해 놀라운 증거를 발견했다. 케일은 아이들에게 여러 장의 변형된 사진을 보여주었다.[27] 호저豪豬의 겉모습을 변형하여 선인장처럼 보이게 하거나, 호랑이에게 사자 옷을 입히거나, 살아 있는 개를 장난감처럼 보이도록 찍은 사진들이었다. 그런데 아이들은 심하게 변형된 모습을 보고도 다른 범주로 착각하지 않고 겉모습에 현혹되지도 않고 호저, 호랑이, 개를 정확히 알아보았다. 동물의 속도 변형됐다고 말해 준 다음에야 동물의 범주를 바꾸었다.

성인과 마찬가지로 유아도 사물의 이름은 동일한 숨은 속성을 공유하는 사물을 가리킨다고 생각한다. 수전 겔만은 13개월 된 아들에게 셔츠 단추를 보여주면서 '단추'라고 말했다. 그러자 아들은 단추를 누르기 시작했다. 전자 장난감에 달린 단추와 생김새는 다르지만 같은 범주라고 이해하고 단추를 누르려 한 것이다. 조금 큰 아이는 성인과 같은 수준으로 명사의 위력을 이해하는 듯하다. 네 살 된 아동은 폭력적인 친구에 관해 이렇게 말한다. "가브리엘이 저만 아프게 한 게 아니에요! 다른 애들도 아프게 했어요! 걔는 남을 아프게 하는 아이에요! 그렇죠, 엄마? 걔는 남을 아프게 하는 아이에요!"[28] 이 아이는 폭력적인 행동이 가브리엘의 본성에서 심오한 일면을 드러낸다고 말하고 싶어 한다. 한편 겔만과 게일 헤이먼은 다섯 살 된 아이들에게 당근을 잘 먹는 로즈라는 아이를 소개하고 아이들 중 절반에게는 '로즈는 당근 먹는 아이'라고 추가로 설명해 주었다.[29] 이름의 효과가 곧바로 드러났다. 이름을 들은 아이들은 로즈가 영원히 당근을 먹을 것이고 가족들이 말려도 계속 당근을 먹을 것이라고 생각했다. 당근을 먹는 것이 로즈의 본성이라고 믿기 때문이다.

한편 아동의 본질주의가 식물과 동물에만 적용된다고 보는 입장도 있다.[30] 하지만 나는 연구에서 아이들이 일상의 인공물에도 지극히 본질주의적으로 접근하는 모습을 발견했다.[31] 아이들은 인공물의 이름을 듣고 그 이름을 확장해서 모양은 달라도 용도가 같은 물건에 갖다 붙인다.

또 아이들은 사람의 범주도 본질주의적으로 이해한다. 아동의 본질주의를 보여주는 좋은 예가 바로 성별에 대한 태도다. 아이들은 생리학이나 유전학이나 진화론을 배우지 않아도 남자와 여자를 나누는 보이지 않는 속성이 있다고 믿는다. 예를 들어 본질주의가 이렇게 나타날 수 있다. 어느 여자아이가 남자아이는 왜 치장하는 것보다 낚시를 좋아하는지 설명하면서 "그건 남자애들 본능 때문이에요."라고 말한다.[32] 그리고 일곱 살 된 아이는 "남자 안에는 여자와 다른 것이 들어 있다."거나 "하나님이 그렇게 창조해서 그렇다."는 말(생물학적 본질과 종교적 본질)이 옳다고 믿는다. 나중에 좀 더 자란 다음에야 "남녀가 서로 다르게 길러져서 그렇다."는 문화적 설명을 이해한다. 사회화 과정을 거쳐야 사회화를 이해하는 셈이다.[33]

이 연구는 현재도 진행 중이지만 사람이 본질주의자로 태어난다는 주장에는 어느 정도 합의가 이루어졌다. 본질주의가 적용되는 범위는 넓다. 우리는 동물, 인공물, 사람의 유형에서도 본질을 찾는다.

내 것은 네 것하고 달라 ▼

지금까지 본질주의는 곧 범주를 생각하는 태도라고 설명했다. 가령 모든 호랑이에게는 호랑이를 호랑이로 만드는 심오한 속성이 있다. 하지만 이제부터는 개체의 특성을 구분 짓는 본질을 살펴보겠다. 호랑이와 사자를 구별하는 것이 아니라 호랑이를 다른 호랑이와 구별하고자 한다.

구체적인 개체를 생각하는 능력은 중요한 정신능력이고 가장 재미없는 부분까지 고려한다. 철학자 대니얼 데닛Daniel Dennett은 뉴욕에서 스페인까지 1센트 동전을 들고 가서 분수에 던지는 사람을 예로 든다.[34] 동전은 다른 동전들 사이에 섞여서 어느 것이 그의 동전인지 알아볼 방법이 없지만, 그래도 수많은 동전 중 하나만 그가 던진 동전인 것은 확실하다. 분수에서 동전 하나를 건지면 그가 뉴욕에서 가져온 동전이거나 다른 동전일 것이다.

개체를 생각하는 능력이 중요한 인지능력이지만 본질주의는 아니다. 동전마다 나름의 역사가 있어도 본질이라 할 만한 의미는 없다.

하지만 사람들은 고유한 본질을 가진 개체가 존재한다고 생각한다. 특히 사람이나 사람과 밀접한 관계를 맺은 사물이 그렇다. 많은 문화에서 본질을 보이지 않는 힘이라고 이해한다. 심리학자 가요코 이나가키Kayoko Inagaki와 기요 하타노Giyoo Hatano에 따르면 아이들은 본래 '생기론자生氣論者'로서 모든 생명체에는 활력이 깃들어 있다고 믿는다.[35] 어느 사회에나 공통으로 존재하는 믿음이다. 문화마다 '기氣', '엘랑 비탈', '마나', '생기'라는 이름으로 불리지만 모두 '본질'을 뜻하는 말이다. 생기는 사람의 일부이고 사람에 따라 남보다 생기가 많은 사람도 있다. 생기는 사람에서 사물로 전해졌다가 다시 사람에게 돌아온다. 인류학자 엠마 코헨Emma Cohen은 언젠가 내게 아프리카계 브라질 종교에서 활력을 뜻하는 '아셰이Axe'를 연구한 경험담을 들려주었다.[36]

내가 만난 사람들은 단순한 물건과 인공물과 생활용품이 아셰이 의식을 거쳐 어떻게 신성해졌는지 말해 주었어요. 아셰이는 모든 인간에게 다양한 수준으로 존재하는데 의식에 참여하면 최고 수준에 도달할 수 있어요. 아셰이가 있으면 힘이 있다는 뜻이에요. 몸이 아프면 아셰이가 많은 사람에게 치료를 받아야 해요. 겉으로는 아셰이가 많은 사람이 누구이고 적은 사람이 누구인지 알 수 없기 때문에 의식이 실패하면 아셰이가 약해서라고 핑계를 댈 수 있고 실제로 그렇게 해요. 예배당 중에도 다른 예배당보다 아셰이가 많은 곳이 있어요. 이 종교를 믿는 사람들은 아셰이가 많은 곳에서 지내면 기분이 좋아진다고 해요.

종교의식에서 생기가 어떤 역할을 하는지 잘 보여주는 사례다. 하지만 생기는 세속에도 나타난다. 사람들은 특별한 사람과 접촉하고 싶어 한다. 특별한 사람의 손이 닿은 물건이라는 이유만으로 가치가 올라간다. 그래서 케네디의 줄자와 같은 물건을 큰돈을 주고 사는 것이다. 나중에 다시 설명하겠지만 내가 동료들과 함께 실시한 연구에 의하면 사람들은 많은 돈을 주고라도 유명인의 스웨터(조지 클루니의 스웨터)를 사지만 스웨터를 깨끗이 세탁하면 가치가 떨어진다. 본질이 훼손되기 때문이다.[37]

다음으로 실존 인물과 접촉하는 예도 있다. 지위가 높은 사람의 눈길을 받는 것만으로 영향을 받기도 한다. 작가 그레첸 루빈 Gretchen Rubin은 이런 경험을 힌두철학의 '다르샨' 개념과 연결한다. 다르샨이란 산스크리스트어로 '본다'는 뜻이다. 기운을 발산하는 사람은 누가 보기만 해도 기운이 빠져나갈 수 있어서 일부 유명인은 사람을 고용할 때 계약서에 눈도 맞추지 말라는 조항을 넣는다.[38]

보기만 하는 것보다 어깨를 가볍게 건드리는 것이 강하고, 또 그보다는 악수하는 것이 강하다. 우리가 흔히 '일주일 동안 손을 씻지 않겠다.'고 말할 때는 유명인의 자취가 손에 남아 있으니 씻어 없애고 싶지 않다는 뜻이다. 악수보다 친밀한 행위가 성관계다. 그래서 권력자는 성관계를 맺을 상대를 구하는 데 어려움이 없는 모양이다.

육체적으로 성관계보다 더 친밀해지는 방법이 있다. 찰스 왕세자는 연인과의 전화통화에서 다음 생에는 탐폰으로 태어나고 싶다고 말했다고 한다.[39] 망측하지만 달콤하고 낭만적인 욕망이다. 특별한 사람의 몸을 잘게 썰어 먹고 그 사람의 힘을 흡수하려는 행위에 관해서는 다음 장에서 다루겠다. 장기이식은 한 사람이 다른 사람의 장기를 소유하는 지극히 친밀한 행위로서, 윤리학자 레온 카스Leon Kass는 "식인풍습의 고상한 형태"라고 말한 바 있다.[40] 실제로 장기를 이식받으면 기증자의 고유한 성질이 전해진다고 믿는 사람이 많다.[41]

앞서 설명한 '범주 본질주의'와 방금 소개한 '생기 본질주의'에는 차이가 있다. 범주 본질은 영구적이고 바꿀 수 없지만 생기 본질은 새로 덧붙이고 빼고 전달할 수 있다. 다만 두 본질의 공통점은 둘 다 눈에 보이지 않고 대상이 무엇인지 판단할 수 있고 매우 중요하다는 점이다.

본질주의의 중요성을 잘 보여준 예로 14대 달라이라마를 찾는 여정을 들 수 있다.[42] 고승들이 외딴 마을에서 두 살 된 남자아기를 시험했다. 그들은 13대 달라이라마의 유품과 비슷하지만 가짜인 물건과 진짜 유품을 들고 아기를 찾아갔다. 검은색의 진짜 염주와 가짜 염주를 보여주자 아기는 진짜 염주를 잡고 목에 걸었다. 또 지팡이 두 개를 보여주자 처음에는 가짜를 들고 가만히 살펴보더니 가짜를 내려놓고 달라이라마가 들던 진짜 지팡이를 집어 들었다. 다음으로 세 장의 누비이불 중에서도 진짜를 골랐다. 마지막으로 수수한 모양의 손북(진품)과 진품보다 훨씬 아름다운 가짜 북을 보여주었다. 눈길을 끌지 않지만 본질을 담은 물건과 요란한 모양으로 마음을 현혹시키는 물건 중에서 고르는 과제였다. 지켜보던 사람들의 전언은 이렇다. "아기는 조금도 망설이지 않고 진품을 집어 들었다. 오른손으로 잡고 함박웃음을 지으며 북을 두드렸다. 그리고 고개를 돌리고 우리들 한 사람 한 사람에게 눈길을 주었다. 그리하여 아이는 가장 심오한 비밀을 밝혀내는 신통력을 지닌 존재로 판명됐다."[43]

그 자리에 있던 다른 사람은 '초인의 지능'을 보여주는 증거라고 했다.(아기가 똑같은 모양의 가짜 유품을 잡았다면 전생의 기억을 물려받지 못했기 때문이다. 보이지 않는 본질을 알아보는 특별한 능력이 필요했다.) 여기서 진짜 유품에 13대 달라이라마의 본질이 배어 있다는 사실이 중요하다. 티베트 고승들은 특수한 능력을 지닌 사람만 알아볼 수 있는 보이지 않는 본질이 달라이라마의 유품에 깃들어 있다고 믿고 절차를 정해서 중요한 결정을 내리기 위한 기준으로 삼았다. 이 아기가 바로 14대 달라이라마 텐진가쵸다.

생수가 주는 쾌락에서 종교가 주는 쾌락까지 ▼

2장부터는 다양한 사물과 활동에서 얻는 쾌락이 어느 정도는 우리가 본질이라고 믿는 것에서 기인한다고 설명할 것이다. 본질주의에서는 현실을 냉정하게 보지 않는다. 그리고 본질주의는 열정과 식욕과 욕구의 기초가 된다.

심리학에서는 이 책에서 탐색하는 본질과 다른 개념의 다양한 본질주의 연구를 실시하고 있다. 본질주의에는 범주 본질주의와 생기 본질주의가 있다. 동물과 식물 같은 물리적 본질이 있고, 도구와 공예품 같은 인공물의 심리적 본질이 있다. 이 책은 본질주의로 쾌락을 이해하려 하기 때문에 더욱 광범위한 본질주의를 다룬다. 쾌락을 범주 본질주의와 연결하기도 한다. 예를 들어 섹스를 논의할 때는 '남성', '여성', '처녀'의 범주와 연결해서 설명한다. 특정 소비재가 어떻게 가치를 지니는지 논의할 때는 보이지 않는 생기와 유사한 개념으로 본질을 설명한다.

이 책에서는 생수를 마시는 예처럼 우리가 사물에서 추론하는 내부구조에 초점을 맞추기도 하고, 그림과 이야기처럼 인간의 역사에 초점을 맞추기도 한다. 그리고 결론에서는 보다 일반적인 관점에서 일상의 경험을 초월하는 근본적인 본질에 관해 논의하고, 종교의식과 과학탐구에서 얻는 쾌락의 기초에 관해서도 논의할 것이다.

이 책에서 쾌락을 복잡하게 설명하는 것은 사실이다. 인간은 본래 복잡한 동물이다. 하지만 복잡성을 간과할 때가 많다. 인간 심리의 어떤 사실은 지극히 직접적이고 명료해서 굳이 설명할 필요가 없어 보인다.[44] 윌리엄 제임스William James는 1890년에 특유의 수사법으로 이렇게 설명했다[45]

> 오직 형이상학자에게만 이런 질문을 던질 수 있다. 우리는 기분이 좋으면 왜 찡그리지 않고 웃는가? 우리는 왜 한 사람에게는 말하면서 여러 사람 앞에서는 말하지 못하는가? 왜 어떤 아가씨가 우리를 완전히 뒤흔드는가? 보통 사람들만 이렇게 대답할 수 있다. "당연히 웃지요. 당연히 사람들 앞에 서면 심장이 쿵쾅거리지요. 당연히 그 아가씨를 사랑하지요."

제임스는 이어서 이런 감정이 어떻게 동물을 구성하는 우연한 속성이 되는지 설명한다.

> 따라서 각 동물이 특정한 대상 앞에서 주로 하는 행동도 마찬가지다. …… 사자에게는 구애할 암사자가 있고, 곰에게는 암곰이

있다. 암탉은 둥지에 가득 찬 알을 보고도 별로 황홀하거나 소중
하거나 품어주고 싶다고 생각하지 않는 생명체가 세상에 존재한
다는 사실을 어처구니없다고 여길 것이다.

쾌락을 논할 때는 어떤 대상에 대한 반응이 그 대상의 속성에서
나온 것이라고 생각하고 싶어진다. '당연히' 우리는 숨 막히게 매력
적인 아가씨를 만나면 할 말을 잃는다. '당연히' 우리는 작은 아기
에게 마음을 빼앗긴다. 얼마나 사랑스러운 아기인가.

쾌락의 깊이는 쉽사리 드러나지 않는다. 사람들은 와인을 마시
면서 쾌락을 얻는 이유가 맛과 향 때문이고, 음악이 좋은 이유는
소리 때문이며, 영화를 즐기는 이유는 스크린에 나타나는 영상 때
문이라고 말한다. 다 맞는 말이다. 아니 일부만 맞는 말이다. 사실
은 우리가 쾌락을 얻는 대상의 참된 본질을 어떻게 생각하는지에
영향을 받는다.

2

사람은 식탁 위에서
무엇을 소비하는가?

콜라는 '코카콜라'가 찍힌 컵에 따라야 제맛이고
똑같은 와인도 상표에 따라 맛이 달라지는 이유

2003년 마흔두 살의 컴퓨터 전문가 아민 마이베스는

인터넷을 통해 먹을 사람을 구했다.

몇 차례 인터뷰 끝에 베른트 브란데스와 합의한 그는

한 작은 농가에서 그를 죽이고

몇 주에 걸쳐 20킬로그램을 먹어치웠다.

인육을 먹는 사람들의 심리는 뭘까?

그리고 사람마다 선호하는 음식이 다른 이유는?

더 나아가 개인의 취향을 결정하는 것은 무엇일까?

똑같은 와인에 상표만 다르게 붙인 실험에서 와인 전문가들은

최고급 와인 상표가 붙은 와인 맛을 높게 평가했다.

펩시콜라와 코카콜라를 구별하는 블라인드 테이스팅에서는

맛을 결정하는 건 콜라의 맛이 아니라 브랜드라는 결과도 나왔다.

음식에서 쾌락을 느낄 때 중요한 건 맛 자체일까 아니면

음식에 대한 우리의 생각일까?

그리고 음식은 우리의 숨은 내면을 어떻게 드러내는가?

2003년에 마흔두 살의 컴퓨터 전문가 아민 마이베스Armin Meiwes는 인터넷을 통해 직접 죽여서 먹을 사람을 구했다. 몇 차례 인터뷰 끝에 베른트 브란데스Bernd Brandes라는 남자를 선택했다.[1] 어느 날 밤 두 사람은 독일의 어느 작은 마을에 위치한 마이베스의 농가에서 만났다. 잠시 이야기를 나눈 뒤 브란데스는 수면제 몇 알과 함께 네덜란드 진 슈납스 반 병을 비웠다. 마이베스는 브란데스의 성기를 잘라 올리브유에 볶았다. 둘은 함께 요리를 먹을 계획이었지만 먹지 못했다.

마이베스는 소설 『스타트랙』을 읽었고 브란데스는 욕조에 누워서 피를 쏟았다. 몇 시간 후 마이베스는 브란데스의 목에 입을 맞추고 부엌칼로 찔렀다. 그리고 시체를 토막 내서 냉장고 안 피자 조각 옆에 넣어두었다. 그리고 몇 주에 걸쳐 시체 덩어리를 해동해서 올리브유와 마늘을 넣고 요리해 20킬로그램 정도 먹어치웠다. 제일 좋은 포크와 나이프를 꺼내고 촛불도 켜고 남아프리카 음악을 틀어놓고 식사를 즐겼다.

마이베스 사건은 몇 가지 점에서 흥미롭다. 우선 두 사람이 합의하고 벌인 일인데도 누구나 마이베스가 끔찍한 죄를 저질렀다고 생각한다. 마이베스는 살인죄로 기소됐고 나중에 항소심에서 유죄 판결을 받았다. 인간의 자율성과 자유를 중시하고 타인의 의사를 거스르지만 않는다면 어떤 일도 허용한다는 입장인 진보적인 사람들조차도 상호합의에 의한 식인행위를 부도덕하다고 여겼다. 여기서 우리는 도덕 추론과 도덕 원칙에 관한 통찰을 얻을 수 있다.

한편 마이베스가 왜 인육에 맛을 들였는지에 관한 임상적 문제도 있다. 현대를 살아가는 모든 이들과 마찬가지로 마이베스에게도 그만의 심리적 고통이 있었다. 그는 아버지에게 버림받고 외롭게 살면서 남동생을 먹어서 영원히 함께하고 싶다는 환상을 키웠다.[2] 음식으로 섭취해서 진실을 지킨다는 관념은 이런 사건에서 흔히 등장하는 주제다. 어느 연구자는 미국의 식인 살인자 제프리 다머Jeffrey Dahmer도 같은 경우로 보고, 다머가 애인들을 먹은 이유는 영원히 떠나지 못하게 붙잡기 위해서라고 주장했다.

(그런데 브란데스는 왜 그랬을까? 죽고 싶은 마음이야 이해한다 해도 도대체 누가 자기 몸을 먹겠다는 사람에게 살해당하고 싶어 할까? 이렇게 유별난 호기심을 드러낸 사람은 브란데스 한 사람이 아니었다. 마이베

스의 인터넷 광고를 보고 연락한 사람은 200명이나 되었다. 마이베스가 붙잡힌 이유도 광고 때문이었다. 어느 학생이 인터넷을 검색하다가 이들의 대화를 발견하고 경찰에 신고했던 것이다.)

그런데 마이베스 사건은 우리가 흔히 음식에서 얻는 쾌락과 무슨 상관이 있을까? 현대에는 사람이 사람을 먹는 사회가 거의 존재하지 않는다. 과연 그런 사회가 존재한 적이 있을까? 식인 살인자는 현실보다 공포영화에 자주 등장한다. 다머는 교도소에서 의사와 면담하면서 세상에 그와 같은 사람이 또 있는지 말해 달라고 애원했다.[3]

음식의 쾌락을 다루면서 식인행위를 첫 번째 예로 제시하는 이유는 두 가지다. 첫째, 먹기 좋은 것과 먹기 좋지 않은 것이 있는 이유를 설명하는 데 도움이 된다. 다시 말해서 사람을 음식으로 분류하지 말아야 하는 이유를 살펴보면서 사람들이 좋아하거나 좋아하지 않는 음식에 관한 통찰을 얻을 수 있다. 둘째, 식인하는 사람의 심리는 보통 사람이 흔히 먹는 음식에 관한 생각의 극단적 형태를 반영한다. 본질주의 믿음이 극단적으로 드러난 사례다.

마이베스는 브란데스를 먹으면서 단백질과 지방을 섭취하는 것 이상의 의미가 있다고 믿었다. 브란데스의 '본질'을 흡수한다고 생각했다. 마이베스는 식인행위로 심리적 위안을 얻었다고 말했다. 시체를 먹자 마음이 편안해지고 브란데스의 성품이 흡수되는 것 같았다면서 "한 입씩 베어 먹을 때마다 그에 대한 기억이 더욱 강렬해졌다."고 말했다. 브란데스는 영어를 유창하게 구사할 줄 알았는데 마이베스는 브란데스를 먹고 영어 실력이 늘었다고 주장했다. 한 사람의 본질을 섭취한다는 관념은 독일의 메탈밴드가 이 사건에서 영감을 얻어 만든 노래에도 담겨 있다. 이 노래의 후렴구에 'Denn du bist was du isst'라는 가사가 나오는데 '우리는 바로 우리가 먹은 것이니까'라는 뜻이다.

까다로운 입맛 ▽

나는 먹는 행위의 쾌락을 연구하기 시작하면서 생리학과 진화생물학을 바탕으로 사람들이 어떤 음식을 좋아하고 어떤 음식을 싫어하는지 그 이유를 알아낼 수 있으리라 기대했다. 맛과 냄새를 연구하고 감각기관을 해부학적으로 연구해서 인간이 무엇을 먹는지 설명하려 했다. 몸에 가장 필요한 음식이 무엇인지 파악하고 인류가 진화해 온 환경을 이해하면 인간이 좋아하는 음식을 예측할 수 있어야 한다. 미술과 음악에 대한 취향은 문화, 기질, 경험, 운에 의해 형성되었다 해도 입맛은 종의 역사에서 형성된 생물학적 주제이기 때문이다.

어느 정도 일리는 있었다. 타고난 입맛이 있다. 사람은 본래 단맛을 좋아하고 쓴맛을 싫어한다. 설탕은 훌륭한 칼로리 공급원이지만 쓴맛은 독이 들어 있다는 표시이기 때문이다. 고추는 '얼얼하고' 불쾌한 감각을 일으킨다. 어떤 지역에서는 엄마들이 젖을 떼려고 가슴에 고추를 바른다.[4] 아기 입에 타바스코 소스를 짜 넣는 셈이다.

인류 보편적으로 그렇다는 얘기다. 심리학자 폴 로진이 지적하듯 인간은 잡식동물이라서 먹고 소화할 수 있으면 가리지 않고 먹는다.[5] 다른 동물에 비해서 인간의 식단에는 큰 제약이 없다.

그렇다면 개인차는 어떻게 이해할까? 몇 가지는 유전으로 설명된다. 세계 인구의 대부분은 유당을 소화하지 못한다. 우유를 마실 수 있는 사람은 소수다. 어느 흥미로운 연구에 따르면 인간의 혀는 두 가지 이상의 유형이 있다고 한다. 인구의 4분의 1은 미각 수용체의 밀도가 높은 사람들로, 린다 바터석Linda Bartoshuk이 말하는 '초미각형supertaster'이다.[6] 초미각형인지 아닌지는 파란색 식품 착색제를 혀에 묻히고 분홍색으로 변한 미뢰 수를 세어보면 알 수 있다. 미뢰가 분포한 혀의 앞쪽 끝 용상유두fungiform papillae에는 착색제가 흡수되지 않는다. 보다 간단한 방법으로 프로필티오우라실(PROP)을 묻힌 종이를 입에 물고 알아볼 수도 있다. 종이 맛이 나면 보통 사람과 다르지 않다. 역한 쓴맛이 난다면 어떨까? 초미각형 당첨!

초미각형인 사람은 위스키와 블랙커피, 방울양배추와 양배추를 싫어할 가능성이 높다. 특히 자몽의 신맛과 고춧가루의 얼얼한 매운맛에 민감하다. 그러나 초미각형인지의 여부가 음식 선호도와 관련이 있기는 하지만 완벽하게 예측하지는 못한다. 내 아내도 초미각형이라 예상대로 맥주와 다이어트 음료를 싫어하지만 브로콜

리라브처럼 쓴맛 나는 채소는 좋아한다. 생리학적 방법으로는 입맛을 알아내기 어렵다.

몇 년 전 와인전문가들 사이에 혀 생리학에 관한 논의가 있었다. 캘리포니아 주 나파의 학술대회에서 참가자들에게 PROP 검사지로 실험을 실시하면서 시작된 논의다. 예상대로 검사를 통과한 와인전문가들은 초미각형이라고 자랑했다. 그러나 초미각형은 이름에 '초super'라는 글자가 붙었을 뿐 이들이 남보다 다양한 맛을 감별해 낸다는 증거는 없다. 오히려 초미각형은 떫은맛과 신맛을 싫어하므로 와인을 '덜' 즐겨야 한다.

현재까지는 사람마다 좋아하는 음식이 다른 이유를 명확히 설명할 방법이 없다. 한집에서 자라고 유전자의 절반을 공유하지만 여전히 차이를 보이는 형제자매를 보라. 나는 치즈를 싫어하고 내 여동생은 치즈를 좋아하는데 왜 그런지 설명할 길은 없다.

그래도 사람들 사이에 차이를 일으키는 요인을 찾아보자. 어떤 사람이 무슨 음식을 좋아하는지 알고 싶으면 "어디 출신이에요?"라고 물으면 된다. 문화적 배경을 알면 그 사람이 왜 김치를 좋아하고, 토르티야를 좋아하고, 팝타르트를 좋아하는지 알 수 있다. 미국인과 유럽인은 벌레, 쥐, 말, 개, 고양이를 먹지 않지만 다른 지역에서는 이런 음식을 좋아하는 이유도 이해할 수 있다. 간혹 인육을 먹는 사람도 있지만 극히 제한된 환경에서다. 모두 출신 지역과 자라온 환경으로 설명할 수 있다.[7]

이번에는 사회학자나 인류학자에게 한 사회가 독특한 입맛을 형성하는 원인을 물을 수 있다. 인류학자 마빈 해리스Marvin Harris 는 '최적섭식이론optimal foraging theory'을 토대로 이 분야에서 유명한 이론을 정립했다.[8] 해리스는 우리가 음식을 선택할 때 일정한 논리를 따른다고 제안한다. 어떤 음식은 먹을 가치가 전혀 없다. 예를 들어 미국인은 개를 먹지 않는다. 개는 우리의 친구이기도 하고 우리를 보호해 주므로 살려두는 편이 낫다. 벌레는 친구는 되지 못해도 일일이 모으려면 시간이 많이 걸린다. 노력의 대가가 너무 적다.(예외로 몸집이 크거나 여러 마리가 한데 우글거려 덩어리를 이루거나 농작물에 피해를 주기 때문에 잡아야 하는 벌레도 있다. 그래서 메뚜기 같은 벌레는 잡아먹어도 괜찮다. 세례 요한이 황야에서 메뚜기와 꿀만으로 연명했다는 일화도 있다.) 일부 지역에서 소를 먹지 않는 이유는 소를 죽이는 것보다 살려두는 편이 낫기 때문이다.

구체적으로 파고들면 논쟁의 여지가 있지만 음식에 대한 제약에는 나름의 이유가 있다는 점에서 해리스의 제안이 일리가 있다. 하지만 심리학자로서는 문화적 설명과 심리학적 설명 사이에 명확한 연관이 없다는 점이 걸린다. 해리스의 이론으로는 개인이 어떤 음식을 왜 좋아하는지 설명하지 못한다. 나는 캐나다에서 자랐다. 해리스는 캐나다 사람이 쥐를 먹지 않는 이유를 그럴듯하게 설명하지만 내가 개인적으로 쥐를 먹지 않는 이유는 설명하지 못한다. 합리적 판단으로 문화적 선택을 내릴 수는 있지만 개인의 취향까지 결정하지는 못한다. 쥐고기가 영양가 높은 건강식이고 (편견 없는 사람에게는) 맛있는 음식이라는 정도는 이해해도 당장 내 앞에 튀긴 쥐고기 한 접시가 나오면 구역질을 할 것이다. 반대로 윤리적이고 실용적인 면에서 소를 먹지 말아야 하는 이유를 납득하면서도 스테이크는 여전히 맛있다.

이것도 문화적 학습의 결과로 볼 수 있다. 그러나 문화적 설명 또한 개인의 취향을 명쾌하게 설명하지는 못한다. 시리아의 수도 다마스쿠스 사람들이 아라비아어를 쓰고 미국 뉴헤이븐 사람들이 영어를 쓰고, 다마스쿠스 사람들이 이슬람교 수니파이고 뉴헤이븐 사람들이 기독교인 데는 역사적 이유가 있다. 아무 이유 없이 일어난 사건이 아니라 역사적 배경에서 발생한 사건이다. 하지만 시리아와 미국의 아이들은 역사적 배경을 모르면서도 자기 나라 말을 하고 자기네 신을 섬긴다.

그렇다면 개인의 취향을 결정하는 것은 무엇일까? 우선 개인의 경험을 고려해야 한다. 인간은 물론 모든 동물에게는 몸에 해로운 음식을 멀리하게 만드는 신경계의 특수 장치가 있다. 새로운 음식을 먹고 배탈이 나거나 구역질을 한다면 나중에 그 음식을 피한다. 그 음식을 먹는 상상만 해도 속이 뒤집힌다. 심리학 개론 시간에 음식에 관해 다루면서 학생들에게 혐오식품에 관한 경험담을 발표하게 하면 처음 먹고 배탈이 나서 다시는 입에도 대지 않는 음식이 있다는 학생이 꼭 나온다.[9] 초밥을 먹고 독감에 걸렸다는 학생도 있었다. 나는 고등학생 때 감초향이 나는 그리스 술 우조를 맥주에 섞어 마시고 된통 탈이 난 적이 있다. 그 후로 몇 년 동안이나 말린 감초향만 맡아도 속이 뒤집혔다.

학습에는 다른 사람을 관찰하면서 배우는 학습이 있다. 실험쥐와 마찬가지로 인간도 안전하고 먹어서 입이 즐거운 음식이 무엇인지 알아내기 위해 부모가 자기에게 어떤 음식을 주고 부모는 어떤 음식을 먹는지 관찰한다. 부모는 자식과 한 공간에 살고 대부분 자식을 사랑하고 자식의 안전을 걱정하므로 안심하고 모방해도 되는 학습 모델이다.

그런데 이상하게도 인간은 그리 단순하지 않다. 부모가 좋아하는 음식과 자식이 좋아하는 음식은 상관이 크지 않다.[10] 형제나 결혼한 부부 사이의 상관이 더 강력하다. 특히 부부는 유전적으로 관련되지 않은 관계이므로 더욱 혼란스러운 결과다.

음식 학습을 일종의 문화 학습으로 이해할 수 있다. 영양가가 높고 몸에 해롭지 않은 음식을 찾아내는 것 이상의 의미가 있다는 뜻이다. 음식은 인간 집단에서 일종의 사회화 장치다. 주디스 해리스Judith Harris를 비롯한 심리학자들이 강조하듯이 사회 학습은 또래들과 어울리면서 일어난다.[11] 그래서 아이는 부모처럼 먹지 않고 부모처럼 입지 않고 부모처럼 욕하지 않고 부모와 같은 음악을 좋아하지 않는 것이다. 결국 부모와 자식 사이의 간극은 커지고, 형제나 부부 사이는 가까워진다.

갓난아기는 어른에게 의지할 수밖에 없다. 그래도 사회 추론을 할 만큼 똑똑하다. 미국의 한 연구에서는 12개월 된 아기에게 낯선 어른 두 명이 각각 이상한 음식을 먹는 모습을 보여주었다. 그리고 한 사람은 영어로, 다른 한 사람은 프랑스어로 아기에게 말을 걸었다. 나중에 두 가지 음식 중에서 고르게 하자 아기는 영어로 말한 사람이 먹던 음식을 골랐다. 자기와 비슷한 사람을 보고 학습하는 것이다.[12]

역겨운 음식 ▼

인육을 먹는 행위가 문제가 되는 이유는 맛이 없어서가 아니다. 들리는 말에 의하면 돼지고기를 좋아하는 사람에게 무슨 고기인지 말해 주지 않고 인육을 주면 거부감 없이 잘 먹는다고 한다.(인육과 식감이 가장 비슷한 식품이 스팸이라는 주장이 있다.)[13] 옛날이야기나 수수께끼나 동화에는 속아서 맛있게 먹지만 나중에 인육이라는 사실을 알게 되는 이야기가 적지 않다.

인육이 문제가 되는 이유는 우리의 생각 때문이다. 마빈 해리스는 곤충에 관해 이렇게 지적한다. "사람들은 곤충이 더럽고 혐오스러워서 먹지 않는 것이 아니다. 사람들이 먹지 않기 때문에 더럽고 혐오스럽게 느껴지는 것이다."[14] 인육도 마찬가지다. 무슨 고기인지 알기에 먹지 못하는 것이다. 그리고 무슨 고기인지 알기에 혐오스럽고 역겨운 것이다.

역겨움이라는 정서는 사람이 음식을 좋아하는 과정에서 흥미로운 역할을 한다. 역겨움은 상하고 오염된 음식, 특히 썩은 고기를 피하기 위해 진화해 온 정서다.[15] 참마, 애플파이, 감초, 바클라바

(근동 지방의 과자—옮긴이), 건포도, 통밀파스타를 싫어하는 사람도 있지만 대개는 개, 말, 쥐와 같은 고기를 싫어하는 사람이 많다. 고기 이외의 음식에 대한 혐오감에는 일정한 규칙이 있다. 치즈나 우유처럼 동물에서 나온 음식이거나, 모양이나 식감이 동물과 비슷한 음식이다.(폴 로진은 조개가 성기와 비슷한 모양이라고 지적한다.)

찰스 다윈은 처음 접하는 고기에 대한 사람들의 반응을 이례적으로 강하게 표현했다. "어떤 사람들은 특이한 음식, 특히 흔히 먹지 않는 동물을 먹는다고 생각만 해도 곧바로 구역질하거나 속을 게워내기도 하니 신기할 따름이다. 이런 음식이라고 해서 위에서 거부반응을 일으킬 만한 성분이 들어 있는 것은 아니다."[16] 물론 극단적인 설명이다. 다윈이 과장했거나 빅토리아시대 사람들이 유난히 비위가 약했을 것이다. 특이한 동물을 먹는다는 생각만 해도 구토하는 사람은 없다. 물론 불쾌한 것은 사실이다.

발달심리학에서 역겨움을 어떻게 설명하는지는 내 전작 『데카르트의 아기Descartes' Baby』에서 소개했다.[17] 간단히 요약하자면 아기와 유아는 역겨움을 느끼지 않는다. 자기가 싼 똥과 오줌도 더럽다고 생각하지 않고, 같은 이유에서 남의 똥이나 오줌도 꺼리지 않는다. 메뚜기 같은 벌레도 먹는다. 폴 로진과 동료 연구자들은 유아에게 개똥을 먹게 하는 실험을 실시했다.(땅콩버터와 냄새가 강한 치즈를 섞어 똥 모양으로 만들었다.)[18] 아이들은 아무렇지 않게 먹어치웠다. 내가 아는 한 유아에게 햄버거를 인육이라고 말하고 먹게 하는 실험은 없었지만 장담컨대 유아들은 잘 먹을 것이다.

역겨움 정서가 생기는 시기는 서너 살 무렵이다. 이때부터 아이들은 배설물을 피하고 주스나 우유컵에 바퀴벌레가 빠져 있으면 마시지 않는다.[19] 간혹 과민반응을 보이면서 음식에 무엇이 묻었고 음식이 어디에 담겨 있었는지 강박적으로 신경 쓰기도 한다. 윌리엄 이언 밀러William Ian Miller는 『역겨움의 해부학The Anatomy of Disgust』이라는 책에서 결벽증이 있는 자녀를 예로 든다.[20] 그의 딸은 손이 더러워질까 봐 용변을 보고 뒤처리하기를 싫어했고, 아들은 소변이 한 방울이라도 튀면 바지와 팬티를 모두 벗으려 했다.

역겨움이 왜 생기는지는 아무도 모른다. 배변훈련 때문에 생긴다는 프로이트의 설명은 설득력이 떨어진다. 배변훈련은 문화마다 크게 다를 뿐 아니라 화장실이 아예 없는 사회도 많기 때문이다. 그런데도 모든 지역의 모든 사람이 소변과 대변을 더럽다고 여긴다. 게다가 프로이트는 피, 토사물, 썩은 고기를 보편적으로 역겹게 여긴다고 설명하지만 이들 물질에 대한 역겨움을 배변훈련으로 배우는 것은 아니다. 따라서 역겨움은 생물학적으로 신경발달의 한 시기에 나타난다는 설명이 그럴듯해 보인다.

배설물은 누구나 더럽게 생각하는 물질이지만 특히 고기에 대한 반응은 문화마다 다르다. 다윈의 관찰은 인간이 역겨움을 어떻게 학습하는지에 관한 중요한 정보를 제시한다. 아이들은 어떤 고기가 역겨운지 하나씩 학습하지 않는다. 고기는 안전하다고 입증되기 전까지는 위험하다고 간주한다. 아이들은 주변 사람들이 어떤 고기를 먹는지 관찰하고 아무도 먹지 않는 고기를 역겹다고 생각한다. 이런 의미에서 고기는 특별하다. 어른이 되면 새로운 과일과 채소를 비롯해 다양한 음식들을 시도해 보고 싶어 한다. 나는 어릴 때 그라놀라(납작귀리에 건포도나 황설탕을 섞은 간식—옮긴이), 캘리포니아롤, 새우만두, 크랩케이크를 먹지 않았지만 지금은 다 먹는다. 그래도 쥐나 개를 먹어볼 생각은 없다.

이 주제에 관한 연구 가운데 군대에서 실시한 연구가 있다. 군인들 중에서도 특히 조종사는 어차피 원치 않는 음식을 먹어야 하는 환경에서 지낸다. 역겨운 음식을 먹는 훈련은 얼마나 명령에 복종하는지 연구하는 최고의 방법이다.

한편 에워트 스미스Ewart E. Smith가 1961년에 발표한 연구도 여기서 동기를 얻은 것이다. 이 연구는 다음과 같은 다소 불길한 문장으로 시작한다. "병참장교는 최근 군대에 대한 태도를 변화시키기 위한 최선의 방법을 찾아내는 문제를 상부에 제기했다." 그리하여 벌레, 메뚜기 튀김, '방사선에 쬔 볼로냐 샌드위치'와 같은 혐오식품을 먹게 하는 다양한 방법을 찾았다.[21] 결론적으로 혐오식품을 억지로 먹게 할 수는 있어도 좋아하게 만들기는 어려웠다.

사람이 사람을 먹는 이유 ▼

절박하고 굶주린 상황에서 인육을 먹기도 하지만 인간에 관한 불쾌한 진실 중 하나는 인간이 식인풍습을 선택해서 즐긴다는 사실이다. 1503년에 스페인의 이사벨라 여왕이 오직 노예생활로 처지가 나아지는 사람만 노예로 삼을 수 있다는 포고령을 내리자 스페인 탐험가들은 다른 세계에 관한 섬뜩한 이야기를 전하기 시작했다. 섬뜩하기로 치면 식인풍습보다 더한 것이 있겠는가? 1970년대의 한 학자는 식인종이라는 강력한 낙인에 주목하고 식인문화는 애초에 존재하지 않았고 근거 없는 허구라고 주장했다.[22]

하지만 식인문화가 존재한다는 주장은 사실이고 식인사회가 존재한다는 증거가 압도적으로 많다. 오히려 식인문화가 존재하지 않았다고 주장하는 것이 이상하다. 진화론에서 보면 생물은 다른 무엇보다도 단백질을 얻으려고 경쟁한다. 오늘날처럼 풍요로운 산업사회에는 인간이 고기를 얻으려고 필사적으로 싸우면서 일생을 보냈다는 점을 잊기 쉽다.[23] 그리고 고기를 얻기 위한 해결책을 눈앞에 보이는 자식, 친구, 이웃, 그리고 물론 적에게서 찾았을 것이다. 다른 영장류도 같은 문제를 해결해 왔을 것이다. 침팬지와 고릴라 새끼가 죽는 주된 이유는 영아살해 때문이다. 여러 가지 이유가 있지만 그중에서도 인류학자 세라 하디Sarah Hrdy의 말처럼 새끼는 "단백질과 지방을 제공하는 맛있는 공급원"이기 때문이다.[24]

식인풍습에는 두 가지 방식이 있다.[25] 각자 장단점이 있고, 두 가지 모두 고기를 제공한 사람의 본질이나 정수를 흡수한다고 전제한다.

선택 1 : 족族 내 식인풍습.
　　　　자연사할 때까지 기다렸다가 사후에 먹는다.

장점은 손이 덜 간다는 점이다. 번거롭지 않고 힘을 쓸 필요가 없다. 단점은 나이 들어 고기의 탄력이 떨어지고 시체가 위험한 질병에 걸려 있다는 점이다. 1976년에 칼턴 가이듀섹Carleton Gajdusek은 파푸아뉴기니 포레족 사람들이 앓는 쿠루병은 식인풍습으로 인육, 특히 뇌를 먹어서 생긴 병이라고 밝혀내서 노벨상을 받았다.

　족 내 식인풍습에서도 시신을 먹는 방법은 다양하다. 엄숙한 의식을 치르며 먹기도 하고 충동적으로 먹기도 한다. 시신을 통째로 먹는 일은 거의 없고 대개 고기는 먹지 않고 뼈만 갈거나 시체를 태우고 남은 재를 음료나 으깬 바나나에 섞어 먹는다. 록스타 키스 리처즈Keith Richards는 영국의 음악잡지 〈NME〉와의 인터뷰에서 비슷한 경험을 털어놓았다.[26]

내가 코로 들이마신 것 중 제일 이상한 게 뭔 줄 아세요? 우리 아버지예요. 아버지를 코로 들이마셨어요. 아버지를 화장한 후 그 재를 들이마시고 싶어서 못 견디겠더라고요.

핵심은 단백질을 섭취하는 데 있지 않다. 사랑하는 사람의 본질을 흡수하는 데 있다. 족 내 식인풍습이 있는 사회에서는 죽은 사람의 본질을 흡수하지 않으면 건강을 잃고 대가 끊기고 자식들도 병에 걸린다고 믿었다.

선택 2 : 족 외 식인풍습.
　　　　다른 종족에서 젊고 건강한 사람들을 구해서 먹는다.

족 외 식인풍습에는 젊고 건강한 사람을 좋은 단백질 공급원으로 먹을 수 있다는 장점이 있지만 반대로 젊고 건강한 사람은 잡아먹히지 않으려고 안간힘을 쓴다는 단점이 있다. 그래서 자칫 먹는 쪽이 위험해질 수 있다.

포로를 먹는 예도 있다. 포로를 먹는 의식은 대부분 폭력적이다. 이때의 폭력은 본질주의자의 독특한 신념을 반영한다. 이를테면 포로를 일부러 싸우게 해서 포로의 용맹이 먹는 사람의 육체로 전해지기를 바란다. 예를 들어 아즈텍 사람들은 포로의 허리를 묶어놓고 무기를 주고 대항하게 한 후 그가 쓰러질 때까지 공격했다. 포로가 쓰러지면 바닥에 눕히고 가죽을 벗겨 외투를 만들고 살은 잘라 먹었다. 먹는 자와 먹히는 자가 정해진 대화를 주고받거나 정교한 의식을 치르는 부족도 있다. 1554년 브라질의 한 보고서에는 이런 대화가 실려 있다.[27]

두 가지 식인풍습 모두 타인의 영혼, 곧 본질을 자기 것으로 만든다는 동기에서 행해졌다. 이것이 사람이 사람을 먹는 진정한 이유였을까? 정확히 말해서 식인풍습은 다른 이유로 발생했다가 중간에 본질주의 신념이 덧붙은 것은 아니었을까? 유대교 율법에 따른 식사를 건강 식단이라고 주장하는 것처럼 처음에는 선택의 동기가 아니었을지 모른다.

족 외 식인풍습은 원래 건강한 사람을 먹는다는 이점과 더불어 적을 공포에 몰아넣는다는 부수적 이익 때문에 시작된 듯하다. 하지만 족 내 식인풍습의 기원은 달랐을 것이다. 노인을 갈아 먹으면 가시적인 이점은 없다. 따라서 식인풍습을 행하는 사람들의 말을 믿는 편이 낫겠다. 사랑하는 사람의 보이지 않는 본질을 지키고 보호하기 위해 먹는 것이다.

식탁 위의 식인행위 ▼

지금까지는 이국적이고 원시적인 식인행위와 미치광이 범죄자의 식인행위를 살펴보았다. 우리는 이 부류에 속하지 않으니 식인종이 아니다. 하지만 보통 사람도 식인행위를 상상하고 유사한 행동을 할 수 있다. 사람을 먹어서 그 사람의 본질을 흡수한다는 개념은 인간의 보편적인 생각이다.[28]

대표적인 예가 가톨릭에서 정기적으로 거행하는 성체성사다. 성체성사에서는 실제로 주님의 살과 피를 먹는다고 표현한다. 식인풍습을 떠올리게 하는 이 의식은 16세기에 가톨릭을 공격하는 빌미가 되었다. 당시 사람들은 성체성사가 인육을 먹는 풍습의 잔재라고 주장했다. 한편으로 유대인에게 향한 가혹한 비방을 떠올리게 한다.[29] 유대인들은 그리스도교도의 아기들을 요리해서 유월절에 무교병(유대인들이 유월절에 먹는 발효되지 않은 빵 또는 크래커—옮긴이)과 함께 먹었다는 비난을 들었다. 성체성사를 식인풍습의 잔재로 간주할 수 있는지에 관해서는 신학적 논쟁이 끊이지 않고 있지만 어쨌든 식인풍습을 떠올리게 하는 요소가 있는 것은 사실이다.

> 내 살을 먹고 내 피를 마시는 자는 영생을 얻고 마지막 날에 내가 그를 다시 살리리니.[30]

나는 가톨릭 신자가 아니지만 누군가를 먹어서 그 사람의 본질을 흡수한다는 생각에는 어느 정도 공감한다. 모리스 샌닥Maurice Sendak의 『괴물들이 사는 나라Where the Wild Things Are』에 나오는 괴물들의 사랑의 행위가 생각난다. 소년 맥스가 집으로 돌아가려 하자 괴물들이 이렇게 소리친다. "아, 제발 가지 마. 우리가 널 먹어치울 거야. 그만큼 널 사랑하니까!"[31]

내가 아는 한 현대사회에서도 인정받고 신에게도 부끄럽지 않은 식인행위(상징적인 행위가 아니라 실제 살과 피를 먹는 행위)로는 태반을 먹는 행위가 있다. 아시아에서 흔히 볼 수 있지만 미국과 유럽에도 뉴에이지 운동의 영향으로 태반을 먹는 사람들이 있다. 한 웹사이트에서는 "다른 포유류와의 연대"라고 표방하면서 갖가지 요리법을 소개한다.[32]

> 가장 유명한 요리법으로, 갓 나온 태반과 함께 마늘과 토마토소스를 준비한다. 태반으로 라자냐나 피자를 만들거나 야채주스에 섞거나 태반 스무디를 만들거나 아니면 말려서 샐러드에 뿌려 먹을 수도 있다. 최신 태반 요리로는 태반 회와 태반 타르타르가 있다.(요리하기 쉽다. 그냥 잘라서 내놓기만 하면 된다.)

태반이 좋은 단백질 공급원이긴 하지만 현대인의 식단에 단백질이 부족하지는 않다. 단백질 공급원이라는 주장은 우리가 태반까지 먹어야 하는 이유를 설명하지 못한다. 오히려 태반이 산후우울증 예방에 특별한 효과가 있다는 주장이 그럴듯하다.

언젠가 텔레비전에서 태반을 먹는 장면이 방송된 적이 있다.

1998년에 영국의 〈TV 만찬〉이라는 프로그램에서 유명 요리사가 출산한 지 얼마 안 된 산모를 위해 놀라운 요리를 고안했다.[33] 태반을 반죽에 섞어서 포카치아라는 이탈리아 빵을 만들어 대접한 것이다. 만찬에 참석한 방청객들은 충격을 받았고 프로그램은 영국 방송심의위원회로부터 중징계를 받았다.

악의 없는 장난이라고 볼 수도 있다. 그러나 현대 식인행위가 끔찍한 형태로 드러나는 예도 있다. 아프리카에서는 '무티muti'라는 종교의 한 의식으로 사람의 신체, 그중에서도 어린아이의 신체를 암거래하고 있다.[34] 탄자니아에서는 마녀치료사가 백색증 환자의 피부, 뼈, 머리카락이 행운을 가져다준다고 선전한다. 그로 인해 백색증 환자 수십 명이 살해당했고 그중에는 어린아이도 있었다.[35]

정력제와 천연식품에 집착하는 이유 ▼

본질주의자라서 먹지 못하는 음식이 있다. 간디는 염소를 처음 먹었을 때 뱃속에서 염소의 영혼이 울부짖는 것 같다고 했다.[36] 이 경험은 그가 채식주의자가 되는 데 강력한 동기가 되었다. 한편 본질주의자라서 더 먹는 음식도 있다. 비아그라를 비롯한 각종 발기부전 치료제가 개발되기 전에 절망에 빠진 남자들은 정력에 좋다는 이유로 동물이나 동물의 특정 부위를 먹었다. 이유는 가지가지였다. 동물의 정력을 흡수하기 위해서이기도 하고, 생식력을 강화하기 위해서이기도 하고, 특정 부위가 남성의 발기한 성기와 모양이 비슷해서이기도 하고, 특별한 이유가 없을 때도 있다. 발기부전 치료제로 알려진 음식은 아래와 같다.[37]

- 사람의 신체 부위
- 코뿔소의 뿔
- 호랑이의 성기
- 바다표범의 성기
- 굴
- 참새우
- 악어 이빨
- 늑대의 성기 구이

고기는 정력에 좋다고 한다. 폴 로진은 미발표 논문에서 세계 어느 지역에서든 고기를 남성성과 연결한다고 주장했다.[38] 대학원 시절에 러시아에서 온 내 룸메이트는 육식과 정력은 상관이 크다면서 채식주의자의 성적 능력을 비웃었다.

조금 다른 예지만 물에 관한 흥미로운 결과도 있다. 미국인은 병에 담은 생수를 사서 마시는 데만 1년에 150억 달러를 쓴다.[39] 영화 관람료보다 많은 돈을 쓰는 셈이다. 미국인은 우유나 커피나 맥주보다 생수를 많이 마신다. 흥미롭게도 미국 대부분 지역의 생수가 수돗물보다 건강에 좋거나 맛있는 것도 아니다.(오히려 수돗물보다 못할 때가 많다.) 더욱이 플라스틱 물통을 생산하고 트럭으로 운반하는 데 엄청난 환경 비용이 들어간다. 용량 대비 가격은 생수가 휘발유보다 더 비싸다. 그런데 왜 생수를 찾을까?

우선 순수를 추구하기 때문이다. 사람들은 인공적으로 생산한 식품보다 자연에서 난 식품을 선호한다.[40] 의료용 항우울제를 복용할 때는 웬지 찜찜하지만 은행잎 추출물과 같은 허브약물은 안심하고 먹는다. 또 유전자 변형 식품이라고 하면 다들 께름칙하게 여긴다. 자연산에 대한 갈망은 마케팅 분야에서는 걸림돌이다. 작가이자 활동가인 마이클 폴란Michael Pollan은 『잡식동물의 딜레마The Omnivore's Dilemma』에서 제대로 된 천연식품은 돈이 되지 않는다고 강조한다.[41] 미국 식료품제조사 제너럴 밀스General Mills의 부사장이 지적하듯이 한 회사의 옥수수나 닭을 다른 회사 상품과 구별하기 어렵다는 점도 돈이 되지 않는 한 가지 이유다. 수익을 내려면 옥수수를 시리얼로 생산해서 상표를 붙이고, 닭고기를 〈TV 만찬〉에 내보내야 한다. 1970년대에 인터내셔널 플레이버스 앤드 프래그런스International Flavors and Fragrances라는 식품첨가제 회사는 소비자에게 천연식품만 찾지 말아달라고 설득하기 위해 인공식품이 낫다고 광고했다. 천연성분은 "식물과 동물이 식품을 생산하기 위해서가 아니라 생존과 생식을 위해 만들어낸 물질들이 제멋대로 뒤섞인 잡탕"이라면서 천연성분을 먹으려면 위험을 감수해야 한다고 강조했다.

하지만 이것은 천연식품을 비방하는 방법으로는 바람직한 효과를 거두지 못한다. 차라리 사람들의 편견을 이용해서 신제품을 개발하고 천연식품이라고 광고하는 방법이 훨씬 효과적이다. 대표적인 성공사례가 바로 생수다.

천연식품에 집착하는 이유로 본질주의 이외의 설명도 있다. 주로 비합리적인 선호도를 설명하는 방법이지만 여기서도 적용된다. 생수가 사회적 지위를 보여주는 신호라는 설명이다.[42] 생수는 사회학자 소스타인 베블렌Thorstein Veblen이 말하는 '과시적인 소비conspicuous consumption' 개념의 좋은 예다. 과시적인 소비란 돈이 얼마나 많은지 광고하거나, 넓은 의미에서는 긍정적인 자질을 과시하는 것이다. 생수가 공짜이거나 누가 봐도 건강에 좋다면 상징적 의미를 띠지 못하므로 생수를 고집하는 사람이 줄어들 것이다.

'신호 이론signaling theory'은 다양한 현상에 적용된다. 현대미술작품을 구입하는 사람도 신호 이론으로 설명할 수 있다. 예쁜 그림은 누구나 구입해서 감상할 수 있지만 추상화를 수백만 달러나 들여서 구입하려면 돈도 있고 안목도 있어야 한다. 신호는 찾으려고 보면 어디서나 찾을 수 있다. 나는 비싼 사립학교에서 라틴어를 가르치는 이유도 신호 이론으로 설명할 수 있다고 생각한다. 사립학교에서는 라틴어가 힘들여서 공부할 만한 과목이라고 강조하지만 라틴어가 적당히 어렵고 권력을 연상시키는데다 써먹을 데가 전혀 없어서 사회적 지위를 나타내는 이상적인 수단이기 때문에 많은 사립학교에서 라틴어를 가르친다고 보는 사람도 있다. 라틴어가 다른 언어를 배우는 데 도움이 되고 지능을 개발하는 데 효과적인 과목이라고 밝혀진다면 공립학교에서도 라틴어를 가르칠 것이다. 그러면 사립학교는 라틴어 수업을 없애고 하루에 한 시간씩 산스크리트어나 서예를 가르칠 것이다.

신호는 주로 남에게 보내는 것이고 신호의 전략적 역할이 바로 과시하는 것이다. 하지만 스스로에게 신호를 보낼 때도 있다. 우리는 특별한 물건을 살 여력이 되고 관심도 있는 부류라는 사실을 '스스로' 확인하고 싶어 한다. 그래서 페리에Perrier 탄산수를 사 마시는지 모른다. 광고 문구처럼 '난 소중하니까요.'라고 생각하는 것이다.

어느 정도는 신호 이론으로 설명된다고 해도, 유전자 변형 식품에 대한 두려움, 식인풍습에 대한 믿음, 음식을 정력제로 여기는 태도와 같은 다양한 현상을 설명하려면 다시 본질주의로 돌아가야 한다. 본질주의는 전사의 용맹이나 생수의 순수처럼 음식의 보이지 않는 속성이 우리에게 스며든다는 믿음을 설명해 준다. 모두 신호 이론으로 이해하기는 어렵다. 본질주의 설명은 그 근거가 탄탄하다.

블라인드 테이스팅으로 밝혀진 맛의 비밀 ▼

북미 페리에의 설립자이자 대표이사인 브루스 네빈스Bruce Nevins는 북미 사람들에게 페리에 생수가 얼마나 맛있는지 홍보해야 했다. 그런데 라디오 생방송에서 물이 든 컵 7잔 가운데 페리에 생수를 골라내던 날에는 운이 따르지 않았다. 다섯 번 시도한 끝

에 겨우 페리에를 골라냈다.[43]

　네빈스의 혀 미뢰에는 아무 문제가 없다. 블라인드 테이스팅으로 온도가 비슷한 물 가운데 수돗물과 값비싼 생수를 구별하기란 거의 불가능하다.

　네빈스는 라디오 방송에서 고배를 마시고 다시 일상으로 돌아가서도 여전히 페리에 생수가 맛있다고 생각할 것이다. 적어도 맛이 없다고 입증된 것은 아니다. 따라서 네빈스는 옳았다. 다른 물보다 페리에 물맛을 좋아하지만 블라인드 테이스팅을 통과하지 못했다고 해서 정직하지 않은 것도 아니고 헷갈린 것도 아니다. 페리에는 정말 맛이 좋다. 다만 그 좋은 물맛을 음미하려면 그 물이 페리에라는 걸 알아야 할 뿐이다.

　우리가 음식을 어떻게 생각하는지가 음식에 대한 평가에 영향을 미친다는 연구 결과가 있다.[44] 실험설계는 비교적 단순하다. 사람들을 두 집단으로 나누고 같은 음식을 주면서 집단에 따라 설명을 다르게 한다. 그리고 얼마나 좋아하는지 묻는다. 연구 결과를 예시하면 아래와 같다.

- 단백질 과자를 '콩 단백질'이라고 설명하면 맛이 없어진다.
- 오렌지주스를 밝은 오렌지색이라고 설명하면 맛이 좋아진다.
- 요구르트와 아이스크림을 '지방 함유'나 '고지방'이라고 설명하면 맛이 좋아진다.
- 아이들은 우유와 사과를 맥도날드 봉투에서 꺼내면 더 맛있다고 생각한다.
- 콜라는 '코카콜라'가 찍힌 컵에 따라주면 높은 점수를 받는다.

마지막 콜라 실험에서는 피험자의 뇌를 fMRI 스캐너로 검사해서 반복검증했다.[45] 코카콜라와 펩시콜라를 구별하는 블라인드 테이스팅이었다. 관을 통해 피험자의 입에 음료를 흘려보내자 뇌의 보상기제가 밝아지고 피험자가 비슷한 수로 나뉘었다. 그런데 어떤 음료인지 말해 주자 뇌의 활성상태가 달라졌다. 좋아하는 브랜드에 따라 선호도가 달라졌다.

와인 연구는 자주 논란을 일으킨다.[46] 한 종류의 와인에 상표를 다르게 붙이고 와인전문가를 비롯한 사람들의 맛 평가에 어떤 영향을 주는지 알아볼 수 있다. 어느 연구에서는 똑같은 보르도 와인이지만 한쪽에는 최고급 와인을 의미하는 '그랑 크뤼 등급grand cru classé'을 붙이고 다른 하나에는 일반 와인을 의미하는 '뱅 드 따블vin de table'을 붙였다. 와인 전문가들 가운데 40명이 최고 등급이 붙은 와인을 좋은 와인이라고 평가하고 12명만 낮은 등급이 붙은 와인을 좋은 와인으로 평가했다. '그랑 크뤼'가 붙은 와인은 "기분 좋고, 나무 향이 나고, 깊은 맛이 나고, 균형 잡히고 원숙한 맛"이라는 평가를 받은 반면에 '뱅 드 따블'이 붙은 와인은 "약하고, 짧고, 밋밋하고, 불완전한 맛"이라는 평가를 받았다.

하지만 여기서 끝나지 않았다. 적어도 레드와인과 화이트와인은 구별할 것이라고 생각할 것이다. 그러나 결과는 그렇지 않았다. 파티에서 화이트와인을 검은 잔에 따라주고 사람들에게 레드와인 맛이 어떠냐고 물어보라. 프레더릭 브로체트Frederic Brochette가 이 실험을 실시했는데 와인 전문가 다수가 레드와인으로 착각하고

"걸쭉한 잼과 같은 맛"이나 "붉은 과일을 으깬 맛"처럼 레드와인을 의미하는 단어를 써서 맛을 표현했다.

내가 좋아하는 한 연구가 최근에 '사람들은 파테Pâté(간이나 자투리 고기, 생선살 등을 갈아서 파테라는 밀가루 반죽을 입혀 오븐에 구워낸 정통 프랑스 요리—옮긴이)와 개 사료를 구별할 수 있을까?'라는 제목의 조사보고서 형식으로 발표됐다.[47] 결론부터 말하자면 구별하지 못한다. '강아지/개를 위한 칠면조와 닭 혼합사료'라는 제품을 만능 조리기로 갈아서 파슬리로 장식해 내놓으면 사람들은 오리 간 무스나 돼지 간 파테나 간소시지나 스팸과 명확히 구별하지 못했다.

이유를 두 가지로 이해할 수 있다.

우선 2단계 과정이 있다. 첫 번째로 음식을 맛보는 단계에는 음식의 물리적 성질이 중요하다. 코와 입에 닿는 성질이 기준이다. 두 번째 단계에는 음식에 대한 관념이 맛의 기억을 형성하고 수정하고 정교하게 만든다.

어느 어른과 조나라는 네 살짜리 아이가 나누는 대화를 들어보자. 학교도 들어가지 않은 어린아이지만 두 단계를 명확히 드러낸다.

어른: 어떤 게 더 좋아? 프로즌 요구르트? 아님 아이스크림?
조나: 둘 다 맛이 같아요. 그래도 프로즌 요구르트가 좋아요.

어른: 프로즌 요구르트가 왜 더 좋아? 맛이 똑같다면서?

조나: 요구르트를 처음 먹었을 때 정말 행복했거든요. 난 매일 아
주 아주 아주 행복해요. 그런데 할머니 할아버지 집에서 요구르트를
처음 먹었을 때는 아주 아주 아주 아주 행복했어요.

조나는 음식의 맛과 그 음식을 얼마나 좋아하는지를 구별해서
말하고 있다. 아이스크림과 프로즌 요구르트는 맛이 같지만 프로
즌 요구르트를 더 좋아한다. 아마 이런 식으로 음식에 대한 지식이
맛의 선호도에 영향을 주는 듯하다. 지식을 습득해도 경험은 바뀌
지 않지만 경험에 부여하는 가치가 달라지고 경험에 관해 말하고
생각하는 방식도 달라진다.

두 번째 이유는 더 강력하다. 믿음이 경험에 영향을 줄 수 있다
고 보기 때문이다. 사람들은 "이 와인은 맛이 그저 그렇지만 그랑
크뤼 와인이라고 하니까 맛이 좋겠지."라고 말하지 않는다. 그냥
"맛있다!"고 한다.

심리학자 레너드 리Leonard Lee와 동료들은 두 가지 가능성을
구별하기 위한 블라인드 테이스팅을 실시했다. 연구자들은 매사추
세츠 주 캠브리지의 동네 술집에 들어가서 손님들에게 'MIT 맥주'
를 마셔보라고 했다.[48] 사실은 버드와이저나 샘 아담스 맥주에 발
사믹 식초 몇 방울을 섞은 것이었다. 사람들은 보통 맥주보다 식초
가 들어 있는 MIT 맥주를 좋아했다. 하지만 질문을 바꿔서 물어보
면 다들 식초를 넣으면 맥주가 맛없어진다고 '생각'했다.

그 후 다른 피험자 집단에 같은 실험을 실시했다. 피험자 절반에게는 식초를 넣은 맥주라고 알려준 다음에 맥주를 마시게 했고, 나머지 절반에게는 먼저 맥주를 마시게 한 다음에 식초를 넣었다고 알려주었다. 그리고 두 집단 모두에게 MIT 맥주를 얼마나 좋아하는지 물었다.

이런 논리로 생각해 보자. 약한 이론이 옳다면, 다시 말해서 혀에 닿는 음식의 맛을 느끼고 정보가 맛에 대한 의견에 영향을 준다면 식초를 넣었다는 설명을 언제 듣는지는 중요하지 않다. 식초를 넣으면 맥주 맛이 나빠진다고 생각한다면 맥주 맛에 대한 지각이 달라진다. 그러나 강한 이론이 옳다면 음식에 관한 정보를 언제 습득했는지가 중요해진다. 맥주를 맛보기 전에 식초가 들어 있다는 말을 들으면 맥주가 맛이 없다고 지각한다. 정보가 경험에 영향을 주기 때문이다. 하지만 맥주를 마신 다음에 정보를 들으면 때는 이미 늦었다. 이미 맛을 본 뒤이므로 맛에 대한 정보가 경험 자체는 건드리지 못한다.

현실에서는 강한 이론이 승리한다. 맛없는 맥주로 기대하고 마시면 맛이 없어진다. 하지만 이미 맛을 본 다음에는 정보를 알아도 생각이 바뀌지 않는다. 적어도 맥주에 관해서는 기대가 경험에 영향을 주지, 소급해서 영향을 주지는 않는다.

이 결론은 와인을 마시는 동안 뇌를 스캔하는 연구로 더욱 설득력을 얻는다.[49] 같은 와인이지만 하나는 10달러짜리라고 소개하고 다른 하나는 90달러짜리라고 소개했다. 위의 연구에서 예상되듯이 피험자들은 비싼 와인을 좋아한다고 보고했다. 여기서 더욱 흥미로운 사실이 발견된다. 뇌의 일부는 가격 조작에 민감하지 않은 데 반해(동물적 감각 수준에서 맛과 냄새 감각에만 반응한다.) 전반적으로는 맛에 대한 기대치가 동물적 감각 경험과 결합해서 혼합된 양상이 나타난다. 이런 현상은 내측 안와전두피질medial orbitofrontal cortex에서 발생하는데 앞에서 소개한 코카콜라/펩시콜라 연구에서 활성화된 뇌 영역과 같은 부위다.

이와 유사한 연구가 있다. 피험자에게 냄새를 제시하고 '체다치즈'나 '체취'라고 설명하는 연구다.[50] 냄새의 정체는 체다치즈 향을 섞은 아이소발레르산isovaleric acid이었다. 결과적으로 냄새에 관한 설명이 경험을 변화시켰고, 뇌의 같은 부위에서 다른 활성상태가 나타났다. 예전에 텔레비전에서 본 〈패밀리 가이Family Guy〉의 한 에피소드가 떠오른다. 등장인물이 코를 킁킁거리면서 "썩은 고기거나 좋은 치즈로군."이라고 말하는 장면이다. 연구에 따르면 사람들은 일단 답을 알면 냄새를 다르게 경험한다.

그렇다고 기대의 힘을 과장할 생각은 없다. 맛이 전적으로 생각에 따라 달라진다면 미뢰와 후신경구olfactory bulb가 있을 필요가 없다. 어쨌든 두 기관은 외부 세계의 정보를 습득하도록 진화해 왔다. 무슨 음식인지 몰라도 한 입 먹어보고 좋은지 아닌지 판단할 수 있다. 몸으로 느끼는 경험이 생각을 앞서기도 한다. '뱅 드 따블 와인이라고 하니 특별한 맛은 아니겠지만 내가 먹어본 와인 중 최고다.'라거나 '이 살점에 위대한 전사의 정수가 담겨 있다고 하는데,

어우, 그래도 맛은 참 고약하다.'라고 생각할 수도 있다.

감각이 경험에 영향을 주지 않는 것은 아니다. 그리고 감각은 본질에 관한 믿음을 비롯한 갖가지 생각에 의해 시시각각으로 변형된다. 결국 상호강화회로로 설명할 수 있다. 예를 들어 페리에 생수가 수돗물보다 순수하고 어떤 면에서는 우월하다고 생각한다. 그러면 페리에 물맛에 대한 경험이 좋아진다. 페리에를 마시면 기분이 더 좋아진다. 그러면 페리에가 맛있다는 믿음이 강화되고, 다시 맛이 좋아지는 과정이 이어진다. 유전자 변형 식품은 맛이 이상하다고 생각하면 실제로 이상한 맛으로 경험하고, 그 경험이 다시 유전자 변형 식품에는 문제가 있다는 믿음을 강화하고, 나중에 다시먹을 때 맛이 더욱 이상하게 느껴진다.

이런 순환회로는 음식에만 나타나는 것이 아니다. 예를 들어 오디오 애호가는 고가의 스피커로 음악을 들으면 음악이 훨씬 아름답게 들린다고 생각한다. 이런 편견을 가지고 음악을 들으면 다시비싼 스피커의 가치에 관한 믿음이 강화된다. 비단 쾌락에만 적용되는 현상이 아니다. 예를 들어 동성애 남자는 유약하다고 믿는다. 이 믿음은 경험에 영향을 주고 동성애 남자의 행동을 보면 이성애남자와 같은 행동인데도 더 유약하다고 해석할 가능성이 높다. 그리고 '저 동성애자는 정말 유약해!'라고 생각한 경험에 의해 고정관념은 더욱 강화된다. 본질주의적 믿음을 비롯한 다양한 믿음은경험을 왜곡함으로써 더욱 공고해진다. 그래서 생각을 바꾸기가 어려운 것이다.

고통을 즐기는 동물 ▼

　개와 고양이가 무슨 생각을 하는지 짐작조차 할 수 없지만 행동, 생리학, 적응적 지위, 뇌 구조, 신경화학 연구를 근거로 개와 고양이도 음식에서 쾌락을 얻는다고 추정할 수 있다. 하지만 무슨 음식을 먹고 왜 먹는지에 관한 풍부한 신념체계는 인간만의 특징이다. 가령 개는 음식이 천연식품인지 인공식품인지에 관심이 없고, 사랑하는 사람이 준 건지 싫어하는 사람이 준 건지 개의치 않는다. 물병에 '페리에'라고 붙어 있다고 해서 더 빨리 마시는 것도 아니다.

　사람들이 좋아하는 음식과 선택하는 음식이 항상 일치하지는 않는다. 나는 일반 콜라가 다이어트 콜라보다 맛있다고 생각하지만 칼로리 때문에 다이어트 콜라를 마신다. 우리는 쾌락과 거리가 먼 선택을 할 수 있다. 인간은 다른 동물과 다르다. 우리 집 개가 다이어트를 한다면 그건 내 선택이지 개의 선택이 아니다.

　마지막으로 인간의 쾌락은 자의식과 연결된다. 인간은 스스로 경험하는 쾌락이나 고통을 관찰할 수 있고, 관찰하면서 더 큰 쾌락이나 고통을 경험한다. 정서는 스스로 강화된다. 예를 들어 친구들과 함께 즐거운 시간을 보낼 때 행복하다고 생각하면 더 즐거워질 수 있다. 자기는 인생을 즐기는 사람이라는 유쾌한 생각이 들기 때문이다. 반대로 어떤 사람들에게는 더 익숙한 방법으로, 비참하다는 생각에 빠져 더 비참해지기도 한다.

한편 흥미롭게도 우리는 쾌락에서 고통을 얻고 고통에서 쾌락을 얻는다. 오직 인간만 『마조히스트의 요리책Masochist's Cookbook』에 실린 다음과 같은 조리법을 즐긴다.(다행히 상상한 내용이다.)[51]

오렌지 럼 글레이즈를 곁들인 계피 슬라이스 피칸

· 가공하지 않은 피칸 2½컵
· 럼주 1컵
· 연갈색 설탕 2티스푼
· 소금 ¼티스푼
· 계핏가루 ½티스푼
· 오렌지 껍질 1개

피칸을 350도에서 5분 동안 굽는다. 커다란 스튜 냄비에 럼주, 설탕, 소금, 계핏가루, 오렌지 껍질을 넣는다. 팔팔 끓인다. 이제부터 응급구조대를 부르고 싶어질 것이다. 바지를 벗는다. 오븐장갑을 입에 물고 화상을 입을 정도로 뜨거운 내용물을 성기에 붓는다. 4인분.

이 조리법은 극단적 마조히즘으로 신체를 심각하게 훼손하는 방법이다. 이보다 온건한 형태로 로진과 동료들이 '양성 마조히즘'이라고 부르는 마조히즘이 있다.[52] 사람들은 약간 불편한 경험에서 즐거움을 찾는다는 의미다. 예를 들어 뜨거운 물에 목욕하기, 롤러

코스터 타기, 달리거나 역기를 들면서 극한까지 몰아붙이기, 공포 영화 보기가 있다. 고통을 감수하면서 좋아하는 것이 아니다. 어느 정도는 고통 '때문에' 좋아하는 것이다.

인간이 고통을 즐기는 이유에 관해서는 여러 가지 이론이 있다. 아드레날린이 분출해서 쾌락이 일어날 수 있다. 어쩌면 강인한 남성성을 드러내는 신호일 수도 있다. 고통이 일어나면서 진정제가 분비되는데 진정제에서 얻는 황홀감이 낮은 고통 수준을 압도한 것일 수 있다. 내가 특히 좋아하는 이론은, 나중에 다른 장에서 소개하겠지만 여기서 간단히 언급하자면 로진의 주장처럼 인간은 음식을 먹을 때도 늘 고통을 경험한다는 이론이다. 누구나 혐오식품을 즐긴다. 커피나 맥주나 담배나 고추를 처음부터 맛있게 먹는 사람은 거의 없다.

고통에서 쾌락을 얻는 동물은 인간뿐이다. 다른 동물은 다른 음식이 있으면 고통을 주는 음식은 거들떠보지도 않는다. 철학자들은 인간 고유의 특징을 언어, 이성, 문화에서 찾는다. 나는 이렇게 주장하고 싶다. 인간은 타바스코 소스를 좋아하는 유일한 동물이라고.

한편 쾌락 때문에 생기는 고통도 있다. 가벼운 예가 예절을 어기는 행위다. 인간에게 먹는 행위는 감각적 쾌락과 생물학적 욕구를 충족시키는 것 이상의 의미가 있다. 중요한 사회적 행위다. 문화마다 다르지만 어느 곳에나 식사예절이 있다. 어디서는 트림을 해야 하고, 어디서는 숟가락을 사용해야 하고, 또 어디서는 왼손 말고 오른손으로만 먹어야 한다. 예절을 어기면 부끄럽고 죄책감을 느낄 수 있다. 레온 카스Leon Kass는 『배고픈 영혼The Hungry Soul』이라는 책에서 예절에 관한 이론을 발전시켜서 식사예절에는 인간이 동물과 다르다는 자의식이 배어 있다고 지적한다. 사람들이 자기나 남이 예절을 어길 때 보이는 반응을 관찰하면 인간성에 관한 관심을 확인할 수 있다.[53]

카스는 한편으로 이런 자의식이 서서히 사라지고 있다고 우려한다. 어찌 보면 정확한 지적이다. 공공장소에서 먹지 말라는 금기는 거의 사라졌고, 먹는 행위의 사회적 의미도 퇴색했다. 미국인은 다섯 번에 한 번꼴로 차에서 식사를 한다.[54] 그래서 20세기에 발명된 위대한 음식 중 하나가 한 손으로 닭을 먹을 수 있도록 고안된 치킨 너겟이라는 말도 있다.

하지만 식사예절이 무너진 대신에 윤리의식이 그 자리를 메우고 있다.[55] 음식은 특히 윤리의 영역이다. 먹어서는 안 되는 음식이 있다. 요즘은 식단에 오르는 동물의 고통을 보고 윤리적으로 각성하는 사람들이 많다. 그리고 서로 합의해서 저지른 일이라고 해도 식인행위에 반대하는 이유도 윤리의식 때문이다. 마이베스의 희생자 브란데스가 그런 선택을 할 때 과연 정상이었을까? 또 자연사한 사람을 먹는다고 해도 인간에 대한 존중이 부족한 탓이라고 생각한다. 인간의 존엄성을 무시하는 행위라는 것이다.

철학자 콰메 앤서니 아피아Kwame Anthony Appiah는 순수와 정치를 논하는 의미심장한 논문에서 보수주의자는 섹스의 도덕성에 집착하지만 자유주의자는 음식의 도덕성에 집착한다고 설명한다.
다소 과장된 묘사일지 모르지만 아피아의 표현을 빌리자면 자유
주의자는,

> 농약과 식품첨가제로 오염되지 않은 유기농 식품을 높이 평가하
> 고 기업식 농업이 환경을 파괴하는 현실에 분개한다. 유기농과 지
> 역 농산물만 선택하는 태도는 소비자 선호도의 영역을 넘어선다.
> 이는 정치와 윤리의 영역이다.

    간혹 인간의 욕구를 단순한 동물적 식욕과 문명인의 취향으로
나누려는 경향이 있다. 하지만 이분법으로 나누기는 어렵다. 허기
를 채워서 얻는 쾌락도 본질과 역사, 도덕적 순수와 도덕적 타락에
대한 관심에 영향을 받는다. 쾌락에는 항상 깊이가 있다.

3

사람은 잠자리에서
누구와 사랑에 빠지는가?

미녀가 평범한 외모의 남자에게 빠지고
유독 이웃집 아가씨가 매력적으로 보이는 이유

방금 성관계를 맺은 상대가 알고 보니 엉뚱한 사람이라면?

이는 성서에서부터 셰익스피어의 작품, 그리고 최근의 영화에 이르기까지

반복해서 등장하는 인류적인 사건이다.

유구한 성의 역사는 성적 쾌락이 육체적 감각의 문제만이 아니라

우리 내면의 비밀을 알려주는 매혹적 속삭임이라는 사실을 보여주었다.

하지만 많은 연구에도 불구하고 우리가 풀어야 할 숙제는 너무도 많다.

인간은 어디에서 성적 매력을 느끼는가?

남자와 여자가 추구하는 성전략이 다른 이유는?

외모는 얼마나 중요할까?

처녀성에 집착하는 이유는?

애인에게 다이아몬드 반지를 왜 선물하는가?

처음 본 사람보다 자주 본 사람에게 매력을 느끼는 이유는?

남근은 왜 진화했는가?

이러한 질문들은 사랑과 성을 이해하는 새로운 과학으로 나아가게 한다.

방금 성관계를 맺은 상대가 알고 보니 엉뚱한 사람이었다. 남편인 줄 알았는데 남편의 쌍둥이 동생이었다. 혹은 매춘부와 잔 줄 알았는데 깨어보니 남편의 정절을 시험하기 위해 창녀로 분장한 아내였다. 혼동이나 기만은 같이 잔 사람이 누구인지 때문이 아니라 그 사람의 정체성 때문에 일어난다. 남자인 줄 알았는데 여자이기도 하고, 여자인 줄 알았는데 남자이기도 하고, 성인인 줄 알았는데 어린아이이기도 하고, 모르는 사람인 줄 알았는데 가까운 사람일 때도 있다. 예를 들어 어머니와 결혼하고 아버지를 죽여야 할 운명의 오이디푸스도 있다. 소설에서는 잠자리 상대가 로봇이거나 괴물이거나 외계인이거나 천사이거나 신으로 밝혀지기도 한다.

　'잠자리 속임수bedtrick'는 셰익스피어 작품에서 반복해서 등장

하는 주제에 붙은 이름이다. 종교학자 웬디 도니거Wendy Doniger
는 이 주제를 다룬 책에서 잠자리 속임수가 반복적 주제로 나오지
않는 장르나 지역이나 시대를 찾기 어렵다고 했다.[1] 인간은 잠자리
속임수에 집착하고 역사적으로 언제나 그래 왔다.

2,500여 년 전에 사랑의 여정을 그린 『오디세이아Odyssey』에서
페넬로페는 먼 길을 떠났다 돌아온 남편 오디세우스를 쫓아낸다.
오디세우스가 진짜 남편인지 확신이 서지 않아서다. 오디세우스가
화를 내도 페넬로페는 각방을 써야 한다고 고집을 부린다. 페넬로
페가 부부침대를 침실 밖으로 내놓으려 하자 오디세우스는 침대를
옮기지 못할 거라고 말한다. 그리고 처음에 그가 침대를 어떻게 짰
는지 말해 준다. 드디어 페넬로페는 남편을 알아보지만 오디세우
스는 자기를 의심했다는 생각에 분을 참지 못한다. 페넬로페는 남
편에게 용서를 빌면서 이렇게 노래한다.[2]

제가 당신을 알아보지 못했다고 탓하지 마세요.
제게 화내지 마세요.
처음에는 당신을 맞아서 안아주려 했지만……
마음 깊은 곳에서 나는 늘 두려움에 움츠러든답니다.
사기꾼이 와서 말로 기만하는지도 모르니까요.
세상에는 그렇게
음흉한 계략을 꾸미는 간계한 자들이 득실거리니까요.

잠자리 속임수는 상상의 세계에서 일어나는 사건으로, 배우자에 대한 서약을 깨지 않으면서도 다른 사람과 잘 수 있는 결백한 부정이다. 하지만 악몽 같은 사건일 때가 더 많다. 잠자리 속임수는 법적으로나 도덕적으로 강간을 저지르는 행위일 수 있다. 특히 상대를 속여서 관계를 맺으므로 더욱 수치스러운 행위다. 피해자는 주로 여자다. 간혹 이성애자 남자를 속여서 다른 남자와 잠자리를 갖게 하는 내용의 소설도 있다. 이 경우 나중에 진실이 밝혀지면 강한 혐오감을 일으킨다. 영화 〈크라잉게임The Crying Game〉에서 애인 딜에게 남자의 성기가 달린 걸 본 퍼거스는 실제로 몸이 아프면서 구토를 일으킨다.

　히브리 성서는 잠자리 속임수 이야기로 가득하다. 대표적으로 야곱이 아버지를 속여 맏아들이라고 믿게 하고 장자 상속권을 넘겨받은 일화가 있다.(성관계는 맺지 않지만 침대에서 일어난다.) 롯의 딸들이 롯에게 술을 먹이고 잠자리를 가진 이야기도 일종의 잠자리 속임수다. 다말이 창녀로 위장해서 시아버지와 잠자리를 함께한 이야기도 있다. 야곱이 라반의 딸 라헬과 결혼하려고 몇 년이나 라반을 위해 일하지만 결혼식 날 밤에 라반이 딸을 바꿔치기 해서 야곱을 속이는 이야기가 있다. "아침이 되어 야곱이 눈을 떠보니, 레아가 아닌가! 야곱이 라반에게 말했다. 외삼촌께서 제게 이럴 수 있습니까? 제가 그동안 라헬에게 장가들려고 외삼촌 일을 해 드린 것 아닙니까? 왜 저를 속이셨습니까?"[3](현대의 유대인 결혼식에서는 이 사건을 상징적으로 받아들여 신랑이 직접 신부의 얼굴에서 면사포를

내려 엉뚱한 여자를 아내로 맞이하는 건 아닌지 확인하는 절차가 있다.)[4]

잠자리 속임수는 성적 쾌락이 그저 육체적 감각만이 아니라는 점을 잘 보여준다. 성적 쾌락은 상대가 누구이고 어떤 사람인지에 대한 생각에서 나온다. 이 장에서는 본질주의 관점에서 사랑과 성을 이해하는 새로운 방식을 제안한다.

하지만 이 이야기를 꺼내려면 기초부터 시작해야 한다.

수컷과 암컷의 성전략이 다른 이유 ▼

단순한 관점에서 쾌락에 접근하면 동물은 자기에게 유리한 것을 즐기도록 진화한다고 설명할 수 있다. 이때 쾌락은 생식에 유리한 활동을 하도록 이끌어주는 당근이다.(반대로 고통은 채찍이다.) 목이 마르면 물을 마시고 배고프면 먹어야 기분이 좋아진다. 이런 즐거움을 잘 느끼는 동물이 다른 동물보다 새끼를 많이 낳는다.

같은 논리가 섹스에도 적용된다. 짝짓기 기회를 찾아다니는 동물이 있고 짝짓기에 무관심한 동물이 있다고 하자. 다른 조건이 동등하다면 짝짓기 기회를 자주 만드는 동물이 새끼를 많이 낳을 것이다. 진화론의 관점에서는 정절을 지키는 행위는 유전자에 대한 자살행위다. 섹스 없이는 자식을 낳지 못한다. 그리고 섹스도 음식처럼 노력해야 얻을 수 있지 거저 얻어지는 것이 아니다. 따라서 개, 침팬지, 뱀을 비롯한 수많은 생명체와 마찬가지로 인간도 섹스를 추구하도록 진화해 왔다.

이 점이 자연선택에 미치는 영향은 논란의 여지가 없다. 인간의 다양한 활동 중에는 적응 가치가 뚜렷하지 않고 다른 동물의 활동과 연관성이 없어 보이는 활동이 많다. 물론 음악이나 미술, 과학 발견에서 얻는 쾌락도 진화론적 기원을 찾을 수 있고 이 책에서 이야기하는 내용도 그런 것이다. 그리고 섹스에서도 몇 가지 측면은 풀리지 않는 수수께끼다.(여자의 오르가슴은 생물학적 적응일까, 해부학적 우연일까? 왜 어떤 사람은 동성애만 가능할까? 성적 페티시즘의 기원은 무엇일까?) 하지만 섹스에서 쾌락을 얻는다는 것은 명백한 사실이다. 섹스의 쾌락은 주로 섹스 행위에서 일어나고, 섹스는 자손 번식과 관련이 크다. 욕구가 어떻게 자연선택의 결과가 될 수 있는지 보여주는 가장 좋은 예다.

하지만 단순한 진화론적 분석으로는 온전히 이해하기 어렵다. 진화의 결과로 생긴 욕구가 구체적으로 어떤 특징을 지니는지에 관해서는 아무것도 설명해 주지 않는다. 어쩌면 더 이상 설명할 것이 없는지도 모른다. 인간의 '성충동'은 발정기에 일어나는 무분별한 충동일 뿐 다른 의미는 없다고 생각할 수도 있다. 어느 연구자는 수컷 두꺼비를 예로 들어 설명한다.[5]

> 수컷 두꺼비가 움직이는 물체를 볼 때는 세 가지로 반응한다. 자기보다 크면 도망치고, 자기보다 작으면 잡아먹고, 자기와 비슷하면 짝짓기를 한다. 상대가 저항하지 않으면 자기와 같은 종이므

로 올바른 짝짓기라 할 수 있다.

웬디 도니거는 수컷 두꺼비 이야기를 언급하면서 "두꺼비 같은 남자를 어디서나 볼 수 있다."고 말한다. 요즘은 인간의 성이 훨씬 복잡하다는 데 다들 동의하지만 복잡해진 이유가 진화의 결과는 아닐 것이다. 생식에 도움이 되지 않는 자위, 동성애, 피임 성교와 같은 성활동이 널리 행해지고 있고, 이런 활동은 자연선택의 결과가 아니다. 인간의 성은 개인의 역사, 문화적 배경, 자유로운 선택으로 이해할 수 있다.

나도 어느 정도는 성충동 이론에 동의한다. 예를 들어 인간은 성관계를 맺고 사랑을 나누고 싶은 감정 때문에 살아 있는 다른 인간에게 접근하도록 진화해 왔다. 하지만 나중에 자세히 설명하겠지만 인간은 성애와 낭만적 사랑의 대상으로 허구의 인물을 상상하기도 한다. 오직 인간 세계에서만 섹스와 사랑이 실제 세계에서 상상의 세계로 옮겨 갔다. 이것은 적응의 결과가 아니다. 우연한 사고다. 그리고 아주 의미 있는 사고다.

성충동 이론은 지나치게 단순하다. 오랜 세월 진화해 온 인간의 기질은 풍부하고 체계적이다. 성별을 생각해 보면 명확히 이해할 수 있다. 하나의 성만 존재해서 복제를 통해 번식하는 미생물도 있지만 대부분의 생물은 암수로 나뉜다. 그리고 번식하려면 성충동도 어느 정도는 분별력이 있어야 한다. 수컷 두꺼비라도 암컷에게 접근할 만큼 영리해야 한다.

진화생물학의 장점 중 하나는 성별에 관한 까다로운 질문들에 대답한다는 점이다. 왜 남근이 달린 동물은 질이 있는 동물보다 평균적으로 몸집이 크고 폭력적일까? 왜 질이 있는 동물은 남근이 달린 동물보다 까다로울까? 왜 남근이 달린 동물은 공작새 깃털처럼 화려한 외모를 뽐내거나 코끼리물범 수컷의 거대한 상아처럼 특수한 무기를 지닐까?

이 문제들은 다윈도 고심하던 것들이지만 부모투자이론parental investment theory으로 설명하면 명쾌하게 해결된다. 부모투자이론이란 1970년대에 진화생물학자 로버트 트리버스Robert Trivers가 제안하고 몇 년에 걸쳐 발전시킨 이론이다.[6] 기본적으로 인간의 몸과 마음은 번식에 성공하기 위해 자연선택의 과정을 거쳐 적응하지만, 남자와 여자가 추구하는 전략이 다른 이유는 정자와 난자의 차이 때문이다. 정자는 유전자를 간신히 전달할 정도로 작고 개체 수가 많고 난자까지 이동할 수 있는 정도의 동력만 갖춘다. 난자는 정자에 비해 크고 한 인간을 성장시키는 모든 장치를 갖추고 있다. 게다가 포유류의 경우 새끼는 암컷의 몸속에서 수정되고 태어난 이후에도 어미의 몸을 통해 영양분을 섭취한다. 수컷 포유류가 새끼를 낳아 유전자를 물려주는 데 기여하는 노력은 아주 짧은 시간 동안 삽입해서 사정하는 것이 전부다. 암컷은 새끼를 낳아 기르는 데 몇 개월이나 몇 년을 투자해야 한다.

여기서 큰 차이가 생긴다. 암컷은 새끼를 키우고 젖을 먹이는 동안 다른 새끼를 낳지 못한다. 수컷은 동시에 여러 암컷에게서 새끼를 얻을 수 있지만 암컷은 불가능하다는 뜻이다.

트리버스는 이런 차이 때문에 수컷과 암컷이 추구하는 최적의 생식전략이 다르다고 지적했다. 암컷은 새끼를 많이 낳지 못하기 때문에 수컷보다 새끼에게 더 많이 투자한다. 암컷에게는 새끼 하나하나가 소중하다. 따라서 암컷은 짝짓기 상대를 까다롭게 고른다. 건강한 유전자를 가진 상대인지, 그리고 주위에 머물면서 자기와 새끼를 돌봐줄 상대인지 파악해야 한다. 반대로 수컷은 암컷에게 선택받는 처지이기 때문에 암컷에게 접근하기 위해 다른 수컷과 경쟁해야 하고, 그래서 몸집이 크고 강인하며 특수한 무기를 지니는 경향이 있다. 수컷은 자기를 과시하기 위해 화려한 꼬리나 무늬와 같은 특징을 발달시킨다. 그래서 공작새는 암컷이 아니라 수컷이 현란한 무늬의 꼬리를 뽐내는 것이다.

이로써 수컷과 암컷의 일반적인 차이가 설명된다. 그러나 부모투자이론이 특히 설득력을 얻는 이유는 언제 성차가 나타나고 언제 나타나지 않는지 명확히 예측하기 때문이다. 이 이론에서는 생식기 자체를 중요하게 보지 않는다. 남근이 있느냐 질이 있느냐에 따라 마술 같은 현상이 나타나지는 않는다. 그저 남근이 있는 동물은 질이 있는 동물보다 새끼를 낳아 기르는 데 적게 투자할 뿐이다. 흔하지는 않지만 수컷과 암컷이 새끼를 낳아 기르는 데 똑같이 투자하거나 수컷과 암컷의 역할이 바뀐다면 성차도 달라질 것이다. 그리고 실제로 그런 예를 찾을 수 있다. 수컷과 암컷이 무력한 새끼를 보호하기 위해 똑같이 노력하거나(펭귄) 수컷과 암컷 모두 정자와 난자를 바다에 뿌리고 새끼를 돌보지 않는 경우처럼(어류) 부모 투자가 동등한 종에서는 양성의 신체적 특징과 이성을 유혹하는 기제가 다르지 않다. 수컷이 새끼를 돌보고 암컷은 난자만 제공하는 종에서는 수컷이 짝짓기 상대를 고르는 데 까다롭고 암컷은 몸집이 크고 공격적이며 깃털이 화려하다.

바람피우는 남자, 까다로운 여자 ▼

그러면 인간은 어디에 속할까? 지리학자이자 작가인 제레드 다이아몬드Jared Diamond는 『섹스는 왜 재미있을까?Why Is Sex Fun?』라는 책에서 인간은 여러 가지 면에서 전형적으로 몸속에서 자식을 수정하고 부모가 함께 키우는 종이라고 명시한다.[7] 암컷과 수컷이 공평하게 새끼를 돌보는 펭귄도 아니고 사자나 늑대나 침팬지의 수컷처럼 제 새끼도 못 알아보는 종도 아니다.(유전자 검사로 어떤 수컷의 새끼인지 확인해야 알 수 있다.) 인간은 그 사이 어딘가에 속한다.

동물의 몸에는 진화의 역사가 고스란히 새겨 있다. 같은 종이지만 수컷과 암컷의 몸집이 다른 것을 보면 수컷들 사이에 짝짓기 경쟁이 얼마나 치열하고 부모투자의 격차가 얼마나 큰지 알 수 있다. 그래서 펭귄은 수컷과 암컷을 구별하기 어렵다. 부모 역할을 동등하게 수행하기 때문이다. 인간은 평균적으로 남자가 여자보다 조금 크지만(인간은 펭귄과 다르다.) 수컷이 새끼를 전혀 돌보지 않는 종만큼 남녀의 차이가 크지는 않다.

진화의 역사는 우리의 정신에도 고스란히 새겨 있다. 남자는 여러 여자와 성관계를 맺는 데 관심이 많고 모르는 여자와 성관계를 맺으면서도 발기가 잘 되고 또 그런 관계에 흥미를 느낀다. 세계 어디나 마찬가지라고 한다. 성별 연구는 심리학에서 교차연구를 실시하는 몇 가지 영역 중 하나다.[8] 매춘이 널리 성행하는 이유는 다양한 성행위를 추구하는 남자의 욕구를 충족시키기 위해서고, 포르노그래피도 마찬가지다. 물론 남자 매춘부도 있고 남자의 벗은 몸과 남자를 성적 대상으로 그리는 포르노그래피도 있지만 대부분 동성애 남자를 위한 것이다.

여러 작가 중에서도 특히 도로시 파커Dorothy Parker와 윌리엄 제임스의 일화로 유명한 이야기가 있다. 그녀는 한밤중에 잠에서 깨서 대단한 것을 발견했다는 생각에 글로 적어놓고 잠들었다. 잠에서 깨서 다시 읽어보니 이런 글이었다고 한다.

호가모스 히가모스
남자는 일부다처.
히가모스 호가모스
여자는 일부일처.

통계적으로는 틀린 말은 아니지만 전적으로 옳다고 보기도 어렵

다. 남자는 대체로 일부다처이고 여자는 대체로 일부일처라는 주장에 관해서는 보충설명이 필요하다.

우선 사람의 아기는 유난히 연약하다. 미숙한 상태로 세상에 나와서 오랜 기간 어른에게 의존해서 음식과 은신처를 얻고 동물과 다른 약탈자로부터 보호받아야 한다. 그만큼 아버지의 역할이 중요하다. 아버지는 자식을 보호하고 양육하는 데 힘을 보태고 아기의 어머니까지 보호해야 한다.(젖먹이를 둔 어머니가 죽으면 아기도 죽을 가능성이 높기 때문이다.)

그렇다고 부모 역할이 바뀐다는 뜻은 아니다. 진화론적으로 남녀 사이의 전쟁은 아직 진행 중이다. 남자는 아직 몰래 바람을 피우는 데 관심이 많다. 물론 여자에게는 안타까운 소식이다. 여자는 다른 여자나 다른 자식들에게 시간과 자원을 분배하지 않고 오직 자기와 자기 자식에게만 충실한 남자를 원한다. 그래서 여자는 배우자를 선택할 때 까다로운 기준으로 고른다. 여자는 오랜 시간이 지나도 꾸준히 가정에 충실할 것 같은 남자를 찾는다. 남자가 여자를 속이도록 진화해 왔다면 여자는 남자의 속임수를 간파하는 능력을 타고났으므로 결국에는 신의를 지키는 남자가 바람둥이 남자보다 자손을 많이 남긴다. 여자에게는 신의를 지키는 남자가 매력적이다. 따라서 성 선택은 남녀의 성적 기호 사이에 간극을 좁히는 데 기여한다.

한편 다른 복잡한 측면도 숨어 있다. 여자에게는 숨은 배란이라는 독특한 특징이 있다.[9] 여자는 월경 주기 동안 언제든지 성관계를 맺고 즐길 수 있다. 다른 포유류처럼 배란기가 겉으로 드러난다면 남자들이 밖으로 돌더라도 집안의 자식이 자기 자식인지 확신할 수 있다. 배란기에만 다른 남자와 성관계를 맺지 못하게 감시하면 된다. 배란기 이외의 기간에는 배우자에게 신경 쓰지 않고 다른 여자를 쫓아다녀도 된다. 하지만 여자는 언제든 성관계를 맺을 수 있고 또 아이가 언제 생길지 예측하기 어렵기 때문에 남자가 집에 붙어 있어야 한다. 아니면 다른 남자의 유전자를 물려받은 자식을 키우느라 고생할지도 모른다.

(첨언하자면 여기서는 인류 진화에서 여자의 부정을 가정한다.[10] 이런 식의 배란기 비방은 여자가 바람을 피울 때만 효과가 있다. 여자의 부정은 어디서나 일어난다. 다시 말해서 남자들은 자기도 모르는 새에 생물학적으로 자기와 무관한 자식을 키우고 있을 수 있다는 뜻이다. 인류의 진화에서도 여자들이 부정을 저질러왔다는 증거가 남아 있다. 인간의 고환이 다른 영장류에 비해 크다는 것도 한 가지 증거다. 여자가 여러 남자와 관계를 맺을 때 이른바 '정자 전쟁'이 일어나는데 고환이 크면 정자 생산량도 늘어난다는 이론과 연결해서 이해할 수 있다. 따라서 '히가모스 호가모스' 시는 옳다고 보기 어렵다.)

지금까지 인간의 아기가 무력하다는 점이 진화에서 일부일처제도에 어떻게 기여하는지 살펴보았지만 인간관계에는 추가로 고려할 부분이 있다. 바로 인간은 현명하고 친절할 수 있다는 사실이다. 다시 말해서 인간은 현명하고 친절해서 상상력으로 욕구를 해소하고, 옳지 않은 쾌락을 쫓지 않으며, 남의 입장에도 서볼 줄 알고, 비용과 이익을 합리적으로 계산할 수 있다. 우리는 기특한 펭귄 아빠처럼 되려고 노력할 수 있다.

얼굴 속임수 ▼

남자와 여자에게는 공통점이 있다. 둘 다 예쁜 얼굴을 좋아한다. 성적인 이유만은 아니다. 이성애자들도 동성의 매력적인 얼굴을 좋아한다. 성욕과 상관없이 잘생긴 얼굴은 뇌를 각성시키고[11] 쾌락을 관장하는 신경회로를 자극한다. 심지어 성 충동을 전혀 느끼지 않는 아기(프로이트는 논외로 하자.)조차 태어날 때부터 예쁜 얼굴을 좋아한다.[12]

아기의 행동을 보면 다윈도 놀랐을 것이다. 다윈은 미의 기준은 문화마다 다르므로 학습의 결과라고 믿었다.[13] 하지만 세계 어디서나 매력적이라고 생각하는 얼굴의 공통된 특징이 있다. 깨끗한 피부, 균형 잡힌 이목구비, 맑은 눈, 건강한 치아, 풍성한 머리카락, 평범한 얼굴이다.[14] 마지막 항목은 다소 의외이지만 남자든 여자든 10명을 무작위로 선정해서 얼굴을 합성하면 잘생긴 얼굴이 나오는데 이 얼굴을 아기에게 보여주면 한 사람 한 사람의 얼굴보다 좋아한다.[15] 어른도 마찬가지다.

이와 같은 특징이 왜 중요할까? 깨끗한 피부, 균형 잡힌 이목구비, 맑은 눈, 건강한 치아, 풍성한 머리카락은 건강과 젊음을 나타내는 단서이자 배우자를 찾을 때 중요하게 고려하는 특징이다. 특히 균형 잡힌 이목구비는 중요한 요소다. 영양 불균형, 기생충, 세월의 흔적 때문에 균형을 유지하기가 쉽지 않다. 균형미는 성공을 나타낸다.

평범한 얼굴이 호감을 주는 이유를 정확히 꼬집어 말하기는 어렵다. 정상에서 벗어나면 좋지 않다는 논리에서 평범한 얼굴은 건강을 의미할 수도 있다. 평범한 얼굴은 이형접합(형태가 다른 배우자의 결합—옮긴이), 곧 유전적 다양성을 의미한다. 역시 유전적으로 장점이라 할 수 있다. 한편으로는 평범한 얼굴이 말 그대로 보기편해서일 수도 있다. 평범한 얼굴은 평범하지 않은 얼굴보다 시각처리 절차가 단순하고 사람은 처리하기 수월한 이미지를 선호하는경향이 있다. 그래도 아직 석연치 않은 구석이 있다. 평범한 얼굴이호감을 주긴 해도 빼어난 얼굴은 아니라는 점이다. 실제로 가장 매력적인 얼굴은 평범하지 않다.[16](사람들의 얼굴을 합성하면 호감형 얼굴이 나오지만 영화배우처럼 아름다운 얼굴은 아니다.) 어쩌면 평범한얼굴이 특출하게 매력적이어서가 아니라 평범하지 않은 얼굴이 매력적이지 않을 위험이 높기 때문일지도 모른다.

나는 늘 남자와 여자가 매력적인 얼굴을 판단하는 기준이 크게다르지 않은 것을 이상하게 생각해 왔다. 미국과 유럽뿐 아니라 세계 어디에서나 여자보다 남자가 이성의 외모에 관심이 많다.[17] 그래도 성별에 따라 매력적이라고 판단하는 기준이 크게 다르지는 않다.[18] 이성애자 남자는 이성애자 여자만큼 남자의 잘생긴 얼굴을 알아본다.

다만 여자의 경우 월경 주기에 따라 선호하는 외모가 달라진다. 평상시에는 앞에서 제시한 호감형 얼굴을 좋아하지만 배란기에는 남자답고 조각처럼 잘생긴 얼굴에도 끌린다.[19] 이 연구 결과가 처음 발표됐을 때는 너무 그럴듯해서 진실이 아닌 것 같았지만 지금까지 여러 차례 반복 검증되었다. 배란기 여자는 특히 좋은 유전자를 보유한 남자다운 남자를 찾는다고 해석해도 될 것이다.

1950년대에 실시된 일련의 흥미로운 연구에서는 수컷 칠면조의 성행동을 유발하는 요인이 무엇인지에 관심을 가졌다. 처음에는 실물 크기의 암컷 칠면조 모형으로 수컷을 자극할 수 있었다. 수컷들이 울면서 깃을 펴고 걷다가 숨을 헐떡이더니 급기야 모형에 올라탔다. 다음으로 성 반응을 유발하는 최소 자극을 찾기 위해 모형에서 꼬리, 발, 날개를 하나씩 떼어내자 결국 머리만 달린 막대가 남았다. 수컷들은 암컷의 머리만 보고도 흥분했고 머리 없는 몸통보다 머리만 달린 막대를 선호했다.[20]

인간도 칠면조와 비슷할지 모른다. 사람은 본래 특정한 지각 단서에 끌리도록 태어났고 실존 인물이 아닌 대상에게도 자극을 받는다. 그래서 컴퓨터 화면의 2차원 픽셀 배열만 보고도 성적 흥분을 일으킨다. 심지어 특정 신체 부위에는 흥분을 느끼면서 상대방에게는 아무런 감정도 느끼지 못하기도 한다.

특정 신체 부위에 집착하여 성적 흥분을 일으키는 현상이 페티시즘이다. 극단적인 예로 발 페티시즘에 사로잡힌 연쇄살인범 제롬 브루도스Jerome Brudos를 들 수 있다. 그는 처음에는 여자를 스토킹하다가 자기도 모르게 목을 조르고 신발만 가지고 달아났다. 그러다 차츰 여자를 강간하고 살인한 다음 기념으로 발 한쪽을 잘라 보관했다. 작가 대니얼 버그너Daniel Bergner의 작품에 등장하는 발 페티시즘이 있는 남자는 친절하고 낭만적이지만 강렬한 무의식적 욕망으로 고통스러워한다.[21] 여름에는 여자들 맨발을 흘끔거리면서 흥분하고 겨울에는 일기예보를 듣지 않으려고 애쓴다. '1피트나 내리는 눈a foot of snow'이라는 말만 들어도 참을 수 없는 성적 흥분에 사로잡히기 때문이다.

때로는 성욕이 단순한 방식으로 일어나기도 한다. 인간은 영리한 동물이라서 사람들에게 매력을 발산하려고 노력한다. 얼굴에 난 여드름을 감추기 위해 인지행동학 박사학위를 받을 필요는 없다. 사람들은 얼굴을 좋게 보이려고 열심히 노력한다. 젊어 보이려고 립스틱과 볼터치를 바르고 눈썹을 뽑고 가발을 쓰고 머리카락을 심는다. 성형수술이나 보톡스 시술을 받기도 하고 고전적 수법으로 뺨을 꼬집어 홍조를 만들기도 한다. 얼굴만 가꾸는 것이 아니라 근육을 키우거나 가슴을 확대하거나 성기를 키우는 시술을 받기도 한다.

이성에게 성적 관심을 끌려고 얼굴에 화장을 하면서 단서를 위장하는 한편으로 위장을 꿰뚫어볼 줄도 안다. 그리고 인간은 기본적으로 본질주의자라서 사람의 참모습을 원한다. 예를 들어 여자는 보톡스와 모발이식과 테스토스테론 주사로 외모를 가꾼 사람보다 본래 강인하고 젊은 남자를 선호한다.

외모가 얼마나 중요할까? 가장 철저한 진화심리학자도 타고난 성적 매력을 능가하는 요소가 있다고 인정한다. 특히 여자는 부나 사회적 지위와 같은 요인에 영향을 받는다. 그래서 젊고 매력적인 보디빌더보다 늙고 땅딸막한 백만장자를 택하기도 한다. 하지만 인간은 성적으로나 심미적으로 몇 가지 특징에 반응한다. 여드름 난 피부보다 깨끗한 피부를 좋아하고 비대칭 얼굴보다 균형 잡힌 얼굴에 끌린다. 슈퍼모델보다 훨씬 나이 많은 배우자를 사랑할 수는 있지만 그래도 슈퍼모델과 사귀고 싶은 꿈이 사라지는 것은 아니다.

하지만 나는 동의하지 않는다. 욕구에서도 외모가 전부는 아니다. 적응의 논리를 따르면 사람은 특히 자기와 비슷한 특질을 가진 사람에게 끌린다. 그중에는 얼굴이나 몸에 드러나지 않는 특질도 있다. 사실 과학연구들이 호도하는 부분이 있다. 여러 연구에서 오직 외모에만 초점을 맞추어 「플레이보이Playboy」 누드사진에서 공통점을 찾거나, 대학생들에게 사진을 보여주고 점수를 매기게 하거나, 아기들에게 컴퓨터로 합성한 얼굴을 보여주고 어떤 얼굴을 쳐다보는지 확인한다. 이런 방법으로는 사람들이 외모에서 어떤 특징에 매력을 느끼는지, 다시 말해서 균형 잡히고 평범한 얼굴을 얼마나 좋아하는지는 밝혀낼 수 있다. 하지만 사진에 드러나지 않는 특질에 관해서는 아무것도 설명하지 못한다. 낯선 사람이 입었던 티셔츠 냄새를 맡게 하는 연구도 마찬가지다.[22] 페로몬이 성적 호기심에 어느 정도 영향을 주는지는 확인할 수 있어도 냄새가 다른 특질에 비해 얼마나 중요한지는 파악하기 어렵다.

그러면 다른 특질이란 무엇일까? 우선 친숙함이 있다. 한 연구에서는 피츠버그 대학의 여러 강의실에 여자들을 들여보냈다.[23] 여자들은 수업에 참관하면서 한 마디도 하지 않고 학생들과 대화도 나누지 않았다. 강의실에 들어가는 횟수는 15회, 10회, 5회, 0회로 차등을 두었다. 한 학기가 끝난 후 학생들에게 여자들 사진을 보여주고 어떻게 생각하는지 물었다. 학생들은 15회 참관한 여자를 가장 매력적인 사람으로 꼽았고, 가장 매력 없는 사람은 강의실에서 한 번도 본 적 없는 여자였다. 비록 소규모 연구였지만 '단순노출효과'를 발견한 사회심리학 연구들과 일치하는 결과였다.[24] 단순노출효과란 친숙한 대상에게 호감을 느끼는 현상으로, 모든 조건이 동일하다면 친숙한 대상이 안전하다고 전제하고 마음을 움직이는 합리적인 방식이다. 단순노출효과는 매력을 느끼는 정도에도 적용된다. 그래서 이웃집 아가씨(청년) 같은 사람이 매력적으로 보이는 것이다.

다른 연구에서는 피험자들에게 고등학교 졸업앨범에서 같은 반친구들 사진을 보고 그들을 얼마나 좋아했고 고교시절에 그들을 얼마나 매력적이라고 생각했는지를 평가하게 했다.[25] 더불어 같은 나이대의 낯선 사람들 사진도 보고 매력도를 평가했다. 좋아하는 정도가 매력도를 판단하는 데 영향을 주지 않는다면 반 친구들에 대한 평가와 낯선 사람들에 대한 평가가 같아야 하지만 결과는 다르게 나왔다. 반 친구들의 매력도는 사진 속 친구를 얼마나 좋아하는지에 영향을 받았다. 호감을 느끼는 데는 잘생긴 외모만 중요한 것이 아니라는 증거다.

모르는 사람의 얼굴을 평가할 때도 외모만 기준으로 삼지 않는다. 어느 연구에서는 매력도에 영향을 주는 주된 요인은 평균적인 외모나 균형 잡힌 이목구비나 성적 매력이 아니라 웃는 얼굴로 나타났다.[26]

배우자를 찾을 때 물어야 할 세 가지 질문 ▼

그 밖에 타인에게 성적으로 끌리거나 사랑을 느끼게 만드는 요인은 무엇일까? 배우자를 찾기 위해서 답해야 할 세 가지 질문이 있다. 질문 자체도 흥미롭지만 질문을 통해 인간이 느끼는 풍부하고 복잡한 매력이 무엇인지 이해할 수 있다.

1. 상대가 남자인가 여자인가?

프로이트는 "사람들은 새로운 사람을 만나면 '남자인지 여자인지'부터 확인하고, 또 남녀를 자신 있게 구별한다."고 주장했다.[27]

나 역시 이 말에는 동의한다. 예를 들어 낯선 외국인 이름으로 이메일을 받을 때 상대가 남자인지 여자인지 판단이 서지 않으면 이상하게 찜찜하다. 어차피 그 사람과 사귈 생각은 없으므로 굳이 성별을 알아야 할 필요가 없는데도 왠지 불안하다. 심지어 기저귀 찬 아기를 보고도 "아들이에요, 딸이에요?"라고 묻는다.

아마 아기도 속으로 같은 질문을 던질지 모른다. 아기는 생후 1년만 돼도 남녀의 얼굴을 구별할 뿐 아니라 남자 목소리는 남자 얼굴에서 나오고 여자 목소리는 여자 얼굴에서 나온다고 생각한다.[28] 아기는 여자 얼굴을 더 보고 싶어 하는데 선천적으로 여자 보호자를 기대하기 때문인지, 아니면 여자가 보호자일 때가 많고 어른들처럼 그저 익숙한 얼굴을 선호하는 것인지는 분명하지 않다.

아기가 자라서 아동기가 되면 남자와 여자에 관한 관점을 형성한다.[29] 물론 남자와 여자는 다른 점이 많다. 남자와 여자는 심리도 다르고, 무엇보다 배우자를 고르는 기준도 다르고, 간호사가 되고 싶은지 경찰관이 되고 싶은지와 같은 사회적 차이도 있다. 아이들은 남녀의 차이를 빠르게 습득한다. 예를 들어 남자아이든 여자아이든 여자가 남자보다 여성스러운 장난감을 가지고 논다고 생각한다. 그리 놀랄 일은 아니다. 주위에 흔히 보이는 모습이고 아이들은 진실을 알아채는 재주가 뛰어나다.

흥미롭게도 아이들은 남자와 여자가 다른 이유를 자기 나름대로 추론한다. 심리학자 마조리 테일러Marjorie Taylor는 아이들에게 여자들만 사는 섬에서 자란 남자아이 이야기와 남자들만 사는 섬에서 자란 여자아이 이야기를 들려주었다.[30] 이 아이들은 어떻게 될까? 남자아이가 인형놀이를 좋아할까? 놀이가 문화의 산물이라고 본다면 그렇다고 답할 것이다. 반대로 선천적으로 타고난다고 생각하면 아니라고 답할 것이다. 테일러의 연구에 따르면 실험에 참가한 아이들은 타고난 성향을 중요하게 생각하는 것으로 나타났다. 어느 곳에 살든 남자아이는 남자 놀이를 하고 여자아이는 여자 놀이를 한다고 답했다. 반면에 어른들은 사회화에 중점을 두었다. 아이들은 남자와 여자의 차이를 생물학적 차이로 해석한다는 인터뷰 연구 결과도 있다.[31] 서론에서 언급했듯이 아이들은 "남자애들은 여자애들과 속이 달라."라고 말한다. 아이들도 자라면서 사회학적, 심리학적으로 해석하는 경향을 보이는데("우리가 그렇게 길러졌으니까."라고 답한다.) 어차피 아이들도 문화 안에서 배우기 때문이다. 사회는 우리를 본질주의에서 멀어지게 할 뿐 가까워지게 하지 않는다.

사람들은 남자에게 어떤 특질이 있고 여자에게는 어떤 특질이 있다고 생각하기만 하는 것이 아니다. 반드시 '그래야' 한다고 믿는다. 구약성서 '신명기'에는 여자가 남자 옷을 입거나 남자가 여자 옷을 입으면 심각한 신성모독이라고 명시되어 있고,[32] 또 여자가 운전이나 병역과 같은 남자들만의 영역에 들어가지 못하도록 법으로 금하는 사회도 있다. 동성애나 성전환을 범죄로 간주하지 않는 진보적인 사회에서도 많은 사람이 동성애자나 성전환자에게 거부감을 느끼고 부도덕한 행위라고 생각하고 때로는 무력을 행사하기도 한다.

아이들은 대부분 성역할의 일탈을 인정하지 않는다. 특히 남자 아이에게 여자 옷을 입히면 거부감을 보인다.[33] 네 살짜리 아이들 중 일부는 여자 옷을 입는 아이하고는 친구가 되고 싶지 않고, 잘 못된 행동이며, 그런 모습을 보면 놀라고 기분이 나쁠 거라고 대답한다. 그런 친구를 보면 때려주겠다고 대답하는 아이도 있다. 아이들은 범주의 경계를 예민하게 지각할 뿐 아니라 경계를 적극적으로 지키고 싶어 한다.

2. 상대가 친인척인가?

심리학자 조너선 헤이트Jonathan Haidt는 다음과 같은 도덕적 딜레마를 제시한다.[34]

> 줄리와 마크는 대학생 남매. 여름방학에 함께 프랑스를 여행 중이다. 어느 날 밤 단둘이 바닷가 오두막에 묵는다. 둘은 사랑을 나누면 신기하고 재밌겠다고 생각한다. 적어도 새로운 경험이 될 것으로 생각한다. 줄리는 줄곧 피임약을 복용해 왔지만 마크도 안전을 위해 콘돔을 사용한다. 둘 다 즐겁게 사랑을 나누었지만 다시는 그러지 않기로 한다. 그날 밤 일은 절대 비밀로 지키기로 하고 둘은 더 가까워진다. 이 사례를 어떻게 생각하는가? 두 사람이 사랑을 나누어도 괜찮을까?

나는 심리학 개론 시간마다 학생들에게 이 문제를 제시하는데 매번 '역겹다!'는 반응이 나온다. 다들 이런 이야기에 혐오감을 느끼고 부도덕한 짓이라고 여긴다. 왜 그럴까? 어째서 남매끼리는 성적으로 끌리지 않을까? 남자형제나 여자형제를 매력적이라고 생각하는 사람은 많아도 성관계를 맺고 싶다고 생각하는 사람은 없다.[35] 전혀 없다고 장담하지 못한다고 하더라도 청소년기 자녀 둘이 몰래 차 뒷자리에 숨거나 밀월여행을 떠날까 봐 걱정하는 부모는 없다. 남매간의 근친상간을 금하는 교육이 교과과정에서 중요한 부분을 차지하지도 않고, 국회의원들이 남매간 근친상간 반대를 외치며 핏대를 세우는 일도 없고, 심리학자들이 정부를 설득하려고 발 벗고 나서지도 않는다. 배설물을 먹는 행위와 마찬가지다. 아무도 원하지 않기 때문에 문제가 되지 않는다.

간혹 근친상간의 금기가 깨지기도 하지만 대부분 먼 친척들 사이에 벌어지는 일이라서 강한 혐오감을 불러일으키지 않는다. 근친상간의 금기는 법전이나 성서에서 흔히 찾아볼 수 있다. 예를 들어 '레위기'에서는 아들의 딸이나 딸의 딸과 성관계를 맺는 자를 호되게 꾸짖으면서 리처드 도킨스Richard Dawkins의 이기적 유전자 이론을 시적으로 표현한다. "너는 네 아들이 낳은 딸이나, 네 딸이 낳은 딸의 몸을 범해선 안 된다. 그들의 몸은 네 자신의 몸이나 마찬가지이니라."[36]

진화론에서는 근친상간을 피하는 이유를 가까운 친족 사이에 자식을 낳으면 유전자를 너무 많이 공유해서 바람직하지 않기 때문이라고 설명한다. 이런 현상을 '근친퇴화inbreeding depression'라고 하는데 자손이 열성 유전자의 동형 유전자를 보유할 가능성이 높아진다. 하지만 현실에서 어떻게 적용되는지 설명하기는 쉽지 않다. 이렇게 설명해 보자. 사람마다 머릿속에 작은 책이 들어 있다. 책에는 '근친과의 성관계 금지!'라는 글귀가 적혀 있고, 옆에는 '정말 역겨운 짓!'이라고 감정적인 문구가 적혀 있으며, 그 옆에는 '부도덕한 행위!'라는 도덕적 평가가 적혀 있다. 그리고 모든 사람이 머릿속에 새겨진 지침을 따른다. 그렇다 해도 '누가 근친인지 어떻게 알아볼까?'라는 의문이 남는다.

근친상간 사례를 통해 실마리를 찾아보자. 우연히 친척과 성관계를 맺는 사람들이 종종 있다. 허구의 인물인 오이디푸스도 있고, 존 세일즈John Sayles 감독의 영화 〈론 스타Lone Star〉에 나오는 인물들도 있으며, 2008년에 영국에서 실제로 일어난 사건으로 태어나자마자 헤어졌던 쌍둥이가 나중에 만나서 결혼한 일도 있었다. 한편 유전적으로는 친족이 아니지만 서로를 친족으로 생각하는 사례도 있다. 가장 흔한 연구 대상으로 이스라엘 키부츠에서 함께 자란 아이들이 있고,[37] 중국과 대만에는 부모가 여자 아기를 입양해 키우다가 나중에 친아들과 결혼시키는 민며느리 제도도 있다. 두 사례 모두에서 남녀 사이에 성적, 낭만적 관계가 형성되지 않는다.

두 사례를 보면 남녀가 함께 자라면 성적 충동을 억제하는 '무엇'이 생기는 듯하다. 2007년 「네이처Nature」에 실린 논문에서 데

브라 리버만Debra Lieberman, 존 토비John Tooby, 레다 코스미데스Leda Cosmides는 그 '무엇'이 정확히 무엇인지를 알아보기 위해 두 가지 가설을 탐색했다.[38] 첫째, 인류학자 에드워드 웨스터마크Edward Westermarck가 1891년에 제기한 가설로, 함께 거주한 기간이 중요한 요인이라서 오랜 기간 함께 산 아이들은 나중에 성적으로 서로에게 반감을 느낀다는 것이다. 둘째, 자기 엄마와 다른 아기 사이의 관계를 목격한 경험이 중요한 요인이다. 엄마가 다른 아기에게 젖을 물리고 있다면 그 아이는 친척일 가능성이 높기 때문이다. 그러나 연구자들이 지적하듯 두 번째 단서는 형이나 누나가 동생을 보고 얻는 정보일 뿐이다. 동생은 형이나 누나의 젖먹이 시절을 보지 못한다.

두 가지 가설을 비교하기 위해 성인에게 몇 가지 질문을 던졌다. 형제나 자매와 함께 자랐는지, 형제나 자매에게 얼마나 관심이 있는지, 형제나 자매와 성관계를 맺는다고 생각하면 얼마나 불쾌한지 알아보았다.

형제나 자매의 젖먹이 시절을 보지 못한 사람에게는 함께 자란 기간이 중요했다. 함께 산 기간이 길수록 성적 반감이 크고 보살펴주려는 마음이 강했다. 하지만 형제나 자매의 젖먹이 시절을 지켜본 사람에게는 엄마가 다른 아기에게 젖먹이는 모습을 본 경험이 함께 산 기간보다 중요했다. 이 경우 성적 반감이 커지고 보살펴주려는 마음이 강했으며 함께 산 기간은 더 이상 중요하지 않았다. 다시 말해서 누구든 아기일 때 자기 엄마와 교류하는 모습을 보면 오래 함께 살지 않더라도 나중에 성적 충동이 일어나지 않는다는 뜻이다.

모두 무의식 차원에서 일어난다. 키부츠의 아이들처럼 생물학적으로 관계가 없으면서도 어린 시절을 함께 보내면 자연히 근친상간에 대한 반감을 품는다. 반대로 유전적으로 가까운 친족이지만 어릴 때 함께 살지 않았으면 성관계를 맺는다고 상상해도 혐오감을 느끼지 않는다. 영국의 쌍둥이 사례가 여기에 해당한다. 이들은 서로 남매라는 사실을 알고 큰 충격에 빠졌지만(실제로 결혼 무효 신청을 내기도 했다.) 성적, 낭만적 감정은 사라지지 않았다.

근친상간은 남매관계에서만 문제가 되는 것이 아니다. 자기 자식을 알아보는 것도 매우 중요하다. 자식이라고 생각하면 성관계를 맺지 않고 사랑하고 보호해 주고 싶어진다.

여자가 자식을 확인하는 문제는 어렵지 않다. 어차피 자식은 엄마 뱃속에서 나오기 때문이다. 그런데 남자는 사정이 다르다. 자기 유전자를 물려받은 아이가 누구인지 모를 때도 있고, 심지어 자기 자식인 줄 알았는데 유전자 검사 결과 남의 자식으로 밝혀지는 일도 적지 않다.[39] 그야말로 '오쟁이 진 남자cuckold'가 되어 자기도 모르는 새에 다른 남자의 자식을 키우는 남자도 많다. 'cuckold'라는 말은 '뻐꾸기cuckoo'에서 나온 말로 남의 둥지에 알을 낳는 습성(둥지 속임수)에서 유래한다.

남매 근친상간에서 제시한 단서(함께 산 기간)는 부모자식 근친상간에도 적용된다. 갓난아기 때부터 줄곧 함께 산 자식과 성관계를 맺고 싶은 부모는 없을 것이다. 그러나 양아버지는 대개 나중에 가족에 합류한다. 자식이 어릴 때 함께 살지 않은 아버지는 자식에게 성적으로 끌릴 가능성도 높고 폭력을 행사할 가능성도 높다.(심지어 자식을 죽이는 경우도 있다.)[40]

다시 한 번 강조하지만 우리의 직감은 앞서 제시한 몇 가지 단서에서 나오지 객관적인 지식에서 나오지 않는다. 아기를 입양하면 친자식 못지않게 애착을 형성하고 혈육처럼 생각한다. 반면에 친딸이지만 십 대가 된 이후에 처음 만나면 유전자 검사에서 혈육이라고 밝혀져도 사랑을 느낄 수 있다.

또 하나의 단서는 아기의 외모에 있다. 아기가 자기를 닮을수록 친자식일 가능성이 높다.[41] 아버지들은 자식의 외모를 보고 누구 자식인지 판단한다. 그래서 아기가 엄마보다 아빠를 많이 닮는다고 예측하는 학자들이 있다. 아기의 외모가 주변 남자들에게 아버지와의 유전적 관련성을 알려서 이득을 얻는다는 뜻이다.[42]

하지만 아기가 아버지를 닮아서 유전적 이득을 취한다는 가설이 타당한지 확인하기 어렵다. 만약 다른 남자의 자식을 키우는 경우가 흔하다면(남자가 확인해야 할 정도면 흔히 일어나는 현상이라는 뜻이다.) 진화적으로는 '고약한' 전략이다. 제 자식이 아닌 아기는 버려지거나 살해당할 위험이 크다. 다른 남자와 닮았을 테니 말이다. 한때 아기가 엄마보다 아빠를 닮는다는 연구가 있었지만 반복 검증되지 않았다.

3. 상대의 성적 이력이 어떤가?

처녀성은 까마득한 옛날부터 중요한 문제로 거론됐다. 우선 '창세기'에서 리브가를 묘사하면서 처음 나오고("소녀는 매우 아리따운 처녀였다.") 히브리 성서에도 여러 번 나온다.(모두 700번 나왔다는 분석이 있다.) 신약성서에는 그만큼 자주 나오지는 않지만 예수가 동정녀에게서 태어난 만큼 처녀성은 기독교 신앙의 핵심이다.

여기서 처녀성은 삽입 성교를 경험한 적이 없다는 뜻이다. 이처럼 성관계에서 삽입을 중시하는 풍조에 의문을 제기하는 사람들도 있다. 2007년 9월 온라인 잡지 「슬레이트Slate」는 유명한 섹스 칼럼니스트들에게 가장 당황스러운 경험이 무엇이냐고 물었다.[43] 엠마 테일러와 로렐라이 샤키의 답변에 삽입 성교가 언급된다.

아직도 처녀성을 음경 삽입으로 정의하는 이유를 도통 모르겠다. …… 어떻게 연인끼리 구강성교, 수음, 심지어 항문성교까지 즐기면서(가톨릭학교 여학생들에 관한 소문을 믿는다면) '결혼할 때까지 순결을 지킨다.'고 말할 수 있을까? 물론 삽입 성교는 아기를 만들 때 중요한 역할을 하기 때문에 다른 성행위보다 지위가 조금 격상되는 것은 사실이다. 하지만 피임, 가족계획, 생식기술이 발달한 현대에 성교는 목적을 달성하기 위한 수단이 아니라 그 자체로 쾌락을 얻기 위한 행위다. 나아가 페미니즘과 동성애자 권익운동의 영향을 고려하면 정식 성행위 범주에 추가해야 할 행위가 몇 가지 더 있다.

성관계는 해석하기 나름인 듯하다. 1990년대 후반에는 클린턴 전 대통령이 구강성교는 '성관계'라고 보기 어렵다고 주장하면서 무의미한 논쟁을 불러일으켰다. 사람들이 왜 삽입 성교에 집착하는지 이해하기 어렵지는 않다. 테일러와 샤키의 답변에도 나오듯이 삽입 성교는 아기를 만드는 데 중요한 역할을 하기 때문에 다른 성행위보다 '지위가 조금 격상'된다. 조금이 아니다!

요즘은 성관계와 출산이 직결되지 않을 때도 많다. 아기를 원하지 않으면서 성관계를 맺기도 하고 노골적으로 아기를 갖지 않으려고 피임을 하기도 한다. 또 흔한 예는 아니지만 성관계 없이 아기를 낳기도 한다. 하지만 인간의 마음과 성생활은 시대의 흐름에 발맞춰 합리적으로 변화하지 않는다. 사람은 온전히 지금 여기를 살지 않는다. 인간의 욕구에는 개인의 역사와 진화의 역사가 있고 인류는 주로 삽입 성교를 통해서만 아기를 낳는다. 따라서 삽입 성교가 자위, 전화 섹스, 마사지와 달리 특별한 지위를 얻는다 해도 놀랄 일은 아니다.

처녀성의 핵심 개념은 테일러와 샤키가 예시한 것보다도 범위가 좁다. 특히 처녀성은 여자에게 국한된 개념이다.(영어에서 처녀를 뜻하는 'virgin'은 라틴어에서 유래한 단어로 '젊은 여자'라는 뜻이다.) 여자의 처녀성이 남자의 동정보다 중요한 이유는 여자는 자기 자식을 확신할 수 있지만 남자는 애매할 때가 있기 때문이다. 진화의 불행한 결과로 남자는 유전적으로 관련이 없는 아이를 자식으로 키울 가능성이 있다. 그래서 남자에게는 배우자가 최근에 누구와 성관계를 맺었는지가 매우 중요한 문제이고, 따라서 그 누구와도 성관계를 갖지 않는 것이 최선이다.

처녀성을 중심으로 형성된 시장도 있다. 극단적인 예로, 여성학을 공부하는 스물두 살의 여학생 나탈리 딜런Natalie Dylan은 인터넷에 처녀성을 경매로 내놓았다.(산부인과 검사와 거짓말 탐지기를 통해 순결을 검증받기로 했다.) 이런 경매를 올린 사람은 딜런이 처음은 아니지만 미국 전역과 국제 뉴스로 보도되면서 지금도 백만 달러 이상의 제안을 받고 있다고 한다. 한편 가짜 처녀성을 파는 시장도 있다.[44] 미국의 일부 기혼 여성은 처녀막 복원 수술을 받아 남편에게 처녀막을 선물하기도 한다. 처녀 총각이 처음으로 성관계를 맺는 것처럼 재연하기 위해서다.

처녀성에 대한 집착은 인간의 성 심리에서 가장 추악한 일면이다. 많은 사회에서 결혼 전에 처녀성을 검사하는 의식을 치르고, 여자의 성기를 훼손하여 삽입 성교를 어렵게 만들고 쾌락을 느끼지 못하게 해서 순결을 강요하는 일도 자행되고 있다. 순결을 지키지 않았다는 이유로 강간당한 여자까지 가혹한 폭력으로 단죄하기도 한다. 처녀성에 대한 집착 때문에 젊은 여성과 어린 소녀를 성적으로 착취하고, 심지어 처녀와 성관계를 맺으면 에이즈를 치료할 수 있다는 잘못된 믿음도 퍼져 있다.[45]

> **매력은 어디에서 오는가?**
> **다이아몬드 반지? 발달한 남근? 아니면?** ▼

세 가지 질문을 통해 적합한 성별인지, 친척은 아닌지, 성적 이력이 어떤지 알아보고 후보를 추려낸 다음에도 오랜 세월 관계를 이어갈 배우자를 정하는 일은 쉽지 않다. 찰스 다윈은 스물아홉 살에 결혼할지 말지 결정하느라 고심했다. 그리고 1838년에 결혼에 관한 찬반양론을 글로 적었다.[46] 그가 쓴 글은 다음 쪽에서 소개한다. 그리고 그는 "결혼-결혼-결혼 논쟁 종결"이라고 쓰고 몇 달 후에 실천에 옮겼다.

다윈의 찬반양론에는 빅토리아시대의 사고방식과 다윈주의가 적절히 섞여 있다. 자식은 '결혼' 목록에서 맨 윗자리에 올라 있지만 동시에 비용과 불안을 이유로 '결혼 불가' 목록에도 올라 있다. 노골적으로 성관계라고 표현하지 않고 대신 신체 접촉이라고 표현했다. 하지만 찬성 입장의 핵심 주제가 성관계나 자식은 아니다. 결혼하면 친구이자 동지를 얻어 삶이 풍요로워진다는 믿음이 중요한 요인이었다.

다윈은 결혼하기 1주일 전에 엠마 웨지우드Emma Wedgwood에게 보내는 편지에서 "당신은 나를 인간답게 교화시키고 나 혼자 침묵과 고독 속에서 이론을 정립하고 사실을 축적하는 것보다 큰 행복이 존재한다는 사실을 가르쳐줄 겁니다."라고 썼다.[47] 엠마는 실제로 그랬다. 두 사람은 남달리 금슬이 좋았고 결혼생활이 다윈

결혼

자식 — (신이 기뻐하신다면) — 늘 관심을 가져주는 한결같은 동반자(노년의 친구) — 사랑하고 함께 즐길 상대 — 어쨌든 개를 키우는 것보다 나음 — 따뜻한 가정. 그리고 집안을 돌봐줄 사람 — 음악과 여성스런 수다의 매력 — 이 모든 것이 건강에 좋다 — 반면에 엄청난 시간 낭비다 — 맙소사, 평생 일벌처럼 일만 하고 아무것도 하지 않는다니, 용납할 수 없다. — 안 돼, 안 되겠어. — 온종일 혼자 매캐한 연기가 자욱하고 불결한 런던 집에서 지낸다고 상상해 봐. — 마음씨 착하고 온화한 아내가 따뜻한 난롯가 소파에 앉아 있고 책과 음악도 있는 풍경을 떠올려봐. — 그리고 그 풍경을 그레이트 말보로 스트리트의 우중충한 현실과 비교해 봐.

결혼 불가

마음대로 원하는 곳에 갈 수 있는 자유 — 사교모임을 선택할 수 있다. 아주 조금만. — 클럽에서 명석한 남자들과 대화를 나눈다. — 친척집에 방문하지 않아도 되고 자잘한 일에 얽매이지 않는다. — 자식을 키우는 비용을 대거나 불안에 시달리지 않는다. — 부부싸움을 하지 않는다. — 시간을 낭비할 일이 없다. — 밤마다 책을 읽을 수 있다. — 비만과 게으름에 시달리지 않는다. — 불안과 책임감에 짓눌리지 않는다. — 책 사는 데 쓰는 돈을 아끼지 않아도 된다. — 자식이 많아서 돈을 벌어야 한다면 어쩌겠는가. — (하지만 일을 너무 많이 하면 건강을 크게 해친다.) — 마누라가 런던을 좋아하지 않을지 모른다. 고독하고 비참한 삶 대신에 게으르고 빈둥거리는 바보가 될 뿐이다.

의 연구에도 실질적인 영향을 미쳤다. 다윈은 엠마의 종교관에 관심을 갖고 존중해서 인간이 진화해 온 과정에 관한 주장을 적절히 조율했다.

다윈은 결혼할 여자를 찾으면서 균형 잡힌 체형이나 엉덩이와 허리의 적당한 비율을 넘어선 무엇인가를 원했다. 마음씨 착하고 특별한 누군가를 원했다. 사람들은 얼굴과 몸을 보고 젊음과 건강을 읽어낼 수 있지만 지능이나 마음씨와 같은 자질도 고려한다. 똑똑하고 착한 사람은 세상살이도 잘하고 자식들도 똑똑하고 착하게 키운다. 나아가 자식을 잘 돌보고 남편이나 아내를 도와주고 지지해 주는 사람도 원한다. 따라서 37개 문화권의 피험자를 대상으로 한 최대 규모의 배우자 선호도 조사에서 남녀 모두가 최고 조건으로 착한 마음씨를 꼽은 것도 당연하다.[48]

누구나 다윈처럼 똑똑하고 믿음직스럽고 착한 배우자를 찾는다. 문제는 그 사람이 누구냐는 것이다.

우선 생물학에서 제안하는 '성 선택'을 살펴보자. 수컷 공작의 화려한 꼬리를 예로 들어보자. 쓸모없다는 말로는 모자랄 정도로 요란하다. 보기에도 흉할 뿐 아니라 무거워서 움직임이 둔해지고 청결하게 관리하기도 어렵다. 한마디로 천적에게 '나를 잡아 잡수쇼.'라고 광고하는 셈이다. 다윈은 성 선택 이론을 생각해 내기 전에 수컷 공작의 깃털을 보기만 해도 신물이 난다고 적었다.[49] 자연선택 이론을 보기 좋게 비웃는 반증이기 때문이다.

다윈은 수컷 공작의 꼬리가 생존에 직접적인 도움이 되지 않는다는 결론에 이르렀다. 꼬리는 천적을 피하는 데 불리하고, 먹잇감을 얻는 데도 도움이 되지 않으며, 몸을 따뜻하게 해 주는 기능도 없고, 세상살이에 하등 도움이 되지 않는다. 하지만 암컷 공작에게는 매력을 발산한다. 암컷 공작이 화려한 수컷을 짝짓기 상대로 선호한다면 다음 세대에는 화려한 수컷과 화려한 색을 좋아하는 암컷이 나오고, 진화의 과정을 거쳐 지금의 수컷 꼬리로 정착한 것이다.

1958년에 진화생물학자 존 메이나드 스미스John Maynard Smith는 이 분석을 수컷 초파리의 난해한 춤에 적용했다. 초파리의 춤은 쓸모없어 보이고 실제로도 불필요하다. 성 선택을 고려하지 않는다면 말이다. 암컷은 수컷의 춤을 보고 짝짓기 상대를 결정하는데 춤을 아주 잘 추는 수컷을 선택하므로 수컷의 춤은 진화적으로 올바른 선택이다. 까다로운 암컷이 건강한 새끼를 낳으므로 수컷은 춤추고 암컷은 춤추는 수컷을 고르는 유전자가 널리 퍼진다.

심리학자 제프리 밀러Geoffrey Miller는 인간 본성 가운데 흥미롭고 과시적인 특징들은 성 선택의 과정에서 진화해 온 것으로, 이성에게 자신의 가치를 알리기 위한 방법이라고 제안한다.[50] 건강을 증명하는 방법으로는 춤, 스포츠, 예술, 자선활동, 유머감각이 포함된다. 밀러는 뇌를 "고상한 성적 장식품"이라고 표현한다.

여기서는 밀러의 방대한 이론을 구체적으로 설명하지 않겠지만 성적 매력에 관한 그의 두 가지 통찰을 살펴볼 필요가 있다. 첫 번째 통찰은 비용이 많이 드는 신호 이론으로, 2장에서 비싼 생수를 사 마시는 이유를 설명하면서 소개했다. 개성을 드러낼 때는 어느 정도 비용이 들고 난관이나 희생이 따라야 진지하게 받아들여진다는 이론이다. 자기를 알리는 방법이 쉽다면 거짓으로 꾸미기도 쉬워서 가치가 떨어진다. 값비싼 신호 이론은 사람들이 주고받는 선물, 특히 구애하는 상대에게 주는 선물에도 적용된다. 밀러는 이런 수사적 질문을 던진다. "남자가 여자에게 아무짝에도 쓸데없는 다이아몬드 약혼반지를 선물하는 이유는 무엇일까? 먹을 수 있는 큼직한 감자를 선물해도 되지 않은가?"[51] 선물의 핵심은 비용과 불필요성이라고 밀러는 지적한다. 다이아몬드는 사랑의 상징이지만 감자는 사랑과 관련이 없다. 다이아몬드는 관심 있는 사람에게 주는 물건이고, 주는 행위 자체가 부유함을 알리고 약속을 상징한다.

금전적 가치만 약속을 상징하는 것은 아니다. 경제학자 타일러 코웬Tyler Cowen은 한집에 사는 사람에게 줄 수 있는 최고의 선물은 자기가 원하지 않는 것이라고 말한다. 코웬은 아내가 드라마 〈배틀스타 갤럭티카Battlestar Galactica〉의 전편 DVD 세트를 좋아한다고 해도 선물로는 적합하지 않다고 말한다. 자기도 좋아하는 드라마이기 때문에 아내에게 특별히 사랑하는 마음을 전하지 못한다는 것이다.[52]

다른 신호로는 이름을 바꾸거나 이사하거나 연인의 이름을 커다랗게 문신으로 새기는 방법이 있다.(더운 물에 씻으면 지워지는 스티커 문신은 소용없다!) 결혼은 확실한 약속이다. 이혼의 대가가 크기 때문에 그만큼 사랑의 정표로서 결혼의 가치도 올라간다. 혼전 약정서는 아무리 합리적이라고 해도 결혼과는 정반대 효과를 낳는다. 관계가 끝날까 봐 걱정하는 마음을 드러내 놓고 알리고 대가를 치르지 않도록 스스로를 보호하는 약속이기 때문이다. 한편 부인의 가임기가 끝날 때 남편이 정관수술을 받는다면 부인을 버리고 젊은 여자와 자식을 낳지 않겠다는 의지를 알리는 것이다.(하지만 정관수술을 받은 뒤 다시 복원할 수 있다면 썩 낭만적이지 않을 것이다.)

모두 약속과 사랑의 징표이긴 하지만 비용이 많이 드는 신호라고 해서 늘 환영받는 것은 아니다. 가령 사랑하는 마음을 알리려고 자기 귀를 자르거나 데이트 한 번 하고 상대의 이름을 문신으로 새기거나 자해하는 행위는 도를 넘는다. 상대에 대한 관심과 뜨거운 사랑을 알리는 동시에 절박함과 광기도 함께 전해지기 때문이다.

밀러의 두 번째 통찰은 '매력적인 사람을 택한다'는 이론이다. 우리는 배우자를 고를 때 쾌락을 주는 사람을 찾는다. 당연한 말처럼 들리지만 밀러는 적응주의 관점에서 쾌락이 특정한 특질을 진화시키는 원동력이라고 제안한다.

단순한 예로 남근을 들 수 있다. 인간의 신체에는 다른 영장류에 비해 여러 가지 독특한 특징이 있지만(남자는 수염이 나고 여자는 가슴과 엉덩이가 크고 허리가 잘록하다.) 그중에서도 가장 독특한 특징은 남자의 성기다. 일부 영장류의 성기는 사람의 것보다 재미있게 생겼다. 큰 비비에게는 자주색과 분홍색의 음낭과 빨간색 남근이 달렸고, 버빗원숭이에게는 파란색 음낭과 빨간색 남근이 달렸다. 하지만 사람의 남근은 길고 굵고 말랑말랑해서 확실히 손에 잡히는 느낌이 좋다. 다른 영장류의 남근은 연필처럼 가늘고 길이가 5~7센티미터 정도로 짧고 남근뼈 때문에 딱딱하다. 밀러는 남자의 남근이 여자들의 성 선택의 결과라는 주장으로 논란을 불러일으켰다. 여자가 성적 쾌감을 주는 남자에게 끌리기 때문에 남근이 발달한다는 주장이다.[53]

밀러는 뇌도 남근과 매우 비슷한 방식으로 진화해 왔다고 주장한다. 사람들은 늘 배우자를 즐겁게 해 줄 방법을 찾는다. 같이 있으면 행복해지는 사람과 함께 지내고 성관계를 맺고 싶어 한다. 따라서 진화를 새로운 관점으로 이해할 수 있다. 진화심리학에서는 대개 인간의 정신은 자연환경에 관한 이론을 구축하는 데이터 처리기이거나 사회 지배의 제로섬 게임에서 책략으로 남을 이기려 하는 마키아벨리적 책략가라고 간주한다. 그러나 어쩌면 인간의 정신은 오락 중추로서 타인에게 쾌락을 선사하는 성 선택의 힘으로 진화해 왔기 때문에 이야기, 매력, 유머 능력을 갖추는지 모른다.

특정한 누군가와 사랑에 빠지는 이유 ▼

지금까지 성욕도 똑똑할 수 있다고 설명했다. 우리는 얼굴과 엉덩이 곡선을 섬세하게 포착하면서도 과거의 성적 이력, 약속의 증표, 재치, 따뜻하고 친절한 마음씨와 같은 숨은 요인도 고려한다.

이 책에서는 이보다 심오한 측면을 강조하고자 한다. 우리는 얼굴이나 몸에만 끌리는 것이 아니라 성격이나 지능에도 매력을 느낀다. 어쩌다 어떤 특질을 지닌 어떤 누군가에게 매력을 느낀다. 사람들의 특질이 아니라 어떤 누군가와 사랑에 빠진다. 조지 버나드 쇼George Bernard Shaw는 이렇게 말한다. "사랑은 한 사람과 다른 모든 사람의 차이를 한없이 과장한다."

사랑이 이렇게 작용하는 이유는 두 가지다. 첫째, 사랑에는 유혹하는 힘이 있다. 내 배우자가 내 지능이나 돈이나 잘생긴 외모에만 관심이 있으면(실제 나와는 거리가 먼 얘기지만) 우리 관계는 깨지기 쉽다. 스티븐 핑커는 우리의 걱정을 이렇게 정리한다.[54]

> 장래의 배우자가 합리적인 이유로 떠날 때가 됐다고 판단하는 순간 떠나지 않으리라고 어떻게 확신할 수 있을까. 이를테면 10점 만점에 10점인 사람이 새로 나타나면 어떻게 될까. 우선 애초에 합리적인 이유에서 나를 원하는 사람을 받아들여서는 안 된다. 내가 나이기 때문에 함께하겠다고 약속하는 사람을 찾아야 한다.

이런 약속이 비합리적으로 보여도 매력적인 비합리이고, 상대도 내게 관심이 있다면 아주 매력적으로 보일 수 있다. 핑커는 이렇게 지적한다. "연인에게 당신의 외모나 수입이나 지능이 최소의 기준에 맞는다고 속삭인다면 낭만적인 분위기가 깨질 것이다. 사람의 마음에 닿는 길은 이와는 정반대 방향으로 나 있다. 자기도 모르는 새에 사랑에 빠지는 것이다." 신경과학에서는 낭만적 사랑과 애착을 관장하는 기제를 밝히면서 코카인에 중독되듯이 특정 인물에게 중독될 수 있다고 주장하기도 한다.[55] 다만 이렇게 중독적인 사랑은 낭만적인 사랑이라기보다 모성애에 가깝다.[56]

하지만 특정한 개인에게 집중하는 태도는 그저 유혹하기 위한 전략은 아니다. 어떤 누군가와 사랑에 빠지는 두 번째 이유는 나에게 소중한 '모든 것'을 그 사람에게서 찾기 때문이다. 이것이 바로 우리가 예술작품이나 상품이나 정서적 대상을 생각하는 방식이다. 만약 내가 샤갈의 그림을 소장하고 있는데 누군가가 그것을 복제품으로 바꿔치기 한다면, 나는 그 차이를 말할 수 없으면서도 기분이 나빠질 것이다. 나는 똑같이 생긴 다른 그림이 아니라 '그 그림'을 원한다. 가짜 롤렉스는 아무리 시간이 잘 맞아도 진짜보다 가치가 떨어지고, 아이가 아끼는 담요나 테디베어를 똑같이 생긴 다른 것으로 바꿔주면(이 실험은 다음 장에서 소개한다.) 아이는 좋아하지 않는다.

여기서 잠깐 사랑에 관한 설명을 읽으면서 가장 사랑하는 사람을 떠올려보라. 그리고 내게 특별한 그 사람과 똑같이 생겨서 아무도 구별하지 못할 사람이 세상에 존재한다고 생각해 보자. 게다가 내가 사랑하는 사람과 유전자가 동일하고 부모도 같고 같은 집에서 자랐다. 한마디로 일란성 쌍둥이를 떠올려보라는 말이다. 어떤 사람의 존재 자체가 아니라 그 사람의 특징에 끌렸다면 쌍둥이 형제에게도 똑같은 매력을 느껴야 한다.[57] 흥미롭게도 쌍둥이와 결혼한 사람을 대상으로 실시한 연구에서는 그런 결과가 나오지 않았다. 결혼한 배우자에게만 매력을 느끼지, 똑같이 생긴 쌍둥이 형제에게는 끌리지 않는다.

마찬가지로 성욕을 느끼는 대상은 사람이지 그 사람의 특징이 아니다. 다만 '덜' 익숙한 사람이 강한 성욕을 불러일으킬 수는 있다. 이 점은 우연한 잠자리 속임수를 그린 아이작 싱어Isaac Bashevis Singer의 희곡에 잘 표현되어 있다.[58] 어느 어리석은 남자가 켈름이라는 마을을 떠나 길을 잃고 떠돌아다니다가 다시 켈름으로 돌아오지만 다른 마을이라고 착각하고 어째서 자기가 떠나온 마을에 살던 사람들과 똑같이 생긴 사람들이 있느냐면서 어리둥절해하는 이야기다. 남자는 오래전부터 싫증난 아내를 보고 다시 강렬한 성욕을 느낀다. 외모만 보면 그의 아내는 익숙한 존재다. 하지만 사람은 겉모습만 지각하지 않는다. 만약 쌍둥이 형제나 자매의 배우자를 연구한다면 장담컨대 아내나 남편의 쌍둥이 형제의 벗은 몸을 보고 사랑이나 성욕을 느끼는 사람은 없을 것이다. 겉으로는 낯익은 몸일 텐데도 말이다.

이 실험과 유사한 일이 매일 온라인에서 벌어지고 있다. 음란사이트에서는 영화 동영상을 캡처하거나 간혹 망원렌즈로 촬영한 유명인의 벌거벗은 사진을 홍보에 이용한다. 이런 사진이 성욕을 자극하는 이유는 시각 경험 때문이 아니라(흐릿해서 알아보기 어려운 사진도 있다.) 벗은 몸의 주인공이 누구인지 알기 때문이다. 그러나 유명인이 아니라 다른 닮은 사람이라는 것을 아는 순간 흥분이 가라앉는다. 잡지들은 매력적인 유명인의 나체 사진을 구하려고 거금을 지불하지만 유명인과 닮은 사람의 나체 사진에는 한 푼도 쓰지 않는다. 외모가 아무리 똑같아도 소용없다. 베르메르와 판 메헤렌의 사례와 같은 경우다.

다음으로 '텔레딜도닉스Teledildonics'라는 새로운 분야를 예로 들어보자. 텔레딜도닉스란 인터넷으로 다양한 자극을 일으키는 장치를 통해 실제 인물과 성관계를 맺게 해주는 기술이다. 내가 투자가라면 이런 기술에 투자하겠다. 이 기술이 상용화되기만 하면 대박을 터트릴 것이다. (멀리 있어도) 실제 인물과 관계를 맺고 아무런 대가를 치르지 않아도 되는 기회를 주는 기술이다. 게다가 앞에서 설명한 성적 매력의 '심오한' 요인을 보여주는 좋은 예이기도 하다. 텔레딜도닉스로 느끼는 쾌락은 인터넷 저편에서 단추를 누르는 사람이 누구냐에 따라 달라진다. 아름다운 영화배우일까? 동성일까? 아니면 엄마일까? 물리적 차원에서는 모두 같지만 물리적 차원만 중요한 것은 아니다.

마지막으로 욕구의 본질주의적 특징으로 카그라스 증후군Capgras syndrome이라는 특이한 장애를 예로 들어보자.[59] 카그라스 증후군은 똑같이 생긴 다른 사람들이 배우자를 비롯해 가까운 사람으로 위장했다고 의심하는 증상이다. 사랑하는 사람을 만날 때 반응하는 정서를 관장하는 뇌 영역이 손상되어 나타나는 증상이라고 한다. 카그라스 증후군이 시작되면 부인과 똑같이 생긴 사람을 보고도 부인이라고 느끼지 못한다. 부인을 모르는 사람이라고 확신하면서 사기꾼(혹은 복제인간이나 외계인이나 로봇)이 부인 행세를 하고 있다고 의심한다.

주로 두려움과 분노 반응이 일어나고 간혹 가족을 살해하는 예도 있다. 그런데 싱어의 희곡에 나오는 어리석은 떠돌이의 현실 버전이라 할 만한 예외가 하나 있다. 1931년에 애인의 성적 능력에 만족하지 못하고 성기도 작고 잠자리 기술도 부족하다고 불평하는 여자가 있었다. 그런데 이 여자는 뇌손상을 당한 다음에 '새로운' 사람을 만났다. 전에 사귀던 남자와 똑같이 생겼지만 이번 남자는 '부유하고 남자답고 잘생겼으며 귀족적'이었다.[60] 성적, 낭만적 감정이 마음 깊은 곳에 머물러 있다가 뇌손상을 입은 덕분에 다시 원점으로 돌아가서 애인을 괜찮은 다른 사람으로 착각한 것이다. 사랑의 본질주의적 특징이 극명하게 드러난 사례다. 셰익스피어의 표현처럼 "사랑은 눈이 아니라 마음으로 보는 것"이다.

4

사람은 물건에서
무엇을 탐하는가?

마크 맥과이어의 홈런볼이 300만 달러에 팔리고
내 선택이 남의 선택보다 좋아 보이는 이유

물건을 소유하고 싶어 하는 인간의 욕망에는 끝이 없다.

특히 중요한 인물의 손길이 닿은 물건이면 가치가 크게 상승한다.

1996년 경매에서 존 F. 케네디 대통령의 골프채는 772,500달러에 팔렸고,

케네디의 집안에 있던 줄자는 48,875달러에 팔렸다.

버락 오바마 대통령이 먹다 만 아침 식사가 경매에 올라오기도 하고

브리트니 스피어스가 씹던 풍선껌이 올라온 적도 있다.

이는 요즘에 나타난 현상은 아니다.

중세시대에는 성인의 유골이나 예수가 처형당한

십자가 조각이라고 알려진 물건이 불티나게 팔렸고,

나폴레옹의 성기는 그의 마지막 의식을 집전한 사제가 잘라 갔다.

물건이 인간의 쾌락을 끊임없이 자극하는 이유는 무엇인가?

또 사무실 금고에서 5달러를 꺼내는 것은 안 되고 5달러 상당의 문구류를

집으로 가져오는 행위에는 죄의식을 느끼지 않는 이유는 어떻게 설명해야 할까?

자기가 선택한 물건은 좋아하고 선택하지 않은 물건은 싫어하는 게

인간의 기본 심리라는 실험결과도 있다.

인간은 왜 이렇게 불합리한가?

돈을 얼마나 준다고 하면 신장 한쪽을 떼어주겠는가? 얼마를 받으면 자기가 낳은 아기를 내주겠는가? 얼마를 받으면 성관계를 맺겠는가? 억만장자 대신 감옥에 갇히거나 군대에 간다면 대가로 얼마를 받겠는가?

모두 오래전부터 행해졌지만 오늘날 세계 대부분 지역에서 불법으로 금하는 거래다. 철학자 마이클 왈저Michael Walzer는 「돈으로 살 수 없는 것」이라는 흥미로운 논문에서 미국에서 금지된 거래 품목을 열거한다.[1]

1. 사람(노예)
2. 정치권력과 영향력

3. 형사 판결

4. 언론, 종교, 회합의 자유

5. 결혼과 출산의 권리

6. 병역과 배심원의 의무 면제

7. 정치 기관

8. 무모한 거래(최저임금법과 건강 및 안전 규정을 포기하는 데 동의하는 결정)

9. 상과 명예

10. 신의 은총

11. 사랑과 우정

모두 '금기 거래'다.[2] 사람들이 참여하기 싫어하는 거래이고, 이런 거래를 금지하지 않으면 구체적으로 몇 가지 면에서 인간의 삶이 황폐해진다. 사람들은 금지된 거래를 섬뜩하고 기괴한 행위이자 '도덕적 타락'이라고 생각한다. 심리학자 필립 테틀록Philip Tetlock과 동료 연구자들은 피험자들에게 금기 거래에 관해 진지하게 고민하는 사람의 이야기를 들려주었다.(예를 들어 백만 달러를 써서 죽어가는 다섯 살짜리 아이를 살릴지 결정해야 하는 병원 행정관의 사연)[3] 피험자들은 병원 관계자가 어떤 선택을 하든 반대하는 것으로 나타났다. 애초에 이런 선택을 두고 고민하는 상황 자체가 도덕적 타락이라고 생각하기 때문이다.

이런 거래가 예외적 상황처럼 보일 수 있다. 물건에는 대부분 가격이 붙고, 또 자동차나 셔츠, 텔레비전 같은 물건은 일상적으로 사고판다. 일상의 물건은 우리에게 제공하는 효용가치에 따라 가격이 정해진다. 시장경제가 이렇게 돌아간다.

하지만 이 장에서는 생각만큼 단순한 문제가 아니라고 설명하고자 한다. 먼저 인간의 마음이 얼마나 '시장 친화적이지 않은지', 우리가 돈을 주고 물건을 산다는 개념에 얼마나 자주 거부감을 느끼는지 밝히려 한다. 다음으로 사람들이 특정 물건을 소유하고 싶어 하는 이유를 찾아보고, 실용성도 중요하지만 그보다 흥미로운 이유가 작용한다고 설명하려 한다. 인간은 본질주의자다. 그래서 모든 사람이, 심지어 어린아이까지도 물건의 역사와 숨은 본질 때문에 물건을 소유한다고 생각한다. 본질주의는 평범한 물건에서 어떤 면을 좋아하는지 밝히고, 몇 가지 물건들이 끊임없이 쾌락을 자극하는 이유를 설명한다.

모든 것에는 가격이 있다 ▼

몇 년 전 여름에 누가 우리 집에 침입했다가 뒤뜰로 난 1층 창문으로 빠져나갔다. 창문이 작았으므로 도둑은 어른일 리가 없었다. 창문 옆 책상에는 새로 산 내 노트북과 아내의 구형 컴퓨터와 내 지갑이 놓여 있었다. 도둑은 이런 물건은 건드리지 않았고 방에 있던 텔레비전이나 DVD 플레이어도 가져가지 않았다. 대신에 마이크로소프트 게임기 엑스박스와 각종 게임기를 몽땅 털어 갔다. 다른 물건에는 손도 대지 않았다.

우리는 황당했고 경찰도 마찬가지였다. 특히 돈이 가득 든 지갑에는 손도 대지 않은 것이 이상했다. 간단히 말하면 도둑은 지갑을 보지 못했을 것이다. 하지만 조금 흥미롭게 풀어보자.

도둑은 아마 스스로 도둑이라고 생각하지 않았을 것이다. 경제학자 댄 애리얼리Dan Ariely는 돈이 특수한 지위를 누린다고 지적한다.[4] 그는 MIT 공대생과 하버드 MBA 학생들은 지폐보다 코카콜라 캔을 훔칠 가능성이 높다는 결과를 얻었다. 내 생각도 그렇다. 예를 들어 나는 심리학과 사무실 현금보관함으로 가서 퇴근길에 아이들에게 먹을 걸 사주겠다고 5달러를 들고 나올 생각을 꿈에도 하지 않는다. 나는 도둑이 아니기 때문이다. 하지만 사무실 문구함에서 5달러 상당의 테이프, 가위, 종이 따위를 꺼내서 집으로 가져가 아이들에게 미술 숙제하라고 주는 것을 큰 잘못이 아니라고 생각한다. 물론 문구류를 가져갈 때도 죄책감이 전혀 들지 않는 건 아니지만 그래도 현금을 가져가는 행위와는 차원이 다르고 심각한 범죄행위로 여기지 않는다.

인류학자 앨런 피스크Alan Fiske는 이런 경우를 이해하는 데 도움이 되는 이론을 제안했다. 세계에서 거래의 형태는 한정되어 있다.[5] 가장 자연스럽고 보편적인 거래 형태인 공동분배형communal sharing은 가족이나 소규모 집단에서 나타나고(내 것이 네 것이고, 네 것이 내 것이다.), 평등조화형equality matching은 비교 가능한 상품과 서비스를 교환하는 형태다.(내 등을 긁어줬으니 나도 긁어준다.)

공동분배형과 평등조화형은 인간 이외의 영장류 사회에서도 발견된다.[6] 그리고 본능과 가장 거리가 먼 거래가 시장가격형market pricing이다. 시장가격형 거래에는 돈, 채무, 이익, 고등 수학이 필요하다. 최적의 거래 형태는 아니라도 다른 동물에게도 나타나는 보편적인 거래와는 다르고, 풍부한 경험과 연습을 통해 이해할 수 있다.

세 가지 거래 형태는 각기 다른 심리를 자극한다. 시장가격형은 돈이 오가는 거래 형태로서 법과 연관되어 거칠고 비인간적이다. 애리얼리의 연구가 좋은 예다. 내 연구도 한 가지 예가 될 수 있다. 다만 내 연구는 실제 연구가 아니라 방법론이다. 대학원생들은 학부생 자료를 수집할 때 교정에서 책상을 놓고 앉아서 지나가는 학생들에게 질문지를 채우거나 몇 가지 질문에 답해 달라고 부탁한다. 예일 대학 학생들은 바쁘고 돈에 쪼들리지 않는 편이라서 설문지를 작성해 주면 2달러를 준다고 제안해도 발걸음을 멈추지 않는다. 돈 대신 음료수나 M&M's 초콜릿을 준다고 하면 사정이 달라진다. 2달러어치도 안 되지만 돈을 줄 때보다 반응이 좋다. 돈을 주면 상업적 거래, 그것도 그다지 구미가 당기지 않는 거래가 되지만, 간식을 주면 인간의 본능적인 호의를 끌어낼 수 있다.

마찬가지로 남의 집에 저녁초대를 받고 빈손으로 가는 것도 실례이지만 주인에게 20달러 지폐 몇 장을 건네주거나 식사를 마치고 의자에 등을 기대면서 "아주 훌륭했어요. 계산서 주세요."라고 말한다면 더 큰 실례가 된다. 보통은 돈을 선물로 적절하다고 여기지 않지만 효율성만 따지면 돈이야말로 '완벽한' 선물이다. 꽃이나 와인이나 보석보다 낫다. 선물로 돈을 받으면 꽃이나 와인이나 보석을 직접 고르거나 아니면 저금했다가 나중에 다른 물건을 살 수도 있다. 그런데 문제는 돈은 냉정한 시장거래에 쓰인다는 사실이다. 그래서 좋아하고 사랑하는 사람에게는 물건을 선물해야 한다.

몇 가지 예외도 있다. 결혼 선물로 돈을 주어 갓 결혼한 부부에게 경제적으로 도움을 주는 경우도 있다.(하지만 신혼부부가 나이가 더 많거나 돈이 많으면 적절한 선물이 되지 않을 수 있다.) 아이들에게도 돈을 줄 수 있다. 어른과 아이의 처지가 다르기 때문에 무례한 행동이 아니다.

한편 돈을 금기시하는 대신 여러 가지 대안이 있다. 우선 선물을 '신청'할 수 있다. 돈을 받아 물건을 사는 대신(금기), 선물을 받을 사람이 미리 갖고 싶은 물건을 알려주면 선물할 사람이 대신 사준다.(금기가 아님) 내 경험상 주로 결혼한 부부끼리 생일이나 기념일에 이 방법을 활용해서 배우자에게 받고 싶은 선물을 구체적으로 알려준다.

그리고 선물을 주는 사람과 받는 사람 모두에게 유용한 상품권도 있다. 주는 사람에게는 선물을 고르는 수고를 덜어주고 받는 사람에게는 다양한 선택권을 주는 방법이다. 상품권은 돈과 비슷해서 더욱 흥미롭다. 50달러짜리 상품권은 50달러짜리 지폐와 같다. 다만 상품권은 상점 한 곳이나 다른 몇 곳에서만 쓸 수 있고 일정 기간이 지나면 가치가 사라진다는 점이 다르다. 상품권을 파는 입장에서는 훌륭한 발명품이 아닐 수 없다. 기업들은 쓰지 않거나 기간이 만료된 상품권으로 연간 수십 억 달러를 벌어들인다.[7]

우리는 시장거래를 배워왔다. 아이팟이나 초콜릿 과자의 상한가를 짐작할 수 있다. 불법 거래나 부도덕한 거래에서도 가격을 계산한다. 섹스나 투표권, 혹은 신장을 사고파는 금기 거래에 가담할 때도 거래 활동이나 물건이 얼마나 하는지 판단해야 한다.

일상에서도 물건이나 서비스의 가치를 정하지 못하면 곤란해진다. 시장가격형뿐 아니라 공동분배형이나 평등조화형에서도 가치를 책정해야 한다. 아이들에게 장난감을 공평하게 나눠줄 때도 계산을 해야 한다. 친구가 저녁을 사거나 우편물을 받아줄 때 돈을 주지는 않지만 답례로 선물을 해야 하므로 선물의 적절한 가치를 계산해야 한다. 와인 한 병은 얼마나 할까? 한 달 동안 개를 돌봐준 사람에게 껌 한 통을 선물한다면 기분 상할 정도로 인색한 행동이지만(빈손으로 돌아오는 것보다 예의를 차리긴 했다.) 그렇다고 차 한 대 뽑아준다고 해도 지나친 행동이다.

세상에는 자원이 풍부하지 않기 때문에 모든 것에 가격이 있다는 데는 중요한 의미가 있다. 나는 가족과 함께 보내는 시간을 돈으로 계산해서는 안 된다고 생각하지만 알고 보면 늘 계산한다. 그래서 돈을 벌려고 가족을 떠나 강연하러 가는 것이다. 내 결혼반지는 소중한 정서적 가치를 담고 있으므로 100달러를 받고 팔지는 않을 것이다. 하지만 1만 달러라면 팔 수도 있다.

쓸쓸한 현실이지만 세계 대부분 지역에서는 이보다 훨씬 비정한 선택을 해야 한다. 여자들이 자식을 먹여 살리려고 몸을 팔기도 한다. 부유한 선진국에서도 이런 거래가 불가피하다. 국가는 빈곤층을 위한 주택 마련에 힘쓰는 동시에 예술과 보건에도 투자해야 한다. 세상사는 제로섬 게임과 같아서 오페라 극단을 지원하는 데 들어가는 자금 때문에 아동 예방접종에 필요한 자금이 부족할 수 있다. 보험회사는 발가락이나 팔이나 양쪽 눈을 잃은 사람에게 얼마를 지급할지 계산한다. 정부가 1천만 달러를 들여서 (예방접종 프로그램을 통해) 10명을 살릴 수 있다면 아낌없이 써야 할까? 10명을 살리는 데 10억 달러가 들어간다면 어떨까? 이 질문에 답하려면 사람의 목숨에 가격을 매기는 거래, 곧 시장가격형 거래의 극단적 형태까지 고민해야 한다.

물건에 얽힌 개인의 역사 ▼

이번에는 돈으로 비교적 쉽게 거래하는 품목을 생각해 보자. 성관계나 신장이 아니라 컵이나 양말 같은 것들 말이다. 이런 물건의 가치는 어떻게 계산하는가?

우선 실용성만 고려해서 물건이 어떤 이익을 주는지 판단한다. 자동차를 타면 자유롭게 돌아다닐 수 있고, 코트를 입으면 몸이 따뜻해지고, 집을 구입하면 들어가 살 수 있고, 와인을 마시면 기분 좋게 취할 수 있다. 누가 내 시계를 가져가서 똑같이 생긴 가짜

시계를 준다고 해도 시계의 실용성은 변하지 않는다.

하지만 흥미롭게도 물건의 역사도 중요하다. 예를 들어 어떤 사람에게 커피잔 값으로 얼마를 내겠냐고 묻자 5달러를 내겠다고 답한다. 그래서 5달러를 받고 커피잔을 넘겨주고 다시 얼마에 되팔겠냐고 묻는다. 논리적으로는 5달러라고 답해야 한다. 아니면 물건을 받았다 되파는 수고를 생각해서 가격을 약간 올려서 6달러에 팔수도 있다. 6달러에 판다면 10초 동안 수고한 대가로 1달러를 버는셈이다. 하지만 사람의 마음은 그렇게 움직이지 않는다. 보통 6달러에 팔지 않는다. 가치가 훌쩍 뛴다. 상황이 달라져서 이제는 특정한 '그 사람'의 물건이므로 가치가 상승한다. 이것이 경제학에서 말하는 '소유효과endowment effect'다.[8] 물건을 오래 소유할수록 가치가 상승한다는 이론이다.[9]

개인의 경험이 어떤 역할을 하는지 이해하기 위해 물건을 살 때내리는 결정을 예로 들 수 있다. 흔히 사람들은 좋아하는 물건을선택한다고 믿고 또 그것이 사실일 수 있다. 하지만 선택한 물건을좋아하는지는 장담하기 어렵다.

50여 년 전에 사회심리학자 잭 브렘Jack Brehm은 실험으로 이 문제에 접근했다.[10] 브렘은 가정주부들에게 커피메이커나 토스터 따위의 주방용품이 얼마나 마음에 드는지 점수를 매기게 했다. 다음으로 가장 마음에 든다고 답한 물건과 비슷한 다른 물건들을 보여주고 그중 하나를 가져갈 수 있다고 알려주고 다시 선택할 기회를주었다. 그리고 다시 한 번 점수를 매기게 했다. 결과적으로 선택한 물건의 점수는 올라가고 나머지 물건의 점수는 낮아졌다.(여담이지만 당시의 실험 윤리는 지금과 달랐다. 실험이 끝난 후 물건을 가져갈 수 없다고 밝히자 울음을 터트리는 피험자도 있었다고 한다.)

우리는 자기가 선택한 물건을 좋아하고 선택하지 않은 물건을 싫어한다. 술집에서 간단한 실험으로도 이 현상을 확인할 수 있다. 똑같이 생긴 컵 받침 세 개를 가져가서 그중 두 개를 피험자 앞에 놓는다. 둘 중 하나를 선택하게 한다. 물론 똑같이 생겼지만 그래도 하나만 고르게 한다. 피험자에게 선택한 컵 받침을 주고 세 번째 컵 받침을 꺼낸다. 그리고 선택받지 못한 컵 받침과 새 컵 받침 중에서 하나를 고르게 한다. 대체로 처음에 선택받지 못한 컵 받침은 가치가 떨어져서(처음에 선택받지 못했다는 오명 때문에) 새로 꺼낸 컵 받침을 선택한다.

왜 이런 현상이 나타나는지에 관한 명쾌한 설명은 없다. 우선 자기고양self-enhancement 욕구와 관련지어 생각해볼 수 있다. 자기를 좋게 생각하고 싶어서 자기가 한 선택의 가치를 높게 평가하고 자기가 가지 않은 길을 깎아내린다고 이해할 수 있다. 다음으로 어려운 결정을 계속 반복해서 더 쉽게 만들도록 진화해 온 마음의 수법일 수도 있다. 두 가지 비슷한 조건 중에서 선택할 때는 선택하는 행위 자체로 인해 둘 사이의 차이가 커져서 다음 선택이 훨씬 수월해진다. 마지막으로 자기지각self-perception 이론으로도 설명할 수 있다. 주어진 선택사항을 평가하면서 마치 남이 평가하는 것처럼 생각한다는 얘기다. 말하자면 나는 B 대신 A를 선택하는 내 모습을 관찰하면서 남들도 똑같이 선택할 것이라는 결론을 끌어낸다. 그리고 A가 B보다 낫다고 믿는다.[11]

세 가지 가설 중 어느 것이 옳든, 물건에 얽힌 개인의 역사가 가치를 평가하는 데 영향을 미치는 것만은 분명하다. 이것은 어른들에게만 나타나는 현상도 아니다. 나는 대학원생 루이자 에건(지금은 노스이스턴 대학 켈로그 경영대학에 있다.), 동료교수 로리 산토스와 함께 앞서 설명한 연구에서처럼 똑같은 물건 세 개를 제시하는 실험설계로 선택에 관한 연구를 실시했다. 4세 아동과 꼬리감는원숭이에게서도 예상대로 가치의 변화를 발견했다.[12]

사제는 왜 나폴레옹의 성기를 잘라 갔을까? ▼

물건에서 또 하나의 중요한 요소는 우리 손에 들어오기 이전의 역사다. 물건이 어디에서 왔고, 처음에 어떤 용도로 만들어졌으며, 누가 만졌고, 누가 소유했고, 누가 사용했을까? 어쩌면 유명한 사람과 접촉했을지 모른다. 심리학 실험실에서 연구할 수도 있지만 사람들이 사고파는 물건을 살펴보면 뚜렷한 현상이 나타난다.

온라인 경매 사이트 이베이eBay를 몇 분만 지켜봐도 유명인과 접촉한 물건이라고 하면 가치가 크게 올라가는 것을 확인할 수 있다. 접촉의 대표적인 예가 친필서명이다. 현재 아인슈타인의 서명은 255달러이고, 케네디 대통령의 친필편지는 3,000달러이며, 힙

합가수 투팍 샤쿠르Tupac Shakur가 감옥에서 쓴 친필편지도 3,000 달러이고, 〈스타트랙 : 더 넥스트 제너레이션Star Trek: The Next Generation〉에 출연한 연기자들의 서명이 담긴 포스터는 700달러다. 그런데 서명은 진본과 구별하기 불가능할 정도로 복제할 수 있고, 또 복제한 서명은 가치가 없다. 진본은 고유한 역사 때문에 가치를 얻는다.

중요한 인물의 손길이 매일 닿은 물건이면 가치가 크게 상승한다.[13] 예를 들어 1996년에 경매에서 존 F. 케네디 대통령의 골프채가 772,500달러에 팔렸고, 케네디의 집안에 있던 줄자는 48,875달러에 팔렸다.[14] 버락 오바마 대통령이 먹다 만 아침 식사가 경매에 올라오기도 하고(경매 사이트에서 삭제되기 전에 입찰가가 1만 달러 이상으로 올라갔다. 음식 판매를 금지하는 조항 때문에 곧바로 삭제됐다.) 이 사이트에는 브리트니 스피어스가 씹던 풍선껌이 올라온 적도 있다. 한편 브리트니와 관련해서 2007년 10월에 어느 사진사가 브리트니의 차에 발을 밟힌 일이 있었는데 그 사진사는 이베이 '음악 기념품' 항목에서 그때 신은 양말을 팔았다.

> 브리트니의 차에 밟힌 양말. TMZ 카메라맨 써스데이가 브리트니의 차에 발을 밟힐 때 신고 있던 양말. 타이어 자국이 남아 있는 진품!

이것은 요즘 들어 나타난 현상이 아니다. 중세시대에는 성인의 유골이나 예수가 처형당한 십자가 조각이라고 알려진 물건이 불티나게 팔렸다. 셰익스피어 사후에는 사람들이 그의 집 주변에 있던 나무를 잘라서 특별한 재목이라면서 비싸게 팔았다.[15] 나폴레옹의 무덤 주변에 있던 나무도 기념품으로 뽑혔다.(나폴레옹의 성기도 같은 운명에 처해졌다. 나폴레옹의 마지막 의식을 집전한 사제가 잘라 갔다고 한다.)[16]

접촉의 위력을 보여주는 좋은 예로 작가 조너선 사프란 포어 Jonathan Safran Foer의 백지모음이 있다.[17] 포어가 백지를 모으기 시작한 때는 작가 아이작 싱어의 소지품 정리를 돕던 친구가 사용하지 않은 타이프라이터 용지묶음에서 맨 위에 있던 종이를 보내주면서부터다. 포어는 다른 작가들에게도 글을 쓸 때 사용할 백지를 보내 달라고 부탁해서 리처드 파워스Richard Powers, 수전 손택 Susan Sontag, 폴 오스터Paul Auster, 데이비드 포스터 월러스David Foster Wallace, 재디 스미스Zadie Smith, 존 업다이크John Updike, 조이스 캐럴 오츠Joyce Carol Oates를 비롯한 여러 작가들에게 종이를 받았다. 심지어 런던 프로이트 박물관 관장을 설득해서 프로이트의 책상에 놓여 있던 종이 더미에서 맨 위에 있던 종이를 기증받기도 했다. 지극히 평범한 물건(백지일 뿐이지 않은가!)이지만 역사를 알면 얼마나 가치가 올라가는지 잘 보여주는 일화다.

땀에 전 스웨터를 비싸게 사는 이유 ▼

사람들이 이런 물건에 가치를 부여하는 이유 중 하나는 남들이 어떻게 평가할지 알기 때문이다. 케네디의 줄자를 비싸게 사는 이유는 나중에 더 높은 가격에 팔거나 사람들의 부러움을 사기 위해서다. 또 하나의 이유는 기억을 불러일으키는 물건이기 때문이다. 물건에서 기억하고 싶은 사람들을 떠올리고 그래서 기분이 좋아지는 것이다.

둘 다 어느 정도 일리는 있지만 정답은 아니다. 대부분의 사람들은 혼자 보고 좋아하지 남에게 자랑하거나 돈을 벌려고 하지 않는다. 가령 자식들이 아기 때 신던 신발처럼 개인적으로 아끼는 물건은 아무도 탐내지 않고 부러워하지도 않는다. 그리고 어떤 물건이 긍정적인 연상을 불러일으키긴 하지만 이것만으로 물건이 주는 쾌락을 전부 설명하지는 못한다. 예를 들어 내가 우리 아들의 아기 때 모습을 떠올릴 수 있는 물건만 원한다면 아들이 신던 것과 똑같은 신발도 좋고 아들을 찍은 비디오테이프는 더 좋을 것이다. 누군가 〈JFK〉를 기억하고 싶다면 커다란 포스터로도 충분하다. 하지만 우리는 그 이상을 필요로 한다. 물건이 특별한 사람들과 접촉하면서 발생하는 '무언가'를 원하는 것이다.

그 무언가를 마법이라 할 수 있다. 인류학자 제임스 프레이저 James Frazer는 『황금가지The Golden Bough』라는 책에서 특정한 보편 신앙을 소개한다. 그중에서 감염주술은 "한번 연결되면 나중에 서로 떨어져 있어도 계속 연결되어 있다.”는 믿음에서 시작한 신앙이다.[18] 프레이저는 부두교를 예로 든다. “사람의 몸에서 떨어져 나간 머리카락이나 손톱은 그 사람과 마술적으로 교감하기 때문에 사람의 머리카락이나 손톱에 악령이 붙으면 아무리 멀리 있더라도 원래 주인을 마음대로 조종할 수 있다.”

이것은 물건이 지닌 힘을 설명해 주는 이론이다. 물리적으로 접촉하면 그 사람의 본질이 흡수된다. 어떤 물건은 그 사람을 떠올리게 할 뿐 아니라 실제로 그 사람의 한 부분을 담고 있다.

가장 확실한 예가 신체 일부다. 문학가 주디스 파스코Judith Pascoe는 수집가들이 유명인의 신체 일부를 손에 넣고 쾌감을 얻는 현상에 주목한다.[19] 이들은 나폴레옹의 성기와 장기, 키츠의 머리카락, 셸리의 심장을 구하려 한다. 셸리의 심장은 부인이 고이 간직하다가 결국 소유권 분쟁에 휘말렸다. 파스코에 의하면 낭만주의 시대에는 신체 일부를 비롯한 물건에 ‘주인의 영혼이 깃들어 있다’고 믿었다고 한다. 나도 이 말에 동의하고 낭만주의 시대에 국한된 이야기만은 아니라고 생각한다.

반드시 신체 일부여야 하는 것은 아니다. 그 사람과 가까이 접촉한 물건이면 된다. 따라서 유명인이 입던 옷을 경매에 올리면 돈을 벌 수 있다. 사람들이 유명인의 옷에서 원하는 상태가 있다. 유명인의 옷을 판매하는 어느 자선단체에서는 옷을 보내기 전에 드라이클리닝을 해 주는 옵션을 넣었다가 아무도 선택하는 사람이 없어서 빼버렸다. 사람들은 영화배우가 입던 그대로 땀에 전 옷을 원한다.[20] 그 사람의 본질이 씻겨나가길 원하지 않기 때문이다.

나는 예일 대학의 동료 조지 뉴먼George Newman, 심리학자 길 디젠드럭Gil Diesendruck과 함께 보다 통제된 실험으로 긍정적 전염 이론을 연구했다.[21] 우리는 먼저 피험자들에게 살아 있는 사람 중에서 존경하는 인물을 떠올리게 했다.(버락 오바마와 조지 클루니도 나왔다.) 다음으로 그 사람이 소유하거나 사용한 물건(스웨터)에 얼마나 지불할지 물었다. 특정한 조건과 변화를 제시하고 사람들이 어떻게 반응하는지 알아보는 것이 연구의 핵심이었다. 일부 피험자에게는 유명인의 스웨터를 되팔거나 남에게 자랑할 수 없다는 제약을 두었다. 그러자 가격이 조금 떨어졌다. 사람들이 유명인의 스웨터를 원하는 이유 중 하나는 되팔거나 자랑하기 위해서라는 의미다. 다른 피험자에게는 스웨터를 깨끗이 세탁했다고 말해 주었다. 이번에는 가치가 더 떨어질 것으로 기대했고 실제로 그렇게 되었다. 처음 지불하려던 금액의 3분의 1이 떨어졌다. 다른 연구에서는 해당 유명인이 선물로 받았지만 한 번도 입은 적이 없는 스웨터라고 말해 주었다. 역시나 스웨터에 대한 호감이 떨어져서 사람들이 지불하려는 금액도 낮아졌다. 유명인이 접촉한 물건의 가치는 그 물건에 남아 있는 흔적이라는 뜻이다. 우리와 비슷한 결과를 낸 다른 연구에서는 매력적인 사람의 손이 닿기만 해도 그 물건을 사는 경향을 발견했다.[22]

우리 연구에서는 또 유명인의 스웨터를 입으면 얼마나 기분이 좋은지 알아보았다. 스웨터를 산 사실을 비밀에 부치거나 되팔지 못한다는 제약이 붙는다고 해서 스웨터를 입고 싶은 마음이 바뀌지는 않았다. 그러나 예상대로 스웨터를 살균하거나 유명인이 한 번도 입은 적이 없다고 단서를 달자 스웨터를 입는 기쁨이 반감됐다.

지금까지 긍정적인 접촉만 다루었다. 하지만 악명 높은 사람과 접촉한 물건도 가치가 떨어진다. 심리학자 브루스 후드Bruce Hood는 『슈퍼센스SuperSense』라는 흥미로운 책에서 영국 글로체스터 시의회가 프레드와 로즈마리 웨스트의 집을 철거하라고 명령한 사례를 소개했다.[23] 이 집은 두 사람이 어린 소녀들을 강간하고 고문하고 살해해서 지하실과 정원에 매장한 범죄현장이었다. 시의회에서는 건물 벽돌을 완전히 갈아서 아무도 모르게 매립지에 뿌리라고 명령했다. 한편 연쇄살인범 제프리 다머가 살던 아파트도 시당국의 조치로 지금은 주차장으로 쓰인다. 미국의 일부 지역에서는 '낙인찍힌 집'을 판매할 때 명시하도록 강제하는 공개법을 시행한다. 심리학자 폴 로진과 동료 연구자들이 진행한 연구에서도 아돌프 히틀러가 입었던 스웨터를 입겠다는 사람이 없었다.[24]

하지만 부정적인 대상에 매력을 느끼는 사람도 있다. 제프리 다머의 아파트에 살거나 히틀러의 스웨터를 입거나 웨스트의 집에서 나온 벽돌 잔해를 입수하고 쾌락을 얻는 사람도 있다.(그래서 글로체스터 시의회에서는 벽돌 잔해를 숨기느라 고심한 모양이다.) 연쇄살인범 찰스 맨슨의 머리카락, 존 웨인 게이시의 그림, 사담 후세인의 개인 소장품이 '특제품' 경매에 오르고 때로는 하나에 수만 달러를 호가하기도 한다.

하지만 소수의 취향일 뿐이다. 우리는 클루니/오바마 실험을 변형해서 '낙인찍힌' 사람의 스웨터에 얼마를 지불할지 알아보는 실험을 실시했다.[25] 한 푼도 쓰고 싶지 않고 스웨터를 입어도 기쁘지 않을 것이라고 대답한 사람이 대다수였다. 간혹 스웨터를 원하는 사람도 있었지만 이들은 스웨터를 소독해도 상관하지 않았고 되팔 수 없다고 하면 훨씬 적은 금액을 내겠다고 말했다. 이들이 악명 높은 사람의 스웨터에 가치를 매기는 이유는 남들도 원할 것이라고 생각하기 때문이다.

아이들도 비싼 물건을 알아볼까? ▼

아이들도 물건의 역사를 고려해서 물건을 평가할까? 그렇게 하려면 물건을 고유의 개체로 생각할 줄 알아야 한다. 이것은 간단한 문제가 아니다. 물건의 속성에 반응하는 것보다 훨씬 복잡한 문제다. 자연선택의 결과로 나방의 뇌가 불빛에 끌리도록 발달하거나 아기의 뇌가 못생긴 얼굴보다 예쁜 얼굴을 좋아하도록 발달해 왔을 수 있다. 단순한 신경망은 비슷한 자극에 비슷한 방식으로 반응하도록 일반화될 수 있다. 사물의 속성에 민감하게 반응하는 능력은 아주 단순해서 뇌가 관여할 필요도 없다. 항체도 범주를 감지하고 특정한 속성을 가진 항원에 예민하게 반응한다.

그래서 뇌는 일반화 장치에 지나지 않는다고 주장하는 학자도 있다. 우리는 사물이 지닌 속성에 비추어 세상에 존재하는 사물을 이해한다. 철학자 조지 버클리George Berkeley는 1713년에 이 점을 그럴듯하게 기술했다. "체리에서 부드러움, 촉촉함, 붉음, 시큼함 같은 감각을 제거하면 체리는 존재하지 않는다. 체리는 감각과 동떨어진 존재가 아니므로 내가 '체리'라고 말할 때는 다양한 감각으로 지각되는 인상이나 생각의 집합을 의미할 뿐이다."[26]

하지만 버클리의 주장은 틀렸다. 우리는 체리의 속성에만 반응하는 것이 아니라 체리를 독립된 존재로 인식하기도 한다. 상자에 든 체리 두 알을 보고 부드럽고 촉촉하고 붉고 시큼한 속성을 쉽게 떠올릴 수 있지만 체리가 하나가 아니라 두 개라는 것도 지각한다. 속성만 알아차리는 것이 아니기 때문이다. 누구나 조그만 체리 두 알 가운데 큰 것을 골라낼 수 있다. 게다가 개체의 속성이 일정하게 유지되지 않아도 개체를 알아볼 수 있다. 가령 애벌레가 나비가 되거나 개구리가 왕자로 변하거나 대도시의 선량한 사람들이 하늘에 떠 있는 어렴풋한 형체를 보고 "저건 새야, 비행기야, …… 슈퍼맨이잖아!"라고 말할 때처럼 말이다. 그리고 체리를 초록색으로 색칠하고 소금물을 넣어 딱딱하게 얼리면 버클리가 열거한 체리의 기본 속성은 전혀 남지 않지만 그래도 체리는 체리다. 속성이 변해도 개체는 남는다.

아기도 개체를 생각할 줄 안다. 심리학자 카렌 윈Karen Wynn은 6개월 된 아기를 대상으로 실시한 실험에서 아기가 개체를 생각할 줄 안다는 사실을 증명했다.[27] 실험자는 아기에게 텅 빈 무대를 보여주고 다음으로 스크린을 내린 무대를 보여준다. 그리고 미키마우스 인형을 보여주고 스크린 뒤에 감춘다. 다시 똑같은 인형을 가져와서 보여주고 스크린 뒤에 숨긴다. 그런 다음 스크린을 걷는다. 아기는 인형 두 개를 기대한다. 인형이 한 개나 세 개가 나오면 오래 처다본다. 놀랐다는 뜻이다. 아기 수학(아기도 1+1=2를 안다.)의 증거로 자주 인용되는 실험이지만 아기가 개체를 추적할 수 있다는 증거이기도 하다.

아기가 개체를 추론하는 능력은 첫돌 무렵에 하는 말에도 드러난다. 아기가 처음 쓰는 단어는 주로 '이것'과 '저것' 같은 대명사로서 주변에 놓인 개체를 가리킬 때 필요한 말들이다.[28] 중국어, 덴마크어, 핀란드어, 프랑스어, 히브리어, 이탈리아어, 일본어, 한국어, 케추아어, 사모아어, 스웨덴어를 비롯해 지금까지 연구된 모든 언어에서도 동일한 결과가 나왔다. 내 아들 맥스는 12개월 무렵에 어딘가를 가리키면서 "저?"라고 말했다.[29] 맥스는 자기가 가리키는 물건을 어떻게 해 주기를 원한 것이 아니라 그저 우리에게 보여주고 싶었을 뿐이다.

개체를 생각하는 능력은 대상 본질주의에는 필요한 요소지만 그것만으로는 충분하지 않다. 아이들은 한 가지 사물을 다른 사물과 구별할 줄 알고 두 사물의 속성은 같아도 서로 다른 개체라는 사실을 이해한다. 그렇다고 해서 사물에 본질이 있다고 믿거나 사물의 역사에 따라 가치를 달리 부여하는지는 확실하지 않다.

나는 이 문제를 확인하기 위해 브루스 후드와 공동 연구를 실시했다. 연구를 위해 실제 물건을 완벽하게 복제하는 장치를 고안해야 했다.[30]

복제 장치로 어떤 일을 해낼 수 있을까? 금, 다이아몬드, 에메랄드는 물론이고 시계나 노트북처럼 값나가는 물건을 복제해서 부자가 될 수도 있다. 그러나 복제품은 진품과 같은 가치를 지니지 않는다. 지폐를 복제해서 위조지폐를 만든다면 쓰고 싶은 마음은 굴뚝같아도 애초에 불법행위이므로 감옥에 들어갈 각오를 해야 한다. 복제 장치에 피카소 그림이나 결혼반지나 투팍의 서명을 넣어도 되지만 진품보다 가치가 떨어지기 때문에 진품과 복제품을 따로 보관해야 한다. 햄스터나 개나 아이를 복제하면 윤리적, 정서적 부담이 크다.

우리는 단순한 실험을 통해 아이들도 어른처럼 유명인이 소유했던 물건이 가치 있다고 생각하는지 알아보았다. 실험이 다소 어려울 수 있기 때문에 6세 아동을 대상으로 실시했다. 6세라면 어느 정도 큰 아이들이지만 우리는 곧 문제에 부딪혔다. 아이들이 유명인을 알아보지 못한 것이다.(유명인에 해리포터는 넣지 않았다. '실제' 인물을 원했기 때문이다.) 그런데 실험이 진행되던 영국 브리스톨에 엘리자베스 여왕이 방문하면서 문제가 저절로 해결됐다. 우리는 여왕이 방문한 직후에 아이들에게 실험을 실시했다.

3차원 복제 장치가 없어도 상관없었다. 아마추어 마술사이기도 한 브루스 후드는 아래 사진처럼 커튼 앞에 상자 두 개를 설치했다.

　장치를 시연하기 위해 처음에는 상자를 열어두었다. 한쪽 상자에 초록색 나무토막을 넣고 두 상자의 덮개를 닫았다. 실험자가 이것저것 만지고 버저를 울렸다. 몇 초가 흐른 뒤 두 번째 상자의 버저가 울리자 실험자는 두 상자의 덮개를 열고 초록색 나무토막을 꺼냈다.('복제된' 나무토막은 뒤에 숨어 있던 다른 실험자가 넣은 것이다.)

　속임수라고 생각하는 아이는 아무도 없었다. 아이들은 특이한 장치를 잘 믿는다는 다른 연구 결과도 있다.[31] 아이들이 의심을 품을 이유가 없다. 어차피 아이들은 거대한 깡통이 날아다니고 레이

저광선으로 강철을 자르고 컴퓨터가 말을 하는 세계에 산다. 게다가 2차원의 단순한 복제 장치는 이미 존재한다. 마이클 조던의 사인이 적힌 종이를 복사기에 넣고 단추를 누르면 원본과 구별하기 불가능한 복사본이 나온다. 그렇다면 3차원 복제 장치가 존재한다고 해도 이상할 것 없지 않은가? 우리의 실험에서도 아이들은 이상하게 생각하지 않았다. 아이들에게 무엇을 보았는지 물어보자 모두 기계에서 똑같은 나무토막이 나왔다고 답했다.

우리는 아이들에게 가치를 평가하는 방법을 가르치기 위해 모조 화폐 10장을 주고 물건의 가치에 따라 돈을 분배하게 했다. 예를 들어 흥미로운 장난감과 돌덩이를 보고 장난감이 더 가치 있다고 생각하면 화폐를 더 많이 분배하도록 가르쳤다.

다음으로 아이들에게 작은 금속 술잔이나 숟가락을 장치 안에 넣는 모습을 보여주었다. 그리고 엘리자베스 여왕이 쓰던 특별한 물건이라고 설명했다. 변형절차가 끝난 후 덮개를 열어 두 상자에 든 똑같은 물건(술잔이나 숟가락)을 꺼냈다. 그리고 아이들에게 각 물건에 화폐를 몇 장이나 배정할지 계산하게 했다. 다음으로 두 번째 실험 조건을 제시했다. 은으로 만들어서 가치 있는 물건을 복제하겠다고 말했다. 그러나 여왕과 관련된 물건이라고 언급하지는 않았다.

예상대로 여왕이 쓰던 물건이 복제된 물건보다 많은 화폐를 배정받았다. 유명인과 접촉한 물건은 가치가 올라가지만 복제품은 그만큼 가치가 높지 않다고 생각한다는 뜻이다. 두 번째 실험 조건에서는 이와 같은 결과가 나오지 않았다. 은으로 만들어서 특별한 물건은 역시 은으로 만든 복제품과 가치가 다르지 않았다. 물질은 복제할 수 있어도 역사는 복제하지 못한다.

특별한 물건 ▼

사람은 본질을 설명할 때 특히 중요한 개체다. 돌을 옆에 있는 비슷한 돌과 구별하고 싶은 마음은 간절하지 않다. 하지만 사람의 자취를 쫓는 건 자연스럽다. 아기는 앞에 보이는 여자가 엄마인지 잘 판단해서 엄마와 닮은 다른 사람과 구별해야 한다. 엄마 역시 자기 아기가 누구인지 잘 판단해야 한다. 그리고 3장에서 자세히 다루었듯이 성적, 낭만적 관계를 맺을 때도 구체적인 대상이 누구인지가 중요하다.

아이들은 사회적 개인의 특수성에 특히 민감할까? 이 질문은 현재 브루스 후드와 내가 복제 장치를 이용해서 진행 중인 다른 연구에서 어느 정도 설명된다. 이번에는 4세와 6세 아동을 대상으로 살아 있는 햄스터를 복제해서 실험을 실시한다.[32](사실 실험을 진행하는 동안 햄스터 하나가 먹는 걸 좋아해서 '복제' 햄스터보다 몸집이 커졌다. 그래서 살찐 햄스터 대신 다른 햄스터를 넣어야 했다.)

실험이 아직 진행 중이지만 지금까지 밝혀진 결과를 보면 복제 햄스터가 정말 복제됐다는 말을 믿지 않는 아이들이 많다. 다시 말해서 아이들은 햄스터의 몸을 복제했다는 말에는 대체로 수긍하지만 무엇을 좋아하고 무엇을 아는지와 같은 햄스터의 마음까지 복제했다는 말은 믿지 않으려 한다. 몸을 복제하는 장치이지 마음을 복제하는 장치가 아니므로 복제된 햄스터를 다른 개체라고 생각하는 것이다.

아이들의 생각이 왜 여기서 머뭇거릴까? 상자 대신 방으로 된 커다란 복제 장치를 만들어서 한 사람이 한쪽 방에 들어가서(뒤쪽 커튼으로 몰래 이동해서) 다른 방으로 나온다면 아이들이 어떻게 생각할까? 아이들의 엄마를 실험에 참가시켜서 복제 엄마가 상자에서 나오는 것처럼 실험을 설계하면 어떻게 될까? 아이들이 놀라서 진짜 엄마를 돌려달라고 소리칠까?

윤리적 문제와 여러 가지 현실적인 문제로 인해 마지막 실험은 진행하지 못했다. 하지만 작가 애덤 고프닉Adam Gopnik이 다섯 살짜리 딸 올리비아에게 실시한 다소 온건한 실험이 있다. 어느 날 올리비아가 밖에 나간 사이 올리비아의 물고기 블루이가 죽었다. 고프닉과 그의 부인은 블루이와 똑같이 생긴 다른 물고기를 넣으려 했다. 하지만 마지막 순간에 딸을 속이고 싶지 않다고 판단해서 적당한 이야기를 꾸며냈다. 블루이가 잠시 물고기 병원에 가 있어서 임시로 블루이의 동생을 데려왔다고 말했다. 똑같이 생긴 물고기(움직임도 똑같았다.)를 본 올리비아는 좋아하지 않았다.[33]

"이 물고기 싫어요. 얘는 싫어요. 블루이가 좋아요."
우리는 올리비아를 달래려 했지만 방법이 없었다. 우리는 조심스럽게 타일렀다.
"그래도 잘 봐봐, 블루이랑 똑같이 생겼잖아."
올리비아는 이 점은 인정했다.
"블루이랑 똑같이 생겼어요. 블루이랑 똑같아요. 그래도 블루이는 아니에요. 다른 애에요. 얜 날 몰라요. 얜 내 친구가 아니니까 얘한테는 아무것도 말할 수 없어요."

구름 속 군대 ▼

지금까지는 유명인이나 사랑하는 사람을 비롯한 사회적 존재와 접촉해서(주로 물리적 접촉) 특별해지는 경우, 그리고 사회적 존재이거나 동물이거나 사람으로서 그 자체로 특별해지는 경우를 설명했다. 다음 장에서는 어떻게든 인간의 재능과 관련되어 특별해지는 예를 소개하겠다. 말하자면 예술의 세계를 다루고자 한다.

그 밖에 사물의 가치를 평가하는 방식은 흥미롭고 독특한 지위를 누린다. 사물은 사회적 존재가 아니지만 인간은 사물을 사회적 존재로 생각하는 경향이 있기 때문이다. 사람들은 주변의 물건에 인간의 자질을 불어넣어 의인화하려는 경향을 보인다.[34] 데이비드 흄David Hume은 1757년에 인간의 의인화 경향을 이렇게 표현했다.

"우리는 달에서 사람의 얼굴을 찾고 구름 속에서 군대를 찾는다. 경험이나 반성을 통해 바로잡지 않으면 자기도 모르게 모든 사물에 악의와 선의를 덮어씌워서 우리에게 상처를 주거나 기쁨을 준다고 믿게 된다."[35] 종교를 연구하는 어느 인지학자가 지적하듯, 인간은 "사회지능이 과도하게 발달"했다.[36]

그렇다면 아이들이 왜 테디베어나 이불이나 부드러운 인형과 같은 물건에 애착을 형성하고 일부 어른들도 애착을 버리지 못하는지 설명된다. 소아과의사이자 정신분석가 도널드 위니콧Donald Winnicott에 따르면 아이들은 아끼는 물건을 엄마(혹은 엄마의 젖가슴)의 대리자로 간주한다. 위니콧은 '중간대상transitional object'이라는 용어로 애착과 독립 사이의 간이역이라는 개념을 제시한다.[37] 중간대상 개념으로 여러 가지가 설명된다. 아이들이 중간대상에 강한 애착을 보이는 이유도 설명되고 중간대상이 꼭 엄마처럼 부드럽고 껴안고 싶은 물건이어야 하는 이유도 설명된다. 나아가 문화마다 아이들의 행동이 다른 이유도 설명된다. 일본 아이들은 미국 아이들보다 중간대상에 덜 집착한다.[38] 엄마와 아이가 함께 자는 가정이 많아서 아이가 엄마를 대신할 물건을 찾지 않아도 되기 때문이다.

중간대상을 대리인으로 이해한다면 아이들이 중간대상을 독립된 개체로 간주하고 애착을 형성한다고 설명할 수 있다. 중간대상은 다른 것으로 바꿀 수 없다. 간혹 부모들의 보고에 따르면 아이들이 중간대상을 인격체로 생각해서 수선해 준다거나 새것으로 바꿔준다고 하면 거부한다고 한다.

　브루스 후드와 나는 복제 장치를 이용해서 중간대상을 연구했다.[39] 우리는 중간대상을 가진 아이들을 모집하는 광고를 냈다. 중간대상은 몇 가지 요건을 충족시켜야 했다. 아이가 잠잘 때 늘 옆에 두고 하루에 적어도 3분의 1 동안은 같이 지내는 물건이어야 한다. 부모들은 아이와 중간대상을 함께 데리고 실험실에 왔다. 우리는 비교집단으로 중간대상이 없는 아이들도 모집했다. 그리고 부모들에게는 장난감이든 뭐든 아이가 좋아하는 물건을 가져오라고 요청했다.

　연구 대상은 3세에서 6세 사이의 아이들이었다. 실험은 간단했다. 아이들이 실험실에 들어오면 복제 장치를 보여주고 시범으로 물건을 복제했다. 다음으로 실험자가 아이들에게 가져온 물건을 복제하겠다고 제안했다. 아이가 동의하면 물건을 상자에 넣고 복제하고 (덮개를 모두 닫은 채로) 어떤 물건을 가져가겠냐고 물었다.

　중간대상을 가져오지 않은 아이들은 대체로 복제된 새 장난감을 택했다. 기계에서 나온 새 장난감이라 멋지다고 생각한 것이다. 그리고 사실은 모두 속임수이고 장난감을 복제하지 않았다고 말해 주면 실망했다.

　그러나 중간대상을 가져온 아이들은 반응이 달랐다. 어떤 아이는 처음부터 중간대상을 복제 장치에 넣지 못하게 했다. 물건을 넣어도 좋다고 허락한 아이들 중에도 대다수는 자기가 가져온 물건을 가져가겠다고 대답했다.[40]

이 연구가 언론에 소개된 후 브루스는 이런 편지를 받았다.[41]

브루스 박사님께 …

여든여섯 되신 저희 어머니는 지금도 매일 밤 어릴 때 쓰던 베개를 베고 주무십니다. 여든여섯 해 동안 사시면서 꼭 하루만 베개 없이 주무셨대요. 공습이 있던 날 방공호로 내려가면서 깜빡하고 베개를 빠트리셨다는군요. 어머니는 무덤에도 함께 묻어달라고 부탁하셨어요. 베개에는 빌리라는 이름도 있습니다.
어머니가 빌리를 다른 베개와 바꾸실 것 같지 않아요.

　보통의 다른 물건은 빌리와 다르다. 사람들은 기꺼이 물건을 버리고 똑같은 다른 물건으로 바꾼다. 하지만 어떤 개체든 사회적 존재이거나 사회적 존재와 접촉했기 때문에 아무리 평범하다 해도 나름의 역사가 있다. 역사가 개체의 본질이다. 그리고 그중 일부 물건(빌리나 블루이, 케네디의 줄자, 조지 클루니의 스웨터, 나폴레옹의 성기, 우리 아이가 아기 때 신던 신발)에서는 물건의 역사에서 생기는 본질이 쾌락의 원천이다.

5

사람은 행위로
무엇을 말하는가?

같은 그림인데 위작으로 밝혀지면 가격이 추락하고
같은 음악도 장소에 따라 다르게 들리는 이유

2007년 워싱턴 지하철역, 사람들에게 위대한 예술이라고

말해 주지 않으면 일상생활에서 위대한 예술을 접하고

어떻게 반응할까를 연구한 실험이 있었다.

결과적으로 사람들은 위대한 음악을 알아보지 못했다.

진품이라고 믿었던 그림이 위작으로 밝혀지면 그 순간

그림에서 느꼈던 즐거움은 눈 녹듯 사라진다.

똑같은 그림도 박물관에 있을 때와 카페에 있을 때 전혀 다른 평가를 받는다.

예술에 얽힌 사람들의 판이한 반응에는

인간의 얄팍함과 속물근성, 집단 사고와 지적 태만이 드러난다.

피에로 만초니는 자기의 똥을 담은 캔 90개를 제작했고,

2002년 테이트 미술관은 캔 하나에 61,000달러를 주고 사들였다.

우리는 예술의 어느 부분에서 쾌락을 느끼는 걸까?

그리고 예술과 예술이 아닌 것을 어떻게 구별할 수 있을까?

2007년 1월 12일 아침, 청바지에 긴팔 티셔츠를 입고 야구모자를 눌러쓴 젊은이가 워싱턴 지하철역에서 바이올린을 꺼냈다. 그는 바이올린 케이스를 앞에 열어놓고 지폐 몇 장과 동전 몇 개를 넣어둔 다음 43분 동안 클래식 음악 여섯 곡을 연주했다. 그 사이 수천 명의 인파가 그 앞을 지나갔다.

    이날의 연주는 평범한 거리 연주가 아니었다. 젊은이는 조슈아 벨Joshua Bell이라는 세계적인 바이올리니스트였고, 그날 지하철에서 연주한 악기는 안토니오 스트라디바리Antonio Stradivari가 1713년에 직접 제작한 350만 달러짜리 바이올린이었다. 불과 며칠 전에도 벨은 보스턴 심포니 홀에서 연주했다. 그런 대단한 바이올리니스트가 출근길에서 동전을 받으려고 연주한 것이다. 사실 이 연주는 「워싱턴 포스트」 기자 진 바인가르텐Gene Weingarten이 '대중의 취향을 솔직히 평가'하기 위해 실시한 실험이었다.[1] 미리 말해 주지 않으면 사람들은 일상생활에서 위대한 예술을 접하고 어떻게 반응할까?

사람들은 예술을 알아보지 못했다. 천 명이 넘는 사람들이 그 자리를 지나갔지만 벨은 32달러를 조금 넘는 돈을 벌었을 뿐이다. 딱히 나쁜 성적은 아니지만 특별할 것도 없었다. 사람들은 벨의 음악을 듣고 별다른 감흥을 느끼지 못했다. 바인가르텐이 런던 국립 미술관 수석 큐레이터 마크 라이타우저Mark Leithauser에게 실험 결과를 들려주자, 라이타우저는 사람들의 무관심을 이렇게 설명했다.

우리 미술관에서 소장한 추상화 대작들 가운데 한 점을, 이를테면 엘즈워스 켈리Ellsworth Kelly의 작품을 액자에서 떼어내 미술관 입구 52개 계단을 내려가 거대한 기둥을 지나서 근처 레스토랑으로 가져간다고 칩시다. 자그마치 5백만 달러를 호가하는 작품입니다. 이 레스토랑은 코코란 미술학교에서 공부하는 학생들의 그림을 파는 곳이기도 합니다. 나는 켈리의 작품에 150달러라는 가격표를 붙이고 벽에 겁니다. 아무도 알아채지 못합니다. 어느 큐레이터가 그림을 보고 이렇게 말할 수는 있겠지요. "어, 저 그림은 엘즈워스 켈리 작품하고 좀 비슷하군. 여기 소금 좀 건네주시겠어요?"

바인가르텐은 지하철역의 조슈아 벨을 액자 없는 그림에 비유했다.

연주가 끝날 무렵 우연히 스테이시 후루카와라는 사람이 그 자리를 지나갔다. 후루카와는 마침 몇 주 전에 벨의 연주회를 관람했던 터라 어리둥절한 얼굴로 빙긋이 웃으면서 멀찌감치 떨어져 있었다. 벨이 연주를 마치자 후루카와는 인사를 나누고 20달러를 건넸다. 바인가르텐은 이 돈을 전체 금액에 포함하지 않았다. '알아보는 사람이라 결과를 오염시켰기' 때문이다. 후루카와는 연주자에게 돈을 준 것이지 (오직) 음악만 듣고 준 것이 아니었다.

이것은 우리가 공연을 감상할 때 맥락이 얼마나 중요한지 단적으로 보여주는 실험이다. 조슈아 벨이 콘서트홀에서 연주하는 음악과 야구모자를 쓴 초라한 젊은이가 지하철역에서 연주하는 음악은 다르다.

흥미로운 실험이긴 하지만 놀라운 결과는 아니다. 그림이 유명한 화가의 작품으로 밝혀지면 가격이 치솟고 위작으로 밝혀지면 가치가 추락한다는 사실은 누구나 잘 안다. 렘브란트의 〈야경꾼 The Night Watch〉은 암스테르담 국립미술관에서 가장 유명한 그림이지만 내일 당장 위작으로 밝혀지면 값을 매길 수 없을 만큼의 높은 가격에서 무가치한 작품으로 추락할 것이다. 무엇보다도 진품이라는 사실이 중요하다.

비합리적으로 보일 수 있다. 렘브란트의 작품이라고 생각할 때는 〈야경꾼〉을 좋아했는데 다른 아무개의 작품으로 밝혀졌다고 해서 덜 좋아하는 이유는 무엇일까? 조슈아 벨의 연주를 평가해서 돈을 낸다면 지하철의 젊은이가 연주한 음악도 좋아해야 한다. 캔버스 위의 똑같은 그림이고, 똑같은 소리의 배열이다. 그러나 판이한 반응에는 인간의 얄팍함과 속물근성, 집단 사고와 지적 태만이 드러난다.

아서 케스틀러Arthur Koestler는 『창조행위The Act of Creation』라는 책에서 캐서린이라는 친구의 일화를 소개하면서 위와 같은 관점을 제시한다.[2] 캐서린은 선물 받은 그림을 피카소의 고전주의 작품의 복제품이라고 생각했다. 그리고 그림이 마음에 들어 계단통에 걸어두었다. 하지만 감정을 받아보고 피카소의 진품이라는 사실을 알자 매우 기뻐하면서 집안에서 제일 눈에 잘 띄는 곳으로 그림을 옮겼다. 캐서린은 케스틀러에게 그림 보는 눈이 달라져서 옮겼을 뿐이라고 말했다. 전보다 그림이 더 좋아졌을 뿐이라고 했다.

케스틀러는 언짢아졌다. "캐서린은 자꾸 작품의 출처와 희소가치 때문에 작품의 가치를 다르게 생각하는 것이 아니라고 우기지만 불필요한 논쟁이다. 캐서린의 말처럼 순전히 그림의 아름다움만 기준으로 삼았다면 작품에 대한 평가가 달라지지 않았어야 한다." 케스틀러는 나아가 캐서린이 솔직하게 피카소의 진품을 소유하게 돼서 기뻤다고 인정하면 좋았을 것이라고 말한다. 케스틀러가 언짢은 이유는 캐서린이 복제품이라고 생각했을 때보다 지금 그림이 더 아름다워졌을 뿐이라고 주장하기 때문이다.

케스틀러는 캐서린을 속물이라고 말한다. 속물은 부적절한 기준을 들이대는 사람이다. 가령 사회적 속물은 사람의 품성이 아니라 지위를 보고 친구를 사귄다. 케스틀러는 또한 성적 속물을 설명하면서 히틀러 시대 이전 베를린의 어느 젊은 여자를 예로 든다. 이 여자는 남녀를 막론하고 작품의 판매부수가 2만 권이 넘은 작가면 아무하고나 잠자리를 가졌다. 케스틀러는 어리석은 행동이라면서 "그 여자의 마음속에서는 『카마수트라』와 베스트셀러 목록이 속수무책으로 뒤섞여 있다."고 지적한다. 마지막으로 케스틀러는 캐서린을 예술품 속물이라고 표현한다. 작품이 아니라 작품을 창조한 작가가 누구인지 알기 때문에 쾌락을 얻는다는 것이다.

앞서 네덜란드의 위작 작가 한 판 메헤렌도 케스틀러의 말에 고개를 끄덕였을 것이다. 판 메헤렌은 현대미술을 싫어해서 렘브란트 양식대로 그림을 그리기 시작했다. 하지만 미술계에서 성공하지 못한 채 평론가들에게 혹평만 들었다. 어느 평론가는 마치 앞날을 예언하듯이 "판 메헤렌은 모든 자질을 갖추었지만 독창성을 빠트렸다."고 평했다.[3]

판 메헤렌은 보복하고 싶은 마음도 있고 큰돈을 벌고 싶은 욕심도 있던 터에 베르메르의 작품을 그리기 시작했다. 평론가들의 격찬이 쏟아졌다. 〈엠마오의 저녁 식사〉는 네덜란드에서 가장 유명한 작품이었다. 네덜란드 바로크미술 평론가들은 "델프트의 얀 베르메르의 걸작 중의 걸작이 발견됐다."고 호들갑을 떨었다. 자존심이 매우 강한 판 메헤렌은 보에이만스 미술관에서 자기가 그린 그림 앞에 서서 관람객들에게 그림이 가짜라고 소리쳤다가 눈총을 받았다. 오직 베르메르 같은 천재만 그 정도로 잘 그릴 수 있다는 핀잔만 들었다.

판 메헤렌은 끝까지 속일 수도 있었지만 나치였던 헤르만 괴링에게 베르메르 그림을 판 죄로 체포되어 반역죄를 구형받았다. 궁지에 몰린 판 메헤렌은 그 그림은 베르메르의 그림이 아니라 자기가 직접 그린 그림이고 베르메르의 다른 작품들도 모두 그의 그림이라고 실토했다.

앞서 1장에서는 괴링의 입장에서 사건을 기술했지만 이번에는 평론가들이 얼마나 창피했을지 생각해 보려 한다. 당시에도 분명 누군가는 의심했을 테고 또 지금의 평론가들은 어떻게 모두가 감쪽같이 속을 수 있냐고 의아해할 것이다.(그 밖에도 〈엠마오의 저녁 식사〉에 나오는 얼굴 하나가 여배우 그레타 가르보와 닮았다는 지적도 있다.)[4] 당시 대다수 평론가들은 아름다운 작품이라고 열광했다. 그러다 그림을 그린 사람이 누구인지 알려지자 극찬이 사라졌다. 어느 평론가는 이렇게 썼다. "판 메헤렌의 폭로 이후 두말할 것도 없이 그의 위작들은 기괴할 정도로 추하고 불쾌하고 무엇보다 베르메르의 작품과 전혀 달라 보였다."

오늘날에도 비슷한 일이 벌어지고 있다. 몇 년 전에 미술품 경매회사 소더비는 〈버지널 앞의 젊은 여인Young Woman Seated at a Virginal〉의 원작자를 두고 오랜 토론을 벌인 끝에 3천2백만 달러에 판매했다. 미술 평론가들은 베르메르의 작품이라고 인정하고 가격을 책정했지만 일부에서 의심하듯 오판으로 밝혀지면 결국 가격이 곤두박질칠 테고, 이번에도 일부 미술전문가들은 곤혹스러워질 것이다. 또 누군가는 처음에 생각한 것보다 그림이 아름답지 않다고 말할 것이다.

〈버지널 앞의 여인〉도 만약 위작으로 판명된다면 우리 집에서 1시간 거리에 있는 코네티컷 주 그리니치에 위치한 브루스 박물관으로 옮겨질 것이다. 내가 이 책을 쓰는 시기에 이 박물관에는 모조품과 위작 특별전으로 〈엠마오의 저녁 식사〉가 전시되고 있다. 나는 작고 쾌적한 브루스 박물관에 들어가서 그림을 떼어내 입구를 지키는 초로의 여인을 지나쳐 내 미니밴 뒷좌석에 넣어 집으로 가져가는 상상을 해 보았다. 1945년 초에 그림을 가져갔다면 나는 희대의 예술품 절도범으로 몰렸을 것이다. 지금은 농담거리로 끝날 것이다. 신문기사에 이런 제목이 붙을 것이다. "정신 나간 교수, 가치도 없는 그림을 훔치다."

무엇이 달라졌을까? 위작이라고 밝혀지면 기쁨이 크게 줄어드는 이유는 무엇일까? 이 장에서는 이 질문에 답하고자 한다. 그림과 음악에서 시작해서 보다 일반적인 예술을 다룬 다음, 스포츠와 같은 관련된 쾌락까지 다룰 것이다. 조슈아 벨의 실험, 캐서린의 일화, 〈엠마오의 저녁 식사〉의 몰락에서 알 수 있듯이 우리가 역사와 배경에 집착하는 이유는 속물근성이나 어리석음 때문이 아니다. 예술에서 얻는 쾌락의 대부분이 작품 이면에 존재하는 인간의 역사를 감상하는 데 있기 때문이다. 그리고 이것이 예술의 본질이다.

음악을 즐기는 이유 ▼

섹스, 음식, 소비재 제품의 쾌락에서도 마찬가지였지만 음악과 그림에 대한 반응 중에도 특히 여기서 주목하는 반응은 그리 심오하지 않다. 본질주의나 역사나 배경과 상관없이 그저 좋아서 듣고 좋아서 보는 것들이 있다.

음악과 그림 같은 대상을 좋아하는 이유가 밝혀졌다는 뜻은 아니다. 다윈은 1896년에 인간의 가장 설명하기 어려운 특징들 가운데 하나로 노래나 음악에 대한 사랑을 언급했다.[5] 아직도 설명하기 어려운 건 마찬가지다. 인간이 음식, 물, 섹스, 온기, 휴식, 안전, 우정, 사랑을 즐기는 이유는 명확하다. 있으면 좋고 생존과 자손번식에 도움이 되기 때문이다. 하지만 인간이 일정한 운율로 이어지는 소리를 즐기는 이유는 무엇일까? 세계 어디서든 사람들이 노래와 춤에 많은 시간과 정력을 쏟는 이유는 무엇일까? 아마존 강의 메크라노티 부족에서는 여자들이 하루에 한두 시간씩 노래하고 남자들은 밤에 두 시간 이상 노래한다.[6] 근근이 끼니를 때우면서도 노래는 몇 시간씩 부르는 것이다! 생존에 도움이 되지 않는 과잉행동처럼 보여서 진화생물학을 버리고 신의 존재를 믿고 싶을지도 모른다. 커트 보네거트Kurt Vonnegut는 묘비에 이렇게 새겼다. "신의 존재를 증명하는 데 필요한 오직 하나의 증거는 음악이다."[7]

음악은 인간만의 쾌락이다. 음악은 황량한 가슴을 어루만져 준다는 말이 있지만 오직 인간의 가슴만 위로해 주지 쥐나 개나 침팬지의 가슴까지 위로해 주지는 않는다. 이 말에 반박하기 위해 기타를 연주하면 고양이가 잠자코 듣고 있다고 주장하기도 한다. 그러나 고양이에게 물어볼 수는 없는 노릇이다. 적어도 과학 실험에서는 인간 이외의 다른 동물도 음악을 좋아한다는 결과를 얻지 못했다. 예를 들어 위치마다 다른 소리가 나는 미로에 동물을 집어넣고 어느 위치를 찾아가는지 추적해서 좋아하는 소리를 알아본 실험이 있었다. 실험 결과 타마린과 마모셋 같은 영장류는 자장가보다는 침묵을 좋아하고 협화음이든 불협화음이든 음악에는 전혀 관심을 보이지 않았다. 원숭이는 록음악을 들려주든 손톱으로 칠판 긁는 소리를 들려주든 관심이 없다.[8]

반면에 인간은 누구나 음악을 좋아한다. 아기는 원숭이보다 실험하기 어렵다. 아기를 미로에 넣고 뛰어다니게 할 수는 없기 때문이다. 하지만 방법이 전혀 없는 건 아니다. 아기에게 여러 가지 소리를 들려주고 어떤 소리가 나올 때 고개를 돌리는지 관찰해서 아기가 좋아하는 소리를 알아보는 방법이 있다. 실험 결과 아기는 불협화음보다 협화음을 좋아하고 특히 자장가를 좋아한다.[9] 음악에서 얻는 쾌락은 평생 지속된다. 음악은 무궁무진한 쾌락을 선사하고, 오직 뇌손상을 입은 사람만 음악에 흥미를 느끼지 못한다.[10]

. . . . . .

심리학자 스티븐 핑커는 인류의 보편적 행동 양식 중에서 우연히 발생한 증거가 가장 뚜렷한 예가 음악이라고 설명한다. 그는 음악을 '청각의 치즈케이크'라고 표현한다.[11] 치즈케이크가 미각을 자극하듯 음악은 뇌를 자극한다는 뜻이다. "치즈케이크는 자연에서 나는 그 무엇과도 비교할 수 없는 색다른 감각적 흥분을 일으킨다. 이를테면 쾌락 단추를 누를 목적으로 기분 좋은 자극을 다량 섞어서 만든 혼합물이다." 핑커는 소설을 제외한 예술 전반에 해당되는 이야기라고 말한다.[12]

음악이 누르는 쾌락 단추는 어떤 것일까? 핑커는 언어를 포함해 몇 가지 가능성을 제시한다. 언어는 음악처럼 규칙적이고 반복적이며 제한된 수의 단위(언어에서는 단어나 형태소, 음악에서는 음표)를 결합해서 계층구조로 된 배열을 무수히 생성할 수 있다. 하지만 언어와 음악은 서로 다른 부분도 있다. 언어는 의미 있는 주장을 전달하는 수단이며, 지금 이 책을 읽는 순간에도 의미 있는 주장이 전달되고 있다. 반면에 음악은 감정을 전달하지만(영화 〈죠스 Jaws〉에서 주제음악이 불러일으키는 감정을 떠올려 보라.) 의사소통 수단으로는 실패작이어서 지극히 단순한 주장조차 전달하지 못한다. 음악은 소리로 즐거움을 주지만 언어는 대체로 그렇지 못하다. 언어는 형식이 아니라 내용으로 즐거움을 준다. 반면에 음악과 언어가 결합된 형태인 노래가 주는 기쁨도 있고, 모든 아기는 엄마의 목소리를 들으면 좋아한다.[13]

한편 음악을 진화적 적응의 결과로 보는 학자도 있다. 이들도 음악적 쾌락이 진화의 초기에 형성된 다른 뇌 영역에 기초를 둔다는 주장을 부정하지는 않는다. 생물학에서는 모든 새로운 것이 기존의 것에서 나온다고 전제한다. 어쨌든 음악이 적응의 결과라면 인류의 먼 조상에게 음악이 번식이익을 제공했다는 뜻이다. 다시 말해서 음악을 만들고 즐긴 사람이 그렇지 않은 사람보다 유전자를 널리 퍼트렸다는 뜻이다.

현대의 학자들 가운데 음악을 적응의 결과로 이해한 유명한 사람이 심리학자 대니얼 레비틴Daniel Levitin이다. 레비틴에 따르면 노래와 춤이 어우러진 인간 행동은 사회 적응의 한 유형으로 진화해 왔다.[14] 음악은 전쟁에서 전열을 정비하는 데 유용하다. 음악을 통해 집단의 임무를 무사히 완수하고, 무엇보다도 같은 편끼리 정서적 유대를 공고히 다진다. 레비틴의 주장이 옳다면 음악의 진화 과정은 연대의식이나 공동체의식처럼 개인을 집단에 연결해 주는 정서의 진화 과정과 비슷할 것이다.

음악이 사회적 이득을 제공할 수 있다. 그래도 음악을 진화적 적응의 결과라고 주장하려면 음악이 적응을 위해 존재했다는 증거를 제시해야 한다. 다시 말해서 인류 조상들 가운데 음악을 모르는 사람이 음악을 잘 아는 사람보다 사람들에게 환영받지 못하고 짝짓기 상대도 구하지 못했다는 주장을 설득력 있게 증명해야 한다. 나아가 음악의 구체적인 특징이 어떻게 진화해 왔는지도 함께 설명해야 한다. 음악에서 동시성이 중요하다면 왜 모두 함께 목청껏 소리를 질러대지 않을까? 왜 음조나 화음과 같은 음악의 복잡한 요소에 감동받을까?

레비틴은 음악이 주는 쾌락에서 학자들이 간과하는 중요한 부분을 포착한다. 바로 움직임의 중요성이다. 대부분의 언어에서 노래와 춤을 의미하는 단어가 하나이고, 가만히 앉아서 음악을 들을 때도 뇌에서 운동을 관장하는 운동피질과 소뇌의 일부가 활성화 상태로 바뀐다. 그래서 음악을 들으면 몸을 흔들게 되는 모양이다. 특히 아이들은 자기도 모르게 음악에 맞춰 춤을 춘다. 따라서 음악이론을 정립하면서 가만히 앉아서 음정의 패턴만 감상하는 음악에 초점을 맞추는 것은 잘못이다. 말하자면 섹스이론을 정립하면서 전화 섹스만 연구하거나 음식 선호도 조사를 하면서 냄새를 맡지 못하는 사람을 대상으로 조사하는 격이다.

함께 어울려서 몸을 흔들면 사람을 더 좋아하게 되고 더 친밀한 느낌을 받고 더 너그러워진다는 연구 결과가 있다.[15] 노래와 춤은 집단을 이루기 위한 최고의 연습이다. 유대인 결혼식에서 팔짱을 끼고 춤을 추거나 떠들썩한 잔치에서 사람들과 어울리거나 술 취한 친구들과 술집에서 놀면 정서적 쾌감이 일어난다. 그뿐 아니라 '맷은 도대체 어디 있는 거야?Where the Hell Is Matt?'라는 유명한 유튜브 동영상처럼 다른 사람이 노래하고 춤추는 모습을 보고도 사람들은 간접적으로 정서적 쾌감을 느낀다. 이 동영상은 어느 활달한 미국인이 세계 각지를 돌아다니면서 만나는 사람들과 함께 춤추는 내용이다. 음악의 이러한 효과는 종교의식에 노래와 율동이 많이 포함되는 이유를 설명할 수 있다. 음악은 같은 종교를 믿는 사람들 사이에 연대의식을 형성해 준다.

노래와 춤이 적응적인 이유는 사람을 공동체와 이어주기 때문이라고 말한다면 다시 원점으로 돌아가고 만다. 함께 노래하고 춤추는 사람들에게 친밀한 감정을 느끼는 이유는 무엇인가? 답은 아무도 모른다. 진화적 적응일 수도 있지만 우연한 사고일지도 모른다. 내가 사람들과 함께 춤을 추고 사람들이 나와 함께 춤을 추고 내가 원하는 대로 사람들이 함께 움직이면 나의 경계가 넓어져 사람들이 그 안으로 들어올 수 있다.

지금까지 음악을 일반적인 관점에서 살펴보았다. 지나치게 일반적일 수도 있다. 사람들이 좋아하는 음악은 주변환경에서 주어지는 음악에 따라 결정된다. 인도의 인기음악 40곡은 미국의 인기음악과 다르다. 같은 나라에서도 사람마다 좋아하는 음악이 제각각이다. 우리 가족 안에서도 블루그래스(미국 남부의 전통적 시골풍 민요—옮긴이), 트래셔, 클래식 록, 오페라에 대한 의견이 첨예하게 부딪히고, 자동차를 타고 장거리 여행을 할 때면 라디오 채널 선택권을 두고 협상을 벌인다.

알려진 대로 사람의 취향은 어린 시절에 형성된다. 예를 들어 엄마들이 뱃속의 아기에게 음악(비발디 작품, 백스트리트보이즈 노래 등)을 들려주고 한 살이 될 때까지 그 음악을 다시 들려주지 않은 연구가 있었다.[16] 뱃속에서 들은 경험은 효과가 있었다. 한 살 된 아기가 태어나기 전에 들은 음악을 좋아하는 경향을 보인 것이다.

우리는 깨어 있는 대부분의 시간을 수동적으로 음악을 들으면서 보낸다. 가장 많이 듣는 음악을 좋아할 것이라고 단순한 가설을 세울 수 있다. 앞에서 성을 논의하면서 언급한 '단순노출효과'와 같은 맥락이다. 우리는 익숙한 것을 좋아한다. 그러나 익숙함이 지나치면 싫증나고 불쾌해진다. 쾌락 곡선은 뒤집힌 U자(∩)를 그린다.[17] 낯선 대상을 만나면 뇌에서 처리하기 어려워 즐기지 못하다가 반복해서 접하면 처리하기 쉬워지고 쾌락을 얻기 시작한다. 또 너무 익숙해지면 지루하거나 귀찮아지기도 한다. 예를 들어 새로운 음식을 처음 먹을 때는 조심스럽지만 자주 먹으면 좋아하게 된다. 그러나 매일 같은 음식을 먹어야 한다면 아무도 좋아하지 않는다. 음악의 경우 뒤집힌 U자의 가운데 부분이 길게 이어지는 편이지만 어떤 노래든 너무 많이 들으면 듣기 싫어질 수밖에 없다. U자에서 곡선의 모양은 음악이 복잡할수록 넓어지고 단순할수록 좁아진다. 복잡한 음악은 좋아하기까지도 오래 걸리고 싫증나기까지도 오래 걸린다. '떴다 떴다 비행기' 같은 노래는 곡선이 훨씬 좁다.

. . . . . .

어떤 노래나 음악 장르를 얼마나 좋아하는지 결정하는 또 하나의 요인은 그 음악을 처음 들었을 때의 나이다. 신경과학자 로버트 사폴스키Robert Sapolsky는 1988년에 이 문제를 연구하기 위해 비공식적인 실험을 실시했다.[18] 라디오 방송국에 연락해 라디오에서 틀어주는 음악이 처음 소개된 때는 언제이고 청취자의 평균 연령은 몇 살인지 알아보았다. 대다수 청취자가 스무 살 이전에 접한 음악을 평생 좋아하는 것으로 나타났다. 스물다섯 살이 넘으면 새로 나온 음악 장르를 좋아하지 않을 가능성이 높다. 사폴스키는 이렇게 지적한다. "열일곱 살 청소년들은 앤드류 시스터스Andrew Sisters(미국의 여성 트리오—옮긴이)의 노래가 흘러나오는 채널을 듣지 않고, 노인들이 사는 동네에서는 레이지 어게인스트 더 머신Rage Against The Machine을 들을 일이 없고, 제임스 테일러James Taylor의 팬들은 어느덧 헐렁한 청바지를 입기 시작할 나이다."

왜 그럴까? 간단하게 신경학으로 원인을 찾고 싶을 것이다. 뇌는 처음에 느슨하고 유연하다가 서서히 굳어진다고 설명할 수도 있다. 하지만 사폴스키도 지적하듯 이 시기에 새로운 경험을 받아들이는 개방성이 사라지는 것은 아니다. 다만 음악적 취향은 음식을 비롯한 다른 취향과 다른 시기에 굳어질 뿐이다.

레비틴은 좀 더 그럴듯한 의견을 제시한다. 음악은 사회적이다. 음악적 취향은 인생에서 특정한 사회집단과 어울리는 시기에 형성된다.[19] 이때는 자기가 어떤 사람인지 결정하는 시기이기도 하다. 현대 서구사회에서는 이 시기가 늦게 찾아온다. 사폴스키의 연구 결과에서는 대략 십 대 후반이나 이십 대 초반으로 나타났다. 젊은 이들은 최신 음악을 선호한다. 동시대 다른 젊은이들과 어울리고 싶기 때문이다. 타일러 코웬은 이렇게 지적한다. "흘러간 음악을 듣지 않는 이유는 단순하다. '남들도 이미 좋아하는 음악'이기 때문이다. 설상가상으로 남들이 바로 부모일 수도 있다."[20]

보기 좋은 그림 ▼

　음악과 마찬가지로 일부 시각적 쾌락도 피상적이다. 시각미술에서는 몇 가지 색상과 패턴이 특정한 방식으로 시선을 사로잡는다. 따라서 아기방을 밝은 색과 규칙적인 패턴으로 꾸미는 노력은 결코 시간낭비가 아니다. 아기들은 밝은 색과 규칙적인 패턴을 좋아하는데 본질주의와는 상관이 없다.

　아기가 좋아하는 색상이나 패턴은 실험 미학 분야에서 연구한다.[21] 컴퓨터 화면으로 다각형과 같은 여러 가지 모양을 그리고 전형성이나 대칭과 같은 매개변수로 조작해서 피험자들에게 어떤 형태를 좋아하는지 묻는 방식으로 실험한다. 앞에서 설명한 뒤집힌 U자와 비슷한 양상이 나타나고, 3장 '사람은 잠자리에서 누구와 사랑에 빠지는가?'에서 언급한 예쁜 얼굴을 좋아하는 현상과 일치하는 결과가 나온다. 인간은 처리하기 쉬운 이미지를 좋아한다.

　그러나 시각적 쾌락 연구에 충분한 근거가 되지는 못한다. 평소에 접하지 못하는 시각적 패턴을 보여주면서 어떻게 시각적 쾌락을 연구할 수 있겠는가? 연구의 의의를 깎아내릴 생각은 없다. 사람들이 특정한 기하학적 모양을 좋아하는 이유를 파악하는 것도 흥미로운 연구 주제가 될 수 있다. 그러나 우리는 컴퓨터 화면에서 흑백의 다각형을 보려고 시간과 돈을 투자하지 않는다. 즐거움을 얻지 못하기 때문이다.

왜 그럴까? 사람들은 평화로운 집안의 모습, 꽃, 음식, 아름다운 경치를 찍은 사진을 좋아하고, 그중에서도 사랑하고 존경하는 사람의 사진을 보고 싶어 한다는 연구 결과가 있다.[22] 지금 집이나 사무실에서 이 책을 읽고 있다면 주변을 둘러보고 인공적인 이미지를 찾아보라. 정확히 이런 이미지가 눈에 들어올 것이다. 컴퓨터 스크린세이버는 숲이나 바닷가일 테고, 책상에는 사랑하는 사람들의 사진이 놓여 있을 것이다. 추상화가 잭슨 폴락Jackson Pollock의 그림에 관해 나중에 다시 언급하겠지만 여기서는 우리 주위에 얼마나 많은 이미지가 우리가 좋아하는 사물을 모방하려고 시도하는지 짚고 넘어가겠다.

간단한 예가 포르노그래피다. 사람들이 매력적인 사람들의 벗은 몸을 즐겨 보는 이유는 진화론으로 설명할 수 있다. 하지만 좋아한다고 해서 매력적인 사람들의 벗은 몸을 아무 때나 볼 수 있는 것은 아니다. 그래서 2차원 이미지를 만들어 현실의 벗은 몸과 같은 수준의 욕구를 끌어내려 한다. 우리는 화면 속 이미지에 반응하는 것이 아니라 그 이미지가 표상하는 벌거벗은 여자(남자, 남녀, 2 대 1 섹스 등)에 반응한다.

만들어진 누드를 보고 쾌락을 얻는 동물은 인간뿐이다. 최근의 한 연구에서 수컷 붉은털원숭이에게 마음대로 머리를 움직여서 달콤한 과일주스를 마실지 사진을 볼지 결정하게 했다.[23] 사진으로는 원숭이가 주스를 포기할 만한 사진 두 가지를 준비했다. 암컷의 엉덩이를 찍은 사진과 지위가 높은 수컷 원숭이의 얼굴 사진이었다.

포르노그래피와 유명인 숭배 증후군이라는 두 가지 고약한 특징은 인간만의 것이 아니다.

사실적인 사진을 보려면 학습이 필요하다는 시각이 있었다. 인류학에서는 사진을 본 적이 없어서 사진을 볼 줄 모르는 원시 부족민을 발견했다는 보고도 있었다.

그러나 1962년에 발표된 실험에서 잘못된 보고였다는 사실이 드러났다. 심리학자 줄리안 호흐버그Julian Hochberg와 버지니아 브룩스Virginia Brooks는 어떤 아이를 데려다 키우면서 아이가 19개월이 될 때까지 사진을 보여주지 않았다.(논문에는 밝히지 않았지만 아이는 그들의 친자식이었다.) 19개월이 지난 다음에 아이에게 주변 사물을 찍은 사진과 스케치를 보여주면서 사물의 이름을 물었다.[24] 아이는 술술 이름을 말했다. 최근에 아기도 사실적인 사진과 사진에 찍힌 사물의 관계를 이해한다고 밝힌 실험이 있었다.[25] 5개월 된 아기에게 인형을 주고 놀게 하다가 인형을 빼앗았다. 빼앗은 인형 사진과 다른 인형 사진을 보여주자 다른 인형 사진을 더 오래 쳐다보았다. 가지고 놀던 인형과 사진의 관계는 이미 알기 때문에 더 이상 관심을 두지 않는 것이다.

아이들은 사진에 과도하게 몰입해서 사진을 실제 사물로 착각하기도 한다. 관찰력이 뛰어난 부모는 자녀가 신발 사진을 보고 발을 집어넣으려 하거나 손을 뻗어 사진 속 물건을 잡으려 한다고 보고한다.[26] 그리고 사진을 자주 접한 미국 아이들만이 아니라 사진을 거의 본 적이 없는 아이보리코스트의 빈곤층 아이들에게도 비슷한 현상이 나타난다고 밝힌 연구도 있다. 아이들도 사진과 실물을 구별하기는 하지만(사진에 손을 뻗는 예가 많지는 않다.) 간혹 사진에서 똑같이 생긴 물건을 보고 유혹을 뿌리치지 못할 뿐이다.

어른도 마찬가지다. 사진에 찍힌 물건을 보고 사진이라고 생각하기 어려울 때가 있다. 심리학자 폴 로진과 동료 연구자들은 몇 차례 재미있는 실험을 실시했다.[27] 피험자들에게 토사물 모양의 고무를 입에 물게 하거나 개똥 모양의 초코과자를 먹게 했다. 곤혹스러워하는 사람이 많았다. '진짜' 토사물이고 '진짜' 개똥 같다는 생각이 들기 때문이다. 최근에 나는 동료 연구자들과 함께 진행한 실험에서 피험자들에게 결혼반지처럼 소중한 물건을 사진으로 찍고 그사진을 찢어보라고 지시했다.[28] 다들 대수롭지 않게 사진을 찢었지만 피부전도장치에는 소중한 물건을 훼손할 때처럼 경미한 불안상태가 기록됐다. 만약 아기 사진에 다트를 던지게 하면 제대로 맞추는 사람이 거의 없을 것이다.[29]

피카소가 여자를 밝힌 걸까? 예술가들이 사랑받는 진짜 이유

다음은 우리가 그림에 가치를 두는 몇 가지 이유다.

1. 단순히 그림이 아름다워서일 수 있다. 그림의 패턴을 보면

눈이 즐거워질 수 있다.

2. 그림이 화사한 꽃이나 아름다운 얼굴과 같은 매력적인 피사체와 비슷해서일 수 있다.

3. 익숙해서일 수 있다. 단순노출효과로 설명된다. 어느 수준까지는 익숙할수록 쾌락도 커진다.

그림을 감상할 때도 단순노출효과가 나타날까? 심리학자 제임스 커팅James Cutting은 사람들이 몇몇 프랑스 인상파 화가들을 다른 화가보다 선호하는 이유를 알아보았다.[30] 한 연구에 따르면 아이들과 달리 어른들은 대부분 다소 모호한 그림보다는 지난 세기에 자주 발표된 그림을 선호한다고 한다.

물론 친숙성 효과가 아닐 수도 있다. 오히려 정반대일지도 모른다. 그러니까 어떤 그림이 자주 발표되는 이유는 다른 그림보다 '우수'해서이고, 어른들은 익숙해서가 아니라 그림의 수준이 높아서 좋아하는 것이다. 커팅은 두 번째 연구에서 이 점을 확인했다. 학부에서 시지각을 가르치면서 다소 모호한 인상파 그림을 제시했다. 아무런 설명도 없이 다른 주제를 다룰 때 파워포인트 발표 자료에 끼워서 단 몇 초 동안만 보여주었다. 그리고 한 학기가 끝날 때 학생들에게 어떤 그림을 가장 좋아하는지 물었다. 단순노출효과로 인해 전반적인 선호도 양상이 바뀌었다. 학생들은 유명한 그림보다 수업시간에 보았던 모호한 그림들을 선호한다고 답했다. 단지 보기만 해도 좋아하게 되는 것이다.

4. 그림이 좋은 기억을 떠올리게 해서일 수도 있다. 결혼, 졸업, 에베레스트 산 정상 등정과 같은 추억을 담은 사진은 특히 좋은 기억을 연상시킨다.

5. 그림이 집안을 보기 좋게 채워주기 때문이다.(어쨌든 그림의 외양이 가격에 영향을 미친다.)[31]

6. 사람들에게 그림을 소장한다고 알려서 지위를 격상시킬 수 있다. 십자가에 박힌 예수나 안식일 식탁을 그린 그림은 깊은 신앙심을 드러낸다. 현대 화가의 작품은 예술에 얼마나 조예가 깊은지 보여준다. 그리고 유명 화가의 진품은 재산이 얼마나 되고 어느 정도 성공했는지를 우회적으로 보여준다. 여기서 얻는 쾌락이 있다.

7. 긍정적 전염의 효과를 얻을 수 있다. 마지막 장에서 논의하겠지만 유명하고 존경받는 사람과 접촉했다는 이유만으로 물건의 가치가 올라가기도 한다.

위 목록에는 중요한 요인 하나가 빠져 있다. 우리는 그림의 창작 과정에도 관심이 있고, 창작 과정을 본질이라고 추정하면서 쾌락을 얻는다는 점이다.

이것은 철학자 데니스 더튼Denis Dutton이 주요 저서 『예술 본능 The Art Instinct』에서 제안하는 관점이기도 하다.[32] 더튼은 예술 작품의 매력 중에는 '진화적 적응도 검사'로 활용할 만한 요소가 있다고 보았다. 더튼의 주장이 나온 배경에는 예술의 기원에 관한 성 선택 이론이 있다. 처음에 다윈이 제기하고 앞서 3장에서 언급한 심리학자 제프리 밀러가 정립한 이론이다.[33] 성 선택 이론에 따르면 예술은 공작새의 꼬리와 같다. 예술은 짝짓기 상대를 유혹하기 위해 진화해 온 진화적 적응의 결과라는 뜻이다.

밀러는 동물의 행동을 인간의 예술에 비유하면서 뉴기니와 호주에 서식하는 정원사새를 예로 든다. 수컷 정원사새는 예술가다. 주변을 날아다니면서 산딸기, 조개껍데기, 꽃과 같은 갖가지 물건을 물어 와서 마치 정자를 짓듯이 균형미를 살리고 복잡한 형태로 배열한다. 암컷은 뛰어난 안목으로 냉정한 평가를 내리는 평론가다. 암컷은 둥지를 꼼꼼히 살펴본 후 가장 창의적인 둥지를 찾아내서 그 둥지를 만든 수컷에게 짝짓기를 허락한다. 둥지를 잘 만드는 수컷은 암컷 10마리와도 짝짓기를 할 수 있지만 엉터리로 만들면 암컷을 얻지 못한다. 암컷은 짝짓기가 끝나면 다른 데로 날아가서 알을 낳고 수컷은 두 번 다시 짝짓기한 암컷을 만나지 못한다. 잘 나가는 수컷 정원사새의 일생은 파블로 피카소의 생애와 유사하다.

지금까지는 정원사새의 창작능력을 성 선택의 관점으로만 설명했다. 암컷은 수컷의 둥지를 보고 지능, 솜씨, 훈련 수준과 같은 적응력을 파악하고 새끼를 낳는 데 유용한 특질을 섬세하게 포착한다. 밀러와 더튼은 인간의 예술 충동도 이런 식으로 진화해 왔다고 제안한다. 좋은 예술은 창작하기 어렵다. 훌륭한 예술가는 학습하고 계획하는 능력이 뛰어나고, 지능과 창조력을 표현하며, 음식이나 안식처를 마련하고, 실용성과는 거리가 멀지만 창작을 위한 시간과 자원을 할애할 줄 안다. 여자는 남자들의 이런 행동을 좋아한다. 암컷 정원사새는 정원을 잘 꾸미는 수컷에게 매력을 느끼고, 여자는 예술적 능력이 뛰어난 남자에게 매력을 느낀다. 르누아르는 이런 말을 했다. "나는 성기로 그림을 그린다."

다윈은 음악도 비슷한 관점에서 논의했다. 다윈은 음악이 "이성을 유혹하기 위해" 출현했다고 말한다.[34] 노래와 춤이 어떤 인상을 남기는지 누구나 잘 안다. 오랜 시간 리듬을 만들고 유지하는 능력은 지능, 창조력, 정력, 운동조절능력을 비롯해 짝짓기에 필요한 긍정적인 자질을 보여준다. 실험으로 입증할 것도 없다. 오늘날의 믹 재거에서 조슈아 벨에 이르기까지 성공한 음악가는 배우자를 구하는 데 어려움이 없다. 음악적 재능은 매력적인 자질이고, 성 선택 이론은 음악의 기원을 설명해 주는 설득력 있는 가설이다.

하지만 더튼과 밀러의 주장처럼 예술은 진화적 적응의 표현이고 창작 욕구와 창작물에서 얻는 쾌락 모두 어느 정도는 성 선택으로 진화해 왔다고 인정한다 해도, 인간이 예술을 좋아하는 이유를 밝히기 위해서는 아직 문제가 남아 있다.

우선 공작새는 수컷에게만 꼬리가 있고 암컷에게는 꼬리가 없다. 정원사새 역시 수컷은 둥지를 만들고 암컷은 평가한다. 이것이 성 선택이 작동하는 방식이다. 짝짓기를 한 뒤 대가는 주로 수컷이 아니라 암컷이 치러야 하기 때문에(주로 암컷이 새끼를 기르고 수컷은 둥지를 제공하고 약간의 시간을 투자할 뿐 아무것도 하지 않는다.) 그래서 선택은 한 방향으로 흐른다. 수컷은 암컷의 관심을 끌려고 경쟁하고 암컷은 수컷을 평가한다.

그런데 인간은 성 선택 이론만으로 설명할 수 없다. 밀러는 남자가 여자보다 예술을 창작하려는 동기가 강하고 여자는 감상하려는 성향이 강하다고 했다. 전혀 근거 없는 말은 아니지만 남녀 모두에게 창작의 기회가 공평하게 주어지는 사회에서는 여성 시인, 작가, 화가, 가수가 남자보다 부족하지 않다.

사람은 공작새가 아니다.[35] 인간은 대체로 일부일처제를 따르는 종이고 인간의 성 선택은 양방향으로 이루어지기 때문에 남녀를 막론하고 자신의 적응적 자질을 과시하고 배우자감의 능력을 평가해야 한다. 그러나 여전히 예술을 감상하는 행위가 성적 관심과 상관이 없는 경우가 많다는 문제가 남는다. 남자들 중에 동성애자만 피카소의 작품을 감상하는 것은 아니다. 게다가 아직 배우자를 유혹할 필요가 없는 어린아이도 왕성하게 작품을 창작하고, 가임기가 한참 지난 나이 든 여자도 예술을 창작하고 감상하면서 기쁨을 얻는다.

보다 일반적인 관심도 있다. 성 선택 이론은 피카소가 여자를 많이 만난 이유를 설명해 준다. 피카소의 창작은 진화론의 증거였다. 하지만 여기서 성 선택 이론은 예술가가 풍기는 매력을 설명해 주지, 사람들이 '예술'에서 얻는 쾌락은 설명하지 못한다. 우리는 왜 피카소가 오래전에 세상을 떠났는데도 그의 그림을 좋아할까?

이제 두 가지를 수정한 이론을 살펴보자.

첫째, 솜씨, 훈련, 힘, 속도를 과시하는 행위가 사람들의 관심을 끄는 이유는 개인의 자질이 드러나기 때문이다.

앞의 밀러와 더튼의 주장과 무엇이 다른가? 비슷한 점도 있다. 남자는 배우자를 얻으려고 자기를 과시하고, 여자는 남자의 과시 행동을 보고 최고의 유전자를 보유한 남자를 선별한다. 그러나 성관계만의 문제가 아니다. 인간은 배우자를 평가하면서 친구나 동지나 지도자로서의 자질도 함께 평가한다. 냉정한 얘기지만 사람들은 자식들 중에도 생존해서 자손을 번창시킬 자식이 누구인지 평가한다. 윌리엄 스타이런William Styron의 소설 『소피의 선택 Sophie's Choice』[36]에서 주인공은 아우슈비츠에서 어린 딸 에바와 푸른 눈에 금발인 아들 얀 중에서 누구를 가스실로 보낼지 선택해야 하자 에바를 희생시키기로 결정한다. 잔인하긴 하지만 얀이 수용소에서 살아남을 가능성이 크다는 점에서 합리적인 결정이다. 오늘날처럼 풍요로운 시대에도 극단적이지는 않지만 이와 유사한 딜레마가 존재한다. 부모가 자식들에게 자원을 분배하면서 항상 공평하게 나눠주기가 쉽지 않다. 따라서 자식은 부모에게 뛰어난 재능을 보여주어야 한다.

적응도 평가는 예술이 어떻게 진화해 왔고 인간이 예술을 창작하고 즐기려고 경쟁해야 하는 이유를 설명해 준다. 그러나 의식적이든 무의식적이든 심리적 동기를 설명해 주지는 않는다. 아이는 아버지에게 자기가 그린 그림을 자랑스럽게 보여주면서 의식적으

로든 무의식적으로든 '아빠가 그림을 보고 감동하실 거야. 오빠보
다 나한테 먹을 걸 많이 주시겠지.'라고 생각하지 않는다. 우리는
그림을 감상하면서 '작품의 기교와 솜씨를 보니 뛰어난 화가가 틀
림없어. 이 작가와 사랑을 나누든가 친구가 되든가 해야겠다.'라고
생각하지도 않는다. 진화의 역할은 심리적 동기와 연결되지 않는
다. 윌리엄 제임스는 예전에 음식을 예로 들면서 음식을 먹을 때
효용성을 생각하는 사람은 수십억 명 중에 한 명도 없다고 말했다.
"사람들은 음식이 맛있고 더 먹고 싶어서 먹는다. 맛있는 음식을
더 먹고 싶은 이유가 무엇이냐고 묻는다면 철학적 질문이라고 존
중하기는커녕 어리석은 질문이라고 비웃을 것이다."[37]

둘째, 인간은 거장의 솜씨에서 쾌락을 얻도록 진화해 왔다. 그래
서 거장의 작품을 찾아다니고, 직접 훌륭한 작품을 창작하고 싶어
하며, 또 심리적으로 예술가에게 끌리는 것이다. 예술가는 기쁨을
주는 작품을 창작하고 우리는 기쁨을 주는 작품을 좋아한다.

그림을 비롯한 정적인 예술작품을 표현행위로 본다고 하면 작품
의 창작과정을 고려하면서 작품을 이해하고 감상한다는 뜻이다.
예술작품의 역사적 본질을 강조한 학자들[38] 중에도 이미 25년 전
에 누구보다 목소리를 높인 학자가 바로 더튼이다.[39]

행위로서의 예술작품은 작가가 문제를 해결하고, 난관을 극복하
고, 가용한 재료를 변통하는 과정을 보여준다. 그렇게 해서 나온
작품은 그 자체로 다른 예술작품이나 다른 작가의 창작활동과 별

개로 독특한 관심의 대상으로서 관객의 감상을 기다린다. 하지만 작품을 미적 대상으로만 감상하면서 당연한 사실을 간과해서는 안 된다. 예술작품은 인간이 창조했으므로 마땅히 인간을 전제로 이해해야 한다는 사실이다.

따라서 예술작품과 같은 특정한 표현행위는 창작자에 관한 긍정적이고 가치 있는 정보를 제공한다. 인간은 그러한 표현행위로부터 쾌락을 얻도록 진화해 왔다. 이 책에서 논의하는 본질주의의 또 하나의 예다. 이를테면 작품에는 보이지 않는 본질이 깃들어 있어서 고유한 특징으로 드러난다는 뜻이다. 두툼한 고깃덩이의 본질은 물질이고, 인간이 그린 그림의 본질은 작품 이면에 깃든 창작행위다.

사람들은 정말 예술작품의 고유한 역사에 보이지 않는 본질이 깃들어 있다고 생각할까? 어린아이도 그렇게 생각한다. 나는 10여 년 전에 처음으로 예술심리학에 관심을 가졌다. 당시 두 살이던 아들이 하드보드지에 물감을 문지르더니 당당하게 '비행기'라고 말하는 모습을 보고나서부터였다. 발달심리학자인 내게는 놀라운 경험이었다. 발달심리학계에서는 아동이 모양을 보고 이름을 말한다는 이론을 정설로 받아들이고 있었다. 즉, 아이들에게는 '비행기'라는 단어가 비행기와 닮은 물체를 가리킨다는 이론이다. 하지만 우리 아들이 그린 그림은 비행기와 전혀 비슷하지 않았고 이 색깔 저 색깔을 아무렇게나 섞어놓은 얼룩이었다. 우리 아들만 이런 행동을 보인 것은 아니다. 기존 연구를 잠시 들춰봐도 아이들이 그림을 그린 후 전혀 비슷하지 않은데도 '강아지', '생일파티', '엄마'라고 제목을 붙이는 예를 흔히 발견할 수 있다.[40]

나는 대학원생 로리 막슨(현재 세인트루이스의 워싱턴 대학에 있다.)과 함께 아이들이 그림의 모양이 아니라 역사에 따라 이름을 붙이는 현상을 연구했다. 우리 아들은 비행기를 그리고 싶어서 비행기라고 이름을 붙였다. 아들의 행동은 다른 연구들에서도 찾을 수 있다. 3세 아동도 그림을 그릴 때 마음속으로 의도한 대상을 제목으로 붙인다는 연구가 있다. 아이들은 남의 그림을 보고도 같은 행동을 보인다. 3세 아동은 어떤 사람이 포크를 바라보다가 낙서를 시작하는 모습을 보고 나중에 그 사람의 낙서에 '포크'라는 제목을 붙일 것이다. 같은 낙서라도 그 사람이 숟가락을 보고 낙서했다면 '숟가락'이라고 제목을 붙였을 것이다. 나중에 박사 후 과정을 밟고 있는 멜리사 앨런(영국 랭카스터 대학에 있다.)과 함께 진행한 연구에서는 24개월 된 아기도 그림에 이름을 붙일 때 그림의 역사에 관심을 둔다는 결과를 얻었다.[41]

예술작품을 평가할 때 영향을 주는 것들 ▼

역사에 대한 관심은 사람들이 왜 진품을 선호하는지 설명해 준다. 20세기의 철학자들은 복제기술의 출현으로 진품을 선호하는 경향이 줄어들 것으로 예고했다. 발터 벤야민Walter Benjamin은 "인류 역사상 최초로 복제 기술 덕분에 예술의 세계가 현실에 기생하는 의존성에서 벗어날 수 있다."고 말했다. 앙드레 말로André Malraux는 세상의 모든 예술작품이 박물관에 들어가 있으니 더 이상 진품인지 여부가 중요하지 않다고 말했다.[42] 앞으로 박물관이 필요하기나 할까? 시애틀 빌 게이츠의 집안에서는 거대한 스크린에 비주얼 아트를 상영한다. 집집마다 이런 스크린을 설치하면 보고 싶은 그림을 마음대로 재생할 수 있다.

하지만 엄밀히 말해서 진품은 오직 하나이므로 진품을 보거나 소유할 때 누리는 특별한 지위가 있다. 더욱이 진품에는 작가와 직접 접촉한 역사가 있다. 4장에서 설명했듯이 접촉을 통한 긍정적인 전염이 주는 매력이 있다. 무엇보다도 진품에는 특별한 역사가 깃들어 있다. 작품은 창작의 과정을 거쳐 완성되기 때문에 위조 작가의 복제 기술보다 훨씬 큰 감동을 준다. 인간은 역사를 중시하기 때문에 진품을 소중히 생각하는 마음을 버리지 못한다.

행위에 초점을 맞추면 예술을 대하는 태도의 차이를 이해할 수 있다. 잭슨 폴락의 그림을 예로 들어보자. 사실 폴락의 그림을 보고 감동하는 사람은 많지 않다. 그의 작품을 부정적으로 바라보는 이유는 작품에 화가의 기교가 명확히 드러나지 않기 때문이다. 폴락의 그림은 모두 쉬워 보인다. 그래서 "우리 애도 이 정도는 그리겠다."는 말들을 하는 것이다. 예술교육자 필립 예나인Philip Yenawine은 폴락의 작품에 대한 부정적인 반응에 반박한다. 그는

〈하나One〉(1950)라는 작품을 예로 든다. 작품의 거대한 크기(높이 274센티미터, 너비 518센티미터 정도)에 감탄할 뿐 아니라 또 거대한 호를 그리고 개별적인 구성요소를 일정하게 유지하는 기술과 상상력을 높이 평가한다. 예나인은 폴락의 그림이 쉽다고 말하는 사람들에게 그럼 왜 직접 그리지 않느냐고 묻는다.[43]

폴락의 작품에 대한 평가가 엇갈리는 이유는 역사를 보는 시각이 달라서이기도 하다. 폴락의 작품을 혹평하는 사람들에게 그런 그림을 그리기가 얼마나 어려운지 이해시키면 그들도 작품을 높이 평가할 것이다. 반대로 예나인에게 여섯 살짜리 아이가 거대한 캔버스에 10분 동안 물감을 덕지덕지 문질러서 〈하나〉와 유사한 그림을 완성하는 모습을 보여주면 그 역시 다시는 폴락의 작품에서 즐거움을 얻지 못할 것이다.

사람들은 행위를 평가할 때 무엇을 눈여겨볼까? 정교하진 않지만 적절한 기준으로 지각된 노력의 양을 꼽을 수 있다. 심리학자 저스틴 크루거Justin Kruger와 동료들은 간단한 실험으로 이 주제를 연구했다. 피험자들에게 시나 그림이나 갑옷을 보여주고 작품이 완성되기까지 걸린 시간을 사람마다 다르게 말해 주었다. 예를 들어 화가 데보라 클레븐Deborah Kleven의 추상화를 보여주고 피험자 절반에게는 4시간 걸렸다고 알리고 나머지 절반에게는 26시간 걸렸다고 말해 주었다. 예상대로 시간이 오래 걸렸다고 말해 준 집단에서는 작품의 품질, 가치, 선호도에 높은 점수를 주었다.[44]

(예술작품의 가격을 책정할 때도 어느 정도는 작품을 완성하는 데 들

어간 노력에 영향을 받는 듯하다. 그래서 크기가 중요하다. 같은 작가의 작품 중에서는 이왕이면 크기가 클수록 가격도 올라간다. 흔히 작은 그림보다 큰 그림을 그리기가 어렵다고 생각하기 때문이다. 창작의 노력이 클수록 보는 즐거움도 커지고 가치도 올라간다.)

개인이 직접 만든 물건의 가치를 평가할 때도 노력이 중요한 기준이 된다. 1950년대에 인스턴트 케이크 믹스가 처음 나왔을 때는 큰 호응을 얻지 못했다. 그러자 제조업체는 조리법을 바꿔서 주부의 손이 가는 과정, 이를테면 직접 달걀을 넣는 과정을 끼워 넣었다. 그러자 좋은 제품으로 거듭났다. 이처럼 사람의 노력이 들어가서 가치가 높아지는 현상을 심리학자 마이클 노튼Michael Norton과 동료들은 '이케아IKEA 효과'라고 부른다.[45] 소비자가 직접 조립하도록 가구를 생산하는 유명한 스웨덴 가구회사의 이름을 딴 것이다. 노튼과 동료들은 실험에서 피험자들이 간단한 종이접기 개구리라도 남이 만든 것보다 직접 만든 개구리를 높이 평가한다는 결과를 얻었다.

그러나 작품을 평가하는 데 노력이 한 가지 요인이긴 하지만 가장 중요한 요인은 아니다. 어찌됐건 우리가 판 메헤렌보다 베르메르를 좋아하는 이유는 결코 베르메르가 더 오래 더 열심히 작업해서가 아니다. 노력보다는 창조성과 천재성이 더욱 중요한 요인이다.

창조성과 천재성이 얼마나 중요한지 단적으로 보여주는 예가 있다. 말라 옴스테드Marla Olmstead라는 어린 소녀가 그린 추상화가 수십만 달러에 팔린 적이 있었다. 그림이 비싸게 팔린 이유는 옴스테드가 아이라는 사실이 작용했다. '꼬마 폴락'은 네 살에 첫 단독 전시회를 열었다. 옴스테드의 그림은 여느 작가의 작품과 큰 차이가 없었지만 미술교육을 받지 않고 미술계에서도 동떨어진 어린아이라서 창조성과 천재성이 더욱 돋보였다. 그러나 왜곡된 진실이 드러났다. 옴스테드가 유명해지자 텔레비전 프로그램 〈60분 II〉에서 옴스테드에게 주목했다. 옴스테드를 집중취재한 후 아버지가 딸을 가르치는 장면을 방송에 내보냈다. 그러자 옴스테드의 창작행위를 보는 시각이 달라졌고 그림의 가치가 떨어졌다.[46]

예술가는 왜 자기 똥을 캔에 넣었을까? ▼

지금까지 설명한 본질주의 이론으로 예술과 예술이 아닌 것을 구별할 수 있을까?

예술과 예술이 아닌 것을 구별하기는 쉽지 않다. 둘 사이에는 뚜렷한 경계가 없다. 더튼이 주장하듯 예술이 공통으로 지니는 속성들이 있는데[47] 그중 몇 가지 속성만 지닌 사례를 만나면 예술인지 아닌지 알쏭달쏭해진다. 예술은 또한 묘하게 자의식이 작용하는 분야이기 때문에 한 가지 예술이론이 주목받으면 곧바로 잘난 척하는 예술가들이 앞다퉈 그 이론을 반증하려고 나선다. 적절한 예로 20세기에 가장 영향력 있는 작품 가운데 하나인 마르셀 뒤샹 Marcel Duchamp의 〈샘Fountain〉을 들 수 있다. 예술은 아름다워야 한다는 인식을 조롱하기 위한 작품이다.

그래도 예술을 행위로 이해하면 두 가지 사실이 뒤따른다.

1. 예술작품에는 의도가 있다.
2. 예술작품은 보는 사람을 위해 창작된다.

의도가 먼저다. 우리는 모래밭에 발자국을 남기고, 종이를 구겨 쓰레기통에 던지고, 침대를 정돈하지 않은 채 두지만 어느 것도 예술이라고 부르지 않는다. 하지만 행위에 의도가 담겨 있다면 예술이라 부르기도 하고 박물관에 전시하기도 한다. 예를 들어 젊은 예술가 트레이시 에민Tracey Emin의 〈내 침대My Bed〉는 정돈하지 않은 침대에 잡동사니가 널려 있는 모습이다. 런던 테이트 미술관에 전시된 작품이다. 똑같이 정돈하지 않은 침대라도 하나는 작가의 심리가 반영된 예술이고 다른 하나는 예술이 아니다.[48]

일부 철학자의 직관과는 어느 정도 일치한다. 심리학자 수전 겔만과 나는 이런 직관이 일반인의 상식과 얼마나 일치하는지 알아보고 싶었다. 그래서 세 살짜리 아이에게 물건을 보여주면서 처음에 어떻게 만들어진 물건인지 설명했다. 예를 들어 물감을 뿌린 캔버스를 보여주면서 어떤 아이가 실수로 물감을 쏟았다고 하거나 어떤 아이가 열심히 그린 작품이라고 말해 주었다. 예상대로 차이가 나타났다. 실수로 생긴 그림이라고 설명할 때는 아이들이 '물감'이라는 단어를 써서 그림을 표현하는 경향을 보였고, 열심히 그린

그림이라고 설명할 때는 미술이나 '그림'이라고 설명하는 경향을 보였다.[49]

　그러면 코끼리와 침팬지의 그림처럼 인간이 아닌 동물의 창작품은 어떻게 이해해야 할까? 동물의 그림도 멋지기는 하지만 예술로 보기는 어렵다.[50] 무엇보다도 동물은 스스로 무엇을 하는지 모른다. 내가 햄스터의 발에 물감을 묻혀 캔버스 위를 뛰어다니게 한다면 예쁜 그림이 나올지는 몰라도 작품은 아니다. 코끼리와 침팬지의 그림도 마찬가지다. 작업을 직접 계획한 것도 아니고 작품을 완성하고 감상할 줄 아는 것도 아니다. 동물에게는 사람의 도움이 필요하다. 도구를 쥐여주는 정도의 피상적인 도움뿐 아니라 작업을 중단시키는 역할도 해야 한다. 어느 정도 완성됐을 때 그림을 빼지 않으면 동물이 멈추지 않고 돌아다녀서 흙발로 지저분해진 캔버스만 남는다. 동물의 행위는 어린아이의 행위와 다르다. 아이들은 스스로 창작을 시작하고 그림이 완성되면 중단하고 자기 그림을 감상하고 남에게 보여주기도 한다.

　여기서 두 번째 생각할 거리가 생긴다. 예술은 남에게 보여주기 위해 창작되는가? 예술은 보는 사람을 위해 창작된다. 그래서 예술은 다른 의도로 하는 활동과 구별된다. 예술은 조깅을 하거나 커피를 만들거나 머리를 빗거나 이메일을 확인하는 행위와는 다르다. 뒤샹의 〈샘〉과 보통 소변기가 다르고, 앤디 워홀Andy Warhol의 〈브릴로 박스Brillo Box〉와 보통의 브릴로 상자가 다르며, 존 케이지 John Cage의 〈4′33″〉는 어떤 사람이 피아노 앞에서 공황발작을 일으켜 4분 33초 동안 가만히 앉아 있는 것과 다르다.

물론 반대인 경우도 있다. 로댕의 스케치처럼 전시할 의도가 전혀 없었지만 예술작품으로 인정받는 예도 있다.[51] 반면에 보여주려고 만들었지만 예술이 아닌 경우도 있다.(예를 들어 이 책은 남에게 보여주려고 씌어졌지만 일반적인 의미에서 예술작품이 아니다.)

그래도 의도와 관객을 강조하는 행위 이론의 장점은 예술의 의미를 정확히 짚어낸다는 점이다. 예술작품을 행위로 이해한다는 주장은 사람들이 뒤샹과 워홀과 케이지의 작품처럼 당대의 상식을 벗어난 예술을 어떻게 이해하는지 설명해 준다. 그리고 논란을 일으키는 예술작품에 대한 사람들의 반응을 이해하는 데도 도움이 된다.

예를 들어 어느 예일대 졸업반 여학생이 마지막 예술 프로젝트를 위해 일부러 여러 차례 유산했다고 한다.[52] 학생의 설명에 따르면 월경주기 초반에 자원자의 정자를 수정시킨다. 그리고 월경주기 28일째 되는 날에 낙태약을 복용하면 경련이 일어나면서 하혈한다. 하혈한 피를 전시하고 비디오로 녹화해서 상영한다. 이 프로젝트가 전국적으로 보도되면서 논란이 일면서 진위를 두고 토론까지 벌어졌지만 예일대 측에서는 거짓이라고 발표했다.

한편 피에로 만초니Piero Manzoni의 가장 유명한 작품으로 그의 대변을 담은 캔 90개 시리즈가 있다.[53] 모두 잘 팔렸다. 2002년에 테이트 미술관은 캔 하나에 61,000달러를 주고 사들였다. 여러 가지 점에서 흥미로운 작품으로 본질주의라는 주제와도 잘 연결된다. 긍정적인 전염의 전형적인 예이기 때문이다. 우리가 어떤 물건에서 쾌락을 얻는 이유는 그 물건을 만든 사람이나 사용한 사람의 흔적이 물건에 배어 있다고 믿기 때문이다. 만초니는 "진정 예술가의 지극히 사적이고 내밀한 물건을 원한다면 그의 똥을 가지면 된다."고 말한다. 게다가 훌륭한 유머도 구사했다. 일부러 캔을 완전히 압열멸균하지 않고 조금 틈을 두어서 나중에 똥이 든 캔 절반 정도가 박물관이나 개인 소장품으로 전시되다가 터지는 사고가 일어났다.

사람들은 파격적인 작품에 다양한 반응을 보인다. 충격적이고 어리석은 짓이라고 비난하기도 하고, 감탄하면서 큰 즐거움을 얻기도 한다. 여기서는 찬반양론을 펼칠 생각이 없다. 다만 사람들이 혹평을 퍼부을 때도 적어도 일종의 창조적 행위로 생각한다는 사실을 지적하고 싶다. 사람들은 예일대 학생이 왜 유산을 했고(학생의 프로젝트가 사실이라면) 예술가가 왜 자기 똥을 캔에 넣었는지 이해한다.

그뿐 아니라 폴락의 예처럼 작품에 대한 감상은 주로 창작 행위를 어떻게 생각하는지에 달려 있다. 작품에 담긴 창작의 가능성을 무시한다면 어설픈 예술로 생각해서 아무런 즐거움을 얻지 못한다. 물론 조롱하는 즐거움을 제외하면 말이다. 만초니의 작품을 볼 때와 렘브란트의 작품을 볼 때는 태도가 다르다.(다만 테이트 미술관 웹사이트의 설명에 따르면 똥을 캔 안에 넣기가 결코 쉽지 않다고 한다.)[54] 작가의 아이디어에 끌려야 작품에도 매료될 수 있다.

그래서 흔히 현대미술과 포스트모던 미술을 부정적으로 바라보는 것이다. 평론가 루이스 메넌드Louis Menand가 지적하듯 예술에 대한 관심이 '예술이란 무엇인가'에서 '예술을 어떻게 하는가'로 옮겨 갔다.[55] 기존의 예술은 세상에 존재하는 대상에 관심을 둔다. 반면에 현대미술일수록 표현하는 과정 자체에 관심을 둔다. 따라서 현대미술을 감상하려면 특수한 전문 지식을 갖추어야 한다. 렘브란트의 그림은 누구에게나 감동을 주지만 셰리 레빈Sherrie Levine의 〈샘/뒤샹의 모작Fountain/After Marcel Duchamp〉과 같은 작품은 소수 엘리트층만 이해할 수 있고, 실제로도 일부 엘리트들만 즐긴다. 언젠가 만초니는 작품 받침을 거꾸로 뒤집어놓고 이제 지구 전체가 그의 작품이 되었다고 천명했다. 나는 이 일화를 읽으면서 재미는 있지만 열 살짜리 어린아이 농담과 같다고 생각했다. 하지만 예술계에 깊이 몸담은 사람들 생각은 다를 것이다.

연극 〈아트Art〉는 초심자와 전문가 사이의 팽팽한 긴장을 그린다.[56] 이 작품은 세르주가 흐릿한 대각선의 흔적만 남은 하얀 캔버스를 액자도 없이 구입해서 친구 마크에게 보여주는 장면으로 시작한다. 마크는 이렇게 말한다.

마크: 이런 형편없는 그림에 10만 프랑이나 썼다고?

(세르주는 나중에 다른 친구에게 불평을 터트린다.)

세르주: 마크가 이 그림의 진가를 몰라봤다고 탓하는 게 아니야.
그 친구는 훈련을 못 받았으니까. 오랜 훈련과정을 거쳐야 알아볼
수 있거든.

세르주의 주장만 옳다고 보기는 어렵다. 나중에 마크가 그림에
있지도 않은 걸 본다고 세르주를 흉보는 대목에서는 마크의 말이
맞을 수도 있다. 전문가가 예술을 잘못 이해하는 사례를 들으면 마
크도 기뻐할 것이다. 실제로 데이비드 한젤David Hensel이 '천국에
하루 더 가까이One Day Closer to Paradise'라는 제목으로 웃는 얼
굴을 조각한 두상을 런던 왕립미술원 현대미술 공개전시에 출품
한 일이 있었다. 한젤은 조각상과 함께 밑에 받칠 점판암 받침을 상
자에 넣었다. 심사위원들은 두 개의 독립된 작품으로 오해하고 조
각상을 돌려보내고 받침만 접수했다.[57] 역사와 행위를 보는 전문가
의 눈이 늘 정확한 것은 아니다.

스포츠가 주는 감동 ▼

이 장은 지하철역 음악가 이야기로 시작해서 유명한 위조 작가
를 예로 들면서 예술 전반에 관해 논의했다. 예술적 쾌락을 제공하
는 다양한 방식을 다루면서도 행위에 초점을 맞추어 우리가 예술

작품에서 얻는 쾌락은 어느 정도 작품이 제작되는 과정에서 나온다고 설명했다.

이런 유형의 쾌락은 예술에서만 얻는 것은 아니다. 고대 그리스인들은 스포츠와 예술을 하나의 범주에 포함시켰지만 현대에는 두 가지를 함께 다루는 학문이 없다. 대학에도 예술 연구방법론으로 스포츠를 연구하는 수업은 거의 없다. 바로크음악과 대중미술을 함께 전공하는 교수는 있어도 바로크음악을 전공하면서 장대높이뛰기나 축구를 연구하는 사람은 없다.

하지만 스포츠를 빠트리는 것은 중대한 실수다. 물론 예술과 스포츠는 몇 가지 점에서 판이하게 다르다. 예술은 실용성과 거리가 멀고 아무짝에도 쓸모없을 때가 많다. 스포츠는 예술보다는 실용성에 기반을 둔다. 스포츠의 쾌락 가운데 일부는 달리기나 격투기처럼 인간이 처한 환경에서 유용했던 기술을 연마하면서 얻는 쾌락이다. 따라서 우리는 굳이 남에게 보여주지 않더라도 스포츠를 좋아할 수 있다. 그래서 예술은 관객의 기대가 중요한 축을 이루지만 스포츠는 그렇지 않은 모양이다. 친구와 스쿼시를 치는 동안 아무도 보지 않아도 여전히 경기는 경기다.

하지만 예술과 스포츠는 모두 인간의 심오한 자질을 드러내는 행위이므로 보다 심오한 차원에서 비교할 수 있다. 예술이든 스포츠든 보는 이의 감상은 행위가 일어나는 시간과 장소에 영향을 받는다. 만약 내가 소변기에 서명하고 미술대회에 출품한다면 상을 받지 못할 것이다. 다른 사람이 먼저 한 행위이기 때문이다. 뒤샹이 일찍이 1917년에 한 일이다. 어느 미술평론가는 이렇게 말한다. "새로운 것을 창작해야 업적을 이룰 수 있다. 아인슈타인은 최초로 E = MC²을 발견했다. 나중에 어떤 배우가 헝클어진 가발을 쓰고 칠판에 똑같은 공식을 휘갈겨 쓸 수는 있다. 그런다고 해서 아인슈타인이 되는 것은 아니다."[58]

스포츠에서도 누가 먼저 했느냐가 중요하다. 스포츠도 독창성을 중시한다는 뜻이다. 무하마드 알리Muhammad Ali가 1974년에 조지 포먼George Foreman을 상대로 거만하게 로프어도프Rope-a-Dope(로프를 등지고 상대의 펀치를 흘리는 기술—옮긴이)를 시도한 것이 좋은 예다. 하지만 스포츠에서 누가 먼저 했는지가 중요한 이유는 다른 데 있다. 육상선수 로저 배니스터Roger Bannister가 1954년에 1마일에 4분의 벽을 깼을 때 창조적 행위는 아니지만(그렇게 빨리 달리는 것을 생각하지 못한 것이 아니다.) 독보적이고 중요한 행위였다.[59] 배니스터의 행위가 특별한 이유는 무엇일까? 더튼은 예술에 대한 평가는 "작가가 문제를 해결하고, 난관을 극복하고, 필요한 재료를 변통하는 방식"에 따라 민감하게 영향을 받는다. 스포츠도 마찬가지다. 배니스터에게는 코치가 따로 없었다. 의과대학에 다니면서 점심시간에 친구들과 어울려 연습했을 뿐이다. 요즘은 1마일 기록 경쟁에 도전하는 선수에게 의사, 코치, 영양사, 마사지사가 따라붙는다. 육상선수가 정식 직업이라서 다른 일을 하면서 짬짬이 연습하지 않는다. 배니스터가 존경받는 이유는 이후에 1마일에 4분 기록을 낸 다른 선수들보다 훌륭한 행위를 보여주었기 때문이다.

예술과 스포츠는 행위이기 때문에 부정을 저지를 여지가 있다. 부정행위란 행위의 본질을 의도적으로 왜곡하는 일이다. 예술에서 가장 흔한 부정행위가 작품 위조지만 그 밖에 다른 부정행위도 있다. 사람들은 리스트Liszt의 〈메피스토 왈츠Mephisto Waltz〉 음반에서 더블점프의 빠르기에 경탄하다가도 녹음기술로 조작한 결과라는 말을 들으면 크게 실망한다.[60] 라이브 음악이라고 하면 열광하지만 1989년 밀리 바닐리Milli Vanilli 사건처럼 립싱크라고 하면 야유를 보낸다. 부정행위는 스포츠에서도 골칫거리다. 스포츠팬들은 1980년 뉴욕마라톤대회에서 로지 루이즈Rosie Ruiz가 2시간 32분도 안 되는 기록으로 우승했다는 소식에 감동하지 않는다. 중간에 지하철을 탔다는 사실이 밝혀졌기 때문이다. 마찬가지로 투수가 스핏볼(공의 일부에 침을 묻혀서 던지는 반칙 변화구—옮긴이)을 던지거나 권투선수가 글로브 안에 석고를 바른 사실이 드러나면 사람들의 관심이 차갑게 식는다.

그 밖에도 스테로이드를 비롯한 약물을 복용해서 인위적으로 실력을 끌어올리는 부정행위도 있다. 작가 말콤 글래드웰Malcolm Gladwell의 말처럼 스테로이드는 '정직한 노력'을 방해하는 물질로 알려져 있다.[61] 스테로이드를 복용한 운동선수는 실력을 인정받지 못한다. 그런데 스테로이드가 비타민이나 운동기구나 값비싼 기능성 수영복처럼 공인된 방법보다 훨씬 나쁜 이유는 무엇일까? 내가 지도하는 대학원생 아이잣 자루디는 뉴헤이븐과 뉴욕의 미국인들에게 스테로이드의 도덕성을 어떻게 생각하는지 조사하여 대다수가 스테로이드를 강력히 비난한다는 결과를 얻었다. 흥미롭게도 스테로이드를 비난하는 이유를 말하는 사람은 없었다. 간혹 건강에 좋지 않다는 이유를 들기는 했지만 건강에 아무런 영향을 미치지 않는 스테로이드가 있다면 어떻게 생각하느냐고 묻자 여전히 스테로이드를 엄격히 금해야 하고 스테로이드를 복용한 선수는 부정행위를 저지르는 것이라고 대답했다.[62]

이러한 직관에는 논리적 근거가 없다. 그리고 이런 종류의 믿음은 지나칠 정도로 순응성이 강하다. 시험관아기가 처음 소개됐을 때는 모두가 충격에 빠졌지만 지금은 일부 까다로운 사람들만 반대할 뿐이다. 마찬가지로 지금은 충격적이어도 언젠가는 상식으로 자리 잡을 일들도 있다. 스테로이드에 대한 도덕적 비난도 대개 새로운 현상을 두려워해서 생기는 본능적인 보수주의에서 기인한다.[63]

게다가 글래드웰의 지적처럼 기술의 발전이 누군가에게 불공정한 혜택을 줄지 모른다는 우려에는 왜곡된 부분이 있다. 기술의 도움을 받는 것이 남보다 강한 유전자를 타고나서 뛰어난 기량을 발휘하는 것보다 부당하다고 생각하는 이유는 무엇인가? 사실 우리는 본능적으로 중요한 진정한 차이가 있다고 생각한다. 타고난 재능을 높이 평가하는 이유는 자식에게 물려주는 능력이기 때문일 것이다. 그래서 흔히 타고난 능력은 높이 평가하면서도 기술로 끌어올린 능력은 경시한다.[64] 앞에서 아름다움을 논의할 때도 지적한 바 있다. 사람들은 모발이식이나 성형수술로 가꾼 아름다움보다

타고난 아름다움을 선호한다. 타고난 아름다움을 선호하는 태도
는 진화론으로 설명되므로 함부로 무시하기 어렵다. 물론 공정하
다는 뜻은 아니다.

과시 본능과 추한 예술 ▼

예술과 스포츠는 특히 높이 평가받는 행위다. 사회적으로 예술
과 스포츠를 뒷받침하는 구조가 있다. 가령 예술학교와 스포츠캠
프, 「롤링스톤Rolling Stone」지와 「스포츠 일러스트레이티드Sports
Illustrated」, 루브르 박물관과 양키스타디움, 일간지에서 예술과 스
포츠를 다루는 지면이 그렇다. 하지만 행위를 보거나 직접 표현하
는 데서 얻는 즐거움은 보다 일반적이고 원초적이다.

발달심리학에서는 오래전부터 아이들이 누가 가르쳐주지 않아
도 관심 있는 물건에 주의를 끌려고 손으로 가리키고 손을 흔들고
끙끙거리는 소리를 내는 모습에 감탄했다. 단순한 동작처럼 보이
지만 인간 이외의 다른 동물은 하지 못하는 동작이다. 다른 사람
과 생각을 나누려는 욕구는 언어와 문화를 비롯해 인간을 인간으
로 만드는 중요한 요소다.

그 밖에 인간을 인간으로 만드는 중요한 요소로 특정한 기술을
과시하려는 욕구를 들 수 있다. 유아는 재주넘기를 하고, 무너지지
않도록 블록을 쌓고, 외발로 선다. 재주를 과시하는 행동이다. 부모

에게 칭찬을 들으려고 하는 행동이기도 하지만 간혹 혼자 있을 때도 이런 행동을 한다. 혼자 놀면서 즐거움을 얻는 것이다.

한편 경쟁심을 부추기는 행위도 있다. 세계 어디든 사람이 사는 곳에는 달리기와 레슬링이 있다. 모든 행위가 경쟁이 될 수 있다. 한 아이가 트림을 하면 다른 아이가 트림을 하기 시작하면서 곧바로 트림 경쟁이 붙는다. 일곱 살 아이가 이야기를 하면 다른 아이는 더 재밌는 이야기를 하려 한다.(이렇게 소설이 탄생했다.) 십 대 아이들이 둘러앉아 돌아가면서 농담을 던지며 웃음을 끌어낸다.(이렇게 스탠드 업 코미디가 시작됐다.) 육상선수가 자신의 이전 기록을 뛰어넘으려고 노력하듯이 과거의 자기와 경쟁하기도 한다.(우리 동네에 사는 경제학자 레이 페어Ray C. Fair는 마라톤을 한다. 그는 자신의 기록을 비교하면서 나이를 먹을수록 기록이 떨어지는 추세를 계산한다.)[65] 낱말 맞추기와 스도쿠는 지켜보는 사람이 없어도 잘하고 싶어 하는 인간의 독특한 성향을 보여주는 좋은 예다.

인간은 집요하고 창조적이며, 인간이 창조하는 행위에는 제약이 없다. 나는 여덟 살 때 세상에서 가장 빠른 아이가 되지 못할 것이라고 깨달았지만 스카이콩콩은 제법 타는 편이라 몇 달 동안 연습해서 스카이콩콩 오래 타기 세계기록에 도전했다. 물론 성공하지 못했다. 우리 집에 『기네스북Guinness Book of World Records』이 있어서 얼마나 오래 타야 기록을 깰 수 있는지 알고 있었다. 더튼이 지적하듯 『기네스북』은 인간이 남을 이기고 싶어 하는 분야를 총망라한 대단한 책이다.[66]

그러나 모든 행위가 동등하지 않은 이유는 진화적 적응도에서 수준이 다르기 때문이다. 어떤 이는 스도쿠의 고수가 되어 쾌락을 얻기도 하지만 체스만의 지적인 풍요는 경험하지 못한다. 세계 구운 치즈 먹기대회[67]의 승자(47킬로그램의 '흑인 과부' 소냐 토마스)에게 감탄하긴 하지만 무용수 루돌프 누례예브Rudolf Nureyev나 마이클 조던에게 느끼는 경외심과는 다르다. 또한 철자대회 자체는 아무 문제가 없지만 대학원생을 선발하는 자리에서는 전국 철자법 우승 경력을 고려하지 않는다. 비디오게임 '동키 콩Donkey Kong' 세계 챔피언이 되려면 엄청난 훈련과 협응 능력이 필요하겠지만 옆에서 게임하는 모습을 보면 이 친구가 인생을 허비하는 게 아닌가 싶은 걱정이 앞서 마냥 즐겁지가 않다.

일부 표현행위에는 모순된 측면이 있다. 히에로니무스 보스 Hieronymus Bosch의 그림처럼 추악한 모습을 그린 작품은 오래전부터 있었다. 뒤샹의 소변기, 만초니의 대변, 허스트Hirst의 썩어가는 소머리, 그리고 체액과 동물의 신체 일부를 이용한 현대작품이 많다. 이야기의 진위는 의심스럽지만 에드 키인홀츠Ed Kienholz의 조각은 관람객에게 구토를 일으킨다는 이유로 루이지애나 현대미술관에서 철수됐다는 이야기도 있다. 추한 예술을 추구하는 이유 중 하나는 예술이 아름다워야 한다는 고정관념에 도전하기 위해서다. 그리고 아름다움은 너무 뻔하고 편하고 접근이 용이하고 부르주아적이라는 관점이 있다.[68] 따라서 파격적이고 창조적인 예술이 되려면 아름다움에서 멀어져야 한다. 자기 작품을 보면 기분이 좋아진다는 반응을 접하고 기뻐하지 않는 예술가도 많다. 우리는 괴상한 공연에 끌리기도 하고 기이한 형상에 끌리기도 한다. 사디즘과 남을 모욕하려는 욕구처럼 인간 본성에서 정화되지 않은 일면에서 기인하는 태도다.

하지만 추한 것이 긍정적일 때도 있다. 영국의 시골에서는 얼굴 찡그리기 대회를 여는데 참가자들이 얼굴을 찡그려서 기괴한 표정을 짓는 대회다.[69] 규칙은 간단하다. 말목걸이에 얼굴을 넣고 일정한 시간 동안 최대한 흉측하거나 바보 같은 표정을 짓는다. 틀니를 넣거나 빼거나 거꾸로 끼워도 된다.[70]

여기에 주목할 만한 특징이 있다. 인간은 다양한 형태의 미술, 음악, 스포츠, 놀이에 상당한 정력을 쏟는다. 모두 자손번식에 관한 능력을 과시하는 행위로서, 지능, 창조성, 힘, 재치를 비롯한 인간의 가장 훌륭한 특질을 표현한다. 타고난 본질주의자인 인간은 자연히 행위의 역사에 끌린다. 그래서 타고난 재능이 드러날 때 쾌락을 얻는다. 하지만 한편으로 인간은 정반대로 접근할 만큼 영리해서 진화론의 관점에서 인간이 '원하지 않는' 측면을 드러내서 쾌락을 얻기도 한다. 바람직한 평등주의적 태도다. 얼굴 찡그리기 대회는 아직 올림픽 정식 종목으로 채택되지 않았지만 언젠가 그럴 날이 오길 바란다.

6

사람은 상상에서 무엇을 욕망하는가?

브래드 피트와 제니퍼 애니스턴의 결별에 촉각을 곤두세우고
드라마와 리얼리티 프로그램에 열광하는 이유

1년의 자유시간이 주어진다면

당신은 어떤 일에 가장 많은 시간을 보내겠는가?

인간은 놀이를 만들어내고, 비디오게임에 빠져 밤을 새우고,

소설을 읽고, 영화에 빠지고, 드라마와 리얼리티 프로그램에 열광한다.

이 모두는 현실이 아닌 줄 알면서 하는 일이다.

우리가 상상을 즐기는 이유는 뭘까?

이야기는 왜 감동을 줄까?

비극이 재미있는 이유는?

관음증은 어떻게 해석해야 하나?

허구와 현실 중 더 강렬한 느낌을 주는 건 무얼까?

우리는 이야기를 만들어냈지만 이제는 반대로

이야기가 인간을 규정하는 시대를 살고 있다.

미국인은 여가를 어떻게 보낼까? 정답을 들으면 놀랄 것이다. 스스로 원해서 가장 많이 하는 활동은 먹기도 아니요, 술 마시기도 아니요, 마약 복용도 아니다. 친구들과 놀기도 아니고, 운동도 아니고, 가족들과 한가하게 시간을 보내는 것도 아니다. 섹스를 가장 재미있는 행위로 꼽기도 하지만 시간관리 연구에 따르면 미국의 성인은 섹스에 하루 평균 4분밖에 쓰지 않는다고 한다.[1] 세금신고 양식을 작성하는 데 드는 시간과 거의 비슷하다.

사람들이 주로 하는 여가활동은 현실이 아닌 줄 알면서 하는 일이다. 시간을 마음대로 쓸 수 있는 자유가 주어진다면 사람들은 가만히 앉아서 상상의 세계에 빠지려 한다. 책, 영화, 비디오게임, 텔레비전[2]처럼 남이 만들어준 세계에 빠지거나, 몽상이나 환상처럼 스스로 만든 세계에 빠진다. 다른 나라는 어떤지 몰라도 영국을 비롯한 유럽 여러 나라에서 실시한 연구에 따르면 누구나 비현실적인 경험에 집착하는 것으로 나타났다.[3]

동물들은 상상에 빠져 하루를 보내지 않는다. 인간도 먹고 마시고 사랑하고, 사람들과의 관계를 돈독하게 다지고, 보금자리를 만들고, 자식을 교육하는 일처럼 보다 적응적인 활동에 시간을 쓰는 편이 훨씬 바람직하다. 그러나 두 살짜리 아기는 사자 흉내를 내고, 대학원생은 비디오게임에 빠져 밤을 새우고, 젊은 부모는 아이들 몰래 소설을 읽고, 남자들은 여자 친구를 만나는 시간보다 인터넷으로 포르노를 보면서 더 많은 시간을 보낸다. 어느 심리학자가 웹사이트에 올린 글은 문제의 요지를 정확히 짚는다. "나는 사람들이 친구들과 어울리지 않고 텔레비전에서 〈프렌즈Friends〉를 보기로 선택하는 시기와 이유에 관심이 있다."[4]

상상이 쾌락을 주는 이유는 현실의 쾌락에 맞게 진화해 온 정신 능력을 현혹하기 때문이라고 설명할 수 있다.[5] 상상을 즐기는 이유는 현실의 경험과 구별하지 못해서일 수도 있다는 뜻이다. 설득력 있는 설명이고 기본적으로는 옳다고 생각한다. 이 장에서는 이런 입장을 옹호하면서 몇 가지 중요한 함의를 다룰 것이다. 그러나 '전적으로' 옳다고 생각하지는 않는다. 따라서 이어지는 7장에서는 공포영화나 피학적 몽상처럼 다른 관점으로 봐야 하는 현상들을 탐색할 것이다. 앞서 음식, 섹스, 일상의 물건, 예술을 다루면서 설명했던 본질주의로 설명해야 하는 현상이다.

위장의 대가들 ▼

세계 어디서든 아이들은 놀이와 위장을 즐긴다.[6] 놀이의 유형과 빈도는 문화마다 차이가 있다. 뉴욕에 사는 아이들은 비행기 흉내를 내면서 놀지만 수렵채집 시대 아이들은 비행기가 뭔지도 모른다. 1950년대 미국의 아이들은 카우보이와 인디언 놀이를 했지만 요즘 아이들은 그렇게 놀지 않는다. 아이들에게 자꾸 놀라고 하는 문화가 있는가 하면 놀지 못하게 막는 문화도 있다. 그래도 언제나 놀이가 있다. 아이가 놀지도 않고 흉내도 내지 않는다면 자폐증 초기 증상으로 신경학적 문제가 있다는 뜻이다.

발달심리학에서는 오래전부터 아이들이 흉내놀이와 현실의 차이를 어떻게 이해하는지에 관심을 두었다. 네 살 정도 되면 이해력이 비교적 정교해진다. 아이에게 현실이 무엇이고 흉내놀이가 무엇인지 물어보면 정확히 이해하고 대답한다.[7]

네 살 미만의 아이들은 어떨까? 두 살 된 아이는 동물과 비행기를 흉내 내고 남이 흉내 내는 것을 이해한다.[8] 사자처럼 으르렁대면서 어슬렁거리는 아빠를 보고 도망치기는 하지만 정말 아빠를 사자라고 생각해서 도망치는 것은 아니다. 만약 아빠를 사자라고 생각했다면 공포에 질렸을 것이다. 흉내놀이는 현실이 아니라는 걸 제대로 이해하기 때문에 흉내놀이를 하면서 재미있어 하는 것이다.

아이들이 이것을 언제부터 이해하는지는 아직 밝혀지지 않았고 연구마다 엇갈린 결과를 내놓는다. 내 생각에는 영아도 조금이나 마 흉내놀이를 이해하는 것 같다. 아기와의 소통에서 이 점을 확인할 수 있다. 한 살 된 아기와 흔히 하는 놀이가 있다. 얼굴을 아기에게 가까이 대고 아기가 안경이나 코나 머리카락을 잡을 때까지 기다린다. 아기가 잡으려 하면 얼른 뒤로 빼면서 화난 척한다. 처음에는 아기가 걱정해서인지 무서워서인지 조금 놀란 반응을 보인다. 그래도 다시 얼굴을 가까이 대고 아기가 다시 잡으려고 할 때까지 기다린다. 아기가 잡으려 하면 다시 놀란 척하면서 얼굴을 뒤로 뺀다. 아기가 재미있어 한다.(아기가 눈을 찌르면 얼굴을 가까이 대는 대신 열쇠고리를 흔들어도 된다.) 흉내놀이가 가능하려면 아기는 상대가 전혀 화나지 않았고 단지 화난 척하는 것인 줄 알아야 한다.

물론 아기가 온전히 이해하는 것은 아니다. 어른들도 장난인지 진심인지 판단하기 어려울 때가 있고, 한 인간에게 러시아 소설과 같은 방대함을 기대해서는 안 된다. 찰스 다윈은 장남 윌리엄을 예로 들어 이렇게 설명한다. "아이가 네 달쯤 됐을 때 나는 아이 앞에서 이상한 소리도 내고 기괴한 표정도 지으면서 무서운 척하려고 했지만 아이는 이상한 소리든 찡그린 표정이든 모두 재미있는 장난으로 받아들였다. 아이의 웃는 얼굴을 보면 장난으로 생각하는 걸 알 수 있었다."[9] 그러나 나중에 간호사의 장난에는 속아 넘어갔다. "여섯 달이 조금 지난 어느 날 간호사가 아이 앞에서 우는 척했다. 그러자 아기는 이내 입꼬리가 올라가면서 슬픈 표정을 지었다."

놀이와 흉내는 인간만의 특징일까? 개와 늑대도 장난을 칠 때, 특히 싸움놀이를 할 때 뒤엉키면서 진지한 공격이 아니라는 신호를 보낸다. 이른바 '개들의 인사'[10]를 하면서 앞다리를 굽히고 뒷다리로 서면서 상대보다 머리를 낮춘다. 정교한 표현은 아니지만 '같이 놀고 싶다'거나 '아직 놀이 중'이라는 의미다. 넓은 의미에서 흉내놀이로 간주해도 될 것이다. 하지만 이런 놀이는 동물이 타고난 행동으로 생존에 중요한 기술을 연마하는 수단으로 볼 수 있다. 실제 싸움을 상상한 형태이므로 머릿속에 입력할 필요가 없다.

인간도 마찬가지일 때가 있다. 아이와 개가 공원에서 함께 뛰어놀 때 둘 다 같은 생각일지 모른다. 말하자면 둘 다 별 생각을 하지 않는다. 하지만 아이는 조금 더 똑똑할 수 있다. 아이는 유연한 상상력을 발휘해서 모든 현실을 흉내놀이로 처리할 수 있다. 아이에게 종이를 반으로 자르는 행동을 보여준 다음에 손가락으로 가위 모양을 만들어서 허공을 자르는 시늉을 하면 아이는 종이를 자르는 흉내인 줄 알아챈다. 단순해 보여도 인간 이외에 어떤 동물도 이해하지 못한다.

상위 표상 ▼

어떤 대상을 생각하고 추론하고 정서적으로 반응하면서 그 대상이 현실이 아니라고 이해할 줄 아는 능력은 특별하다. 상위 표상을 이해하는 능력을 갖추었다는 뜻이다. 상위 표상이란 표상에 대한 표상이다.

상위 표상이 무엇인지 알아보기 위해 다음과 같은 매우 단순한 생각을 살펴보자.

우산이 벽장에 있다.

이 문장(혹은 진술)은 사람의 행동을 설명한다. 비 오는 날 젖지 않으려면 우산을 가지러 벽장 쪽으로 갈 수 있다. 우산이 벽장에 있다고 생각하기 때문이다. 이 문장에 상응하는 행동을 생각한 것이다. 다른 동물도 비슷하게 행동할 수 있다. 예를 들어 쥐는 다음과 같은 전제를 마음속에 입력한다.

먹이가 모퉁이 옆에 있다.

이번에는 구체적으로 생각해 보자. 메리는 비에 젖고 싶지 않으니 우산을 쓰겠다고 말하고 벽장 쪽으로 간다. 메리의 행동을 보면 이렇게 이해할 수 있다.

메리는 우산이 벽장에 있다고 생각한다.

여기서 주목할 부분은 삽입된 구문을 거짓으로 생각하면서도 위 문장과 같이 생각할 수 있다는 점이다. 메리는 우산이 벽장에 있다고 생각하지만 우리는 우산이 벽장에 없다고 생각할 수도 있다. 사실 우산은 거실에 있다고 생각할 수도 있다.

이렇게 다른 사람의 잘못된 믿음을 추론하는 능력이 중요하다. 이런 능력이 있어야 가르칠 수 있다. 가르치려면 남이 나보다 적게 안다고 생각하는 기술이 필요하다. 거짓말하고 남을 속일 때도 이 능력이 있어야 한다. 어떤 사람에게 이메일을 받고도 받지 않았다고 말할 때는 상대에게 진실이 아닌 거짓 믿음을 심어주려는 것이다. 아이는 거짓 믿음을 추론하는 능력이 부족하지만 최근 연구에 따르면 쉬운 과제에서는 한 살 된 아기도 거짓을 추론할 수 있는 것으로 나타났다.[11]

상위 표상은 상상의 쾌락에서 핵심 요소다. 연극을 볼 때 관객은 이오카스테가 오이디푸스의 어머니라는 사실을 안다. 나아가 이오카스테와 오이디푸스가 그 사실을 모른다는 것도 안다. 그래서 이 희곡이 훌륭한 이야기가 되는 것이다. 문학가이자 인지심리학자인 리사 준샤인Lisa Zunshine은 〈프렌즈〉의 한 에피소드를 예로 든다.[12] 피비는 모니카와 챈들러가 사귄다는 걸 알고 장난으로 챈들러를 유혹하려 한다. 그런데 모니카는 피비가 다 알고 일부러 접근한다는 걸 알아채고 챈들러에게 피비가 접근하면 받아주라고 말한다. 피비가 창피해서 장난을 그만두게 하려는 심산이다. 그러나 피비는 또 모니카의 꿍꿍이속을 알아챈다. 그리고 친구들에게 이렇게 말한다. "쟤들은 우릴 속일 수 있는 줄 알아. 감히 '우리'를 속이려 하다니. 우리가 아는 걸 쟤들이 안다는 걸 우리가 모르는 줄 알아!"

준샤인은 또한 내가 좋아하는 「뉴요커」 시사만화를 예로 든다.

상위 표상 능력은 어떻게 발달했을까? 본질적으로 크게 다르지 않은 두 가지 설득력 있는 설명이 있다. 첫 번째는 앞의 사례에서 소개했다. 다시 말해서 사람은 현실 세계가 아니라 세계를 어떻게 생각하는지에 따라 행동하므로 그 사람의 행동을 이해하려면 보는 사람은 사실이 아니라고 생각하는 사실을 추론할 수 있어야 한다. 결국 상위 표상은 원래 남의 생각을 헤아리기 위해 진화했을 것이다.

"물론 내가 당신이 어떤 기분이길 바라는지를 당신이 알 거라고 생각하리라고 상상하는지에 관심이 있어요."

© The New Yorker Collection 1998 Bruce Eric Kaplan from Cartoonbank.com.

두 번째로 인간은 현실이 아닌 세계를 상상할 수 있어서 미래를 계획하고 아직 존재한 적 없고 영원히 존재하지 않을 세계를 평가한다. 누탈A. D. Nuttall은 이렇게 지적한다. "칼 포퍼의 말 중에서 가장 명쾌한 지적은 우리의 가설假說이 '우리를 대신해' 죽는다는 말이다. 인류는 진화론에서 제안하는 단조로운 죽음의 여정을 거부하지는 못해도 지연시키고 가볍게 만드는 방법을 찾아냈다. 가설을 용병으로 먼저 내보내서 굴복하는 모습을 지켜보는 방법이다."[13]

예를 들어 태국의 코사멧이라는 섬에 가기로 휴가계획을 세운다고 해 보자. 이 섬에 관한 지식을 동원해 여러 가지 결론에 도달한다.(가령 바닷가에 간다고 추론한다.) 여행하기 좋은 장소 같다. 그리고 일주일 동안 런던을 방문해 멋진 박물관을 구경하는 방법과도 비교해 본다. 여러 가지 추론은 서로 동떨어져 있고 지금의 현실과도 거리가 멀다. 이런 양식으로 되어 있다.

코사멧에 가면 바닷가를 거닐 수 있다.
런던에 가면 멋진 박물관을 관람할 수 있다.

이 가정이 사실이라고 생각하지 않고도 위와 같이 생각한다. 그러니까 '지금 당장' 그렇다고 생각하지 않고도 아래의 진술을 사실이라고 생각하는 것이다.

바닷가를 거닐 수 있다.

멋진 박물관을 관람할 수 있다.

당연한 말 같아도 인간에게는 이처럼 동떨어진 세계를 상상하는 능력이 있기 때문에, 다시 말해서 여러 가지 미래를 상상해서 서열을 정할 수 있기 때문에 다른 동물로서는 불가능한 방식으로 계획을 세울 수 있다. 대개 무의식 차원에서 순식간에 일어난다. 저녁에 마무리할 작업이 있어서 술에 취하지 않으려고 두 번째 마티니를 사양할 때처럼 말이다.

마티니를 두 잔 마시면 취할 거야.

하지만 보다 신중할 때도 있다. 3장에서 다윈이 엠마 웨지우드와 결혼하는 문제를 두고 찬반양론을 펼친 예를 생각해 보자.

상위 표상의 기원에 관한 두 가지 설명은 모두 진화적 적응주의를 기반으로 한다. 하지만 일단 상위 표상이 발달한 다음에는 인간의 상상력이 백일몽과 영화 관람과 독서처럼 진화적 적응의 효과가 없는 활동에도 쓰일 수 있다. 상위 표상은 흉내놀이의 핵심이기도 하다. 심리학자 앨런 레슬리Alan Leslie는 두 살짜리 아기들 앞에서 컵에 물을 붓고 컵을 다시 곰에게 붓는 시늉을 했다.[14] 아기들은 곰이 젖지 않은 사실을 알면서도 흉내놀이의 세계에서는 곰이 흠뻑 젖었으므로 닦아줘야 한다는 것도 이해한다.

흉내놀이의 세계에서는 컵에 물이 가득 차 있기 때문이다.

그리고 (현실에서처럼) 흉내놀이에서도 물이 가득 든 컵을 사람에게 부으면 흠뻑 젖는다는 사실을 이해한다. 세 살짜리 조카딸이 손가락으로 날 가리키면서 '빵!' 하고 소리치면 나는 바닥에 쓰러져 혀를 늘어뜨리고 죽은 척하지만 아이는 내가 살아 있는 걸 안다.

이야기가 비슷하게 들리는 이유 ▼

조카딸과 내가 하던 놀이를 보면 상상의 쾌락은 복잡할 필요가 없다는 걸 알 수 있다. 하지만 그것은 복잡할 때도 많고 주로 이야기 형식으로 전개된다.

이야기에 관한 유명한 이론으로 노암 촘스키Noam Chomsky와 동료들이 언어를 이해하는 논리와 유사한 이론이 있다. 촘스키는 언어의 차이를 보편적 원칙 안에서 나타나는 제한적 변화라고 설명한다.[15] 언어의 보편적 원칙은 의미의 특정한 측면이나 의미를 전달하는 구체적인 방식에 관한 기준이다. 이야기의 보편적 원칙은 곧 보편적 줄거리다.

앞에서 구체적인 예를 든 바 있다. 잠자리 속임수는 예전부터 사람들의 관심을 끌었다. 침대에서 다른 사람 행세하는 이야기는 고대 힌두 문헌에서 시작해서 히브리 성서를 거쳐 현대의 드라마 〈뱀파이어 해결사Buffy the Vampire Slayer〉에 이르기까지 수많은 이야기에 반복해서 등장한다. 잠자리 속임수가 나오는 이야기는 한 문화에서 다른 문화로 자연스럽게 전달된다. 예를 들어 영화 〈크라잉게임〉은 중국에서 〈아, 안돼! 내 여자 친구에게 페니스가 달렸다!〉라는 제목으로 개봉됐다.[16] 반전을 누설하는 제목이라 안타깝긴 하다. 좋은 이야기는 누구에게나 흥미를 불러일으킨다. 다른 문화권에서는 드라마 〈소프라노스The Sopranos〉의 세세한 에피소드를 이해하기 어렵지만 자식을 걱정하는 마음이나 친구와의 갈등이나 배신의 대가와 같은 주제는 세계 어디서나 이해할 수 있다.

소설가 이언 매큐언Ian McEwan은 이야기의 보편성을 강조하면서 19세기 영국소설에 담긴 모든 주제를 피그미침팬지의 생활에서 발견할 수 있다고 말한다. "동맹 결성과 파기, 흥하는 자와 망하는 자, 줄거리의 형성, 복수, 감사하는 마음, 상처받은 자존심, 구애의 성공과 실패, 사별, 애도."[17]

하지만 흔히 보편성을 간과하기 십상이다. 매큐언은 어느 시대의 평론가나 예술가든 스스로 아무도 시도한 적 없는 일을 한다는 자부심을 갖는다고 지적한다. 무엇보다도 모두가 철학자나 과학자처럼 사고하지 않으므로 사소한 차이가 크게 부각된다. 내가 대한민국 서울에서 지나가는 사람에게 길을 물을 때 그 사람이 내 말을 알아듣지 못한다면 언어학적으로는 영어와 한국어가 보편 언어에서 가지를 쳐서 나온 언어라는 사실을 안다고 해도 썩 위안이 되지 않는다. 또한 서점에서 소설책을 고를 때는 지극히 추상적인 차원에서는 모든 이야기는 동일하다는 점이 중요하지 않다. 윌리엄 제임스는 한때 '비숙련 목수'라는 말로 "사람과 사람의 차이는 아주 작지만 그 작은 차이가 엄청나게 중요하다."고 말했다.[18]

이야기와 언어를 비유하는 이론을 절대적으로 받아들여서는 안된다. 언어학에서는 언어의 보편성이 인체에서 언어를 전담하는 기관이나 언어 모듈 때문에 생긴다고 설명한다. 하지만 이야기를 전담하는 기관이나 이야기 모듈은 없다. 이야기가 서로 비슷하게 들리는 이유는 인간의 관심사가 크게 다르지 않기 때문이다. 예를 들어 이야기에 섹스와 가족과 배신에 관한 주제가 자주 나오는 이유는 이것이 상상력의 특징이어서가 아니라 현실에서 사람들이 섹스와 가족과 배신으로 인해 전전긍긍하기 때문이다.

상상의 세계 ▼

현실과 다른 세계를 상상하는 능력이 유용하긴 하지만 아직 우리가 왜 상상의 세계를 좋아하는지 설명하지 않았다. 이야기에 감동하고 현실이 아닌 줄 알면서도 등장인물과 사건에 감정을 이입하는 것이 이상하지 않은가? 어느 철학 논문 제목처럼 우리는 어떻게 안나 카레니나의 운명에 감동하는가?[19]

허구에서 느끼는 감정은 엄연한 현실이다. 찰스 디킨스Charles

Dickens가 1840년대에 '어린 넬Little Nell'의 죽음을 이야기했을 때 사람들은 눈물을 흘렸다. 조앤 롤링J. K. Rowling의 『해리포터 Harry Potter』 시리즈에 등장하는 인물들의 죽음에도 사람들은 눈물을 흘린다.(『해리포터』 시리즈의 마지막 작품이 출판된 후 롤링은 인터뷰에서 독자들에게 온 편지를 소개했다. 아이들뿐 아니라 어른들도 해그리드, 헤르미온느, 론, 그리고 누구보다도 해리포터를 살려달라고 애원하는 편지를 보냈다고 한다.) 내 친구 하나도 영화 〈트레인스포팅 Trainspotting〉에 나오는 한 인물만큼 누군가를 미워해 본 적이 없다고 말했고, 또 특정한 허구 세계를 보면 감정이 북받쳐서 견디지 못하는 사람도 많다. 나는 등장인물의 고통을 사실적으로 표현하는 영화를 보지 못하고, 어떤 사람은 당혹스런 상황에 초점을 맞추는 코미디를 보지 못한다. 그런 코미디를 보면 기분이 나빠진다고 한다.

허구에서 느끼는 감정은 현실에서 느끼는 감정에 비해 강도가 약하다. 영화에서 사람이 상어에게 잡아먹히는 장면을 볼 때는 실제로 누군가 상어에게 잡아먹히는 현장을 목격할 때보다 정서적 반응이 강렬하지 않다. 하지만 생리적 차원이든 신경학적 차원이든 심리적 차원이든 어느 면에서 보나 감정 자체는 현실이지 허구가 아니다.

감정이 현실이기 때문에 심리학에서는 허구의 경험을 이용해 감정을 연구하고 조작한다.[20] 실험심리학에서 슬픔이 논리적 추론에 도움을 주는지 방해하는지 알아보려면(그나저나 좋은 연구 주제다.)

우선 피험자에게 슬픔을 느끼게 해야 한다. 하지만 실험을 위해 피험자의 인생에서 일부러 슬픈 사건을 끄집어낼 필요는 없다. 그보다는 〈애정의 조건Terms of Endearment〉 같은 영화의 한 장면을 보여주는 방법이 있다.(데브라 윙거가 연기한 주인공이 병원에서 암으로 죽어가면서 마지막으로 자식들을 만나는 장면이 적절하다.) 한편 임상심리학자는 뱀 공포증으로 찾아온 환자에게 직접 뱀을 던져 주고 공포를 극복하라고 강요할 필요가 없다. 공포 대상을 '상상'하도록 지시하고 서서히 상상의 강도를 실제 대상에 가깝게 높이는 방법이 있다. 점차 상상한 뱀에 대한 반응과 실제 뱀에 대한 반응이 같은 수준에 맞춰진다. 어차피 둘 다 똑같은 공포다.

허구에서 느끼는 감정이 현실이라면 어느 정도는 허구의 사건을 현실로 받아들인다는 뜻이 아닌가? 허구의 인물이 실제로 존재하고 허구의 사건이 실제로 일어난다고 생각하기도 할까? 물론 인간은 잘 속는다. 부모가 아이에게 산타클로스와 이빨 요정과 부활절토끼 이야기를 들려주거나 어른들이 영화를 다큐멘터리로 착각하거나 반대로 다큐멘터리를 영화로 오해하기도 한다. 하지만 여기서는 문제가 더 흥미롭다. 허구인 줄 알면서도 마음 한구석에서 현실로 생각한다는 뜻이기 때문이다.

허구와 현실을 구별하기가 어려울 수 있다. 사실을 이야기 형식으로 읽으면 그 사실을 진실이라고 믿을 가능성이 크다는 연구 결과가 있다.[21] 그럴 법하게 들리는 이유는 대체로 이야기가 진실을 전달하기 때문이다. 1980년대 말 런던을 배경으로 한 소설을 읽으면 그 시대와 장소의 사람들이 어떤 대화를 나누고 어떤 음식을 먹고 어떻게 욕하는지에 관해 다양한 정보를 얻을 수 있다. 친절한 소설가는 이런 정보를 이야기의 배경에 배치해야 하기 때문이다. 보통 사람이 법률회사나 응급실, 경찰서나 감옥, 잠수함이나 집단 폭력에 관해 알고 있는 정보는 직접 경험하거나 신문기사를 보고 얻은 것이 아니다. 대부분 이야기에서 얻은 것이다. 텔레비전에서 경찰 관련 드라마를 보면서 경찰의 업무에 관한 온갖 지식을 섭렵하고, 〈조디악Zodiac〉 같은 실화를 바탕으로 한 영화를 보면서 더 풍부한 지식을 얻는다. 사람들이 역사소설과 같은 특정 유형의 허구를 찾는 이유는 따로 힘들이지 않고 사실을 배우기 위해서다.

간혹 상상과 현실을 혼동해서 너무 멀리 갈 때도 있다. 『다빈치 코드The Da Vinci Code』가 출간된 후 스코틀랜드의 관광산업이 호황을 맞았다고 한다. '성배'가 묻힌 장소라는 소설의 주장을 곧이곧대로 믿는 사람들이 스코틀랜드로 몰려든 것이다. 그런가 하면 배우와 그가 연기한 인물을 혼동하는 경우도 있다. 〈스타 트렉〉에 출연한 레너드 니모이Leonard Nimoy는 보스턴에서 이디시어를 쓰는 러시아 이민자 가정에서 태어난 배우다. 하지만 사람들은 그를 벌컨 행성에서 온 스포크 선장과 혼동했다. 당혹스러운 경험이었는지 니모이는 『나는 스포크가 아니다I Am Not Spock』라는 책을 내기도 했다.(20년 후에는 다시 『나는 스포크다I Am Spock』라는 책을 출간했다.) 최초의 의학 드라마 중 하나인 〈마르쿠스 웰비Marcus Welby, M. D.〉에 출연한 로버트 영Robert Young이라는 배우는 의료

상담을 요청하는 편지를 수천 통이나 받았다고 한다.[22] 나중에는 사람들의 혼동을 이용해서 흰 의사가운을 입고 텔레비전 광고에 나와 아스피린이나 디카페인 커피를 선전했다. 요컨대 사실과 현실의 경계가 모호할 때가 많다.

하지만 『안나 카레니나』를 읽고 눈물을 흘리는 독자는 안나가 소설 속 인물이라는 것을 잘 알고, 조앤 롤링이 집의 요정 도비를 죽였을 때 슬퍼한 독자도 도비가 실제 인물이 아닌 줄 안다. 앞서 언급했듯이 어린아이도 현실과 허구의 차이를 이해한다. "이런저런 일이 현실일까, 가상일까?"라고 물으면 제대로 이해하고 있는 것이다.

그렇다면 사람들은 왜 이야기에 감동할까?

사람들은 왜 이야기에 감동할까? ▼

데이비드 흄은 높은 탑에서 철창 밖으로 몸을 내미는 사람을 예로 들어 "그는 완벽하게 안전한 줄 알면서도 겁내지 않을 수 없다."고 말했다. 몽테뉴Michel de Montaigne도 비슷한 의미에서 "제아무리 현자라도 벼랑 끝에 서면 어린아이처럼 떤다."라고 말했다. 내 동료인 철학자 타마르 겐들러Tamar Gendler는 그랜드캐니언 스카이워크를 예로 든다.[23] 협곡 서쪽 끝에서 20여 미터 튀어나온 유리 통로다. 그 길에 서면 전율이 일어난다. 짜릿함을 맛보려고 먼 훗면

지 길을 달려오고도 무서워서 한 발짝도 내딛지 못하는 사람도 있다. 완벽하게 안전하지만 여전히 사람들은 두려움을 느낀다.

겐들러는 두 편의 중요한 논문에서 이와 같은 반응을 일으키는 마음의 상태를 설명하기 위해 새로운 개념을 제시했다. 바로 '가假 믿음alief'이라는 개념이다.[24] 믿음은 사물이 '실제로' 어떤지에 대한 생각이다. 가믿음은 보다 원초적인 태도로서, 사물이 어떻게 '보이는지'에 대한 반응이다. 앞의 몇 가지 예에서 믿음은 안전하다고 안심시키지만 가믿음은 위험하다고 경고한다. 폴 로진의 연구에서 사람들은 아무리 새 변기라도 그 안에 담긴 수프를 먹지 않으려 하고, 배설물 모양의 초콜릿 퍼지를 먹기 싫어하고, 장전하지 않은 총이라도 머리에 대고 방아쇠를 당기려 하지 않는다.[25] 겐들러의 개념에 따르면 여기서 변기가 깨끗하고, 초콜릿은 초콜릿일 뿐이고, 총에는 총알이 들어 있지 않다는 생각이 믿음이다. 하지만 믿음보다 한층 어리석은 가믿음은 '위험한 물건이야! 피해!'라고 경고한다.

가믿음은 기본적으로 사람들이 현실로 믿는 사건과 현실처럼 보이거나 현실로 상상한 사건 사이의 차이에 다소 무감각하다고 전제한다. 자연히 상상의 쾌락과 연결된다. 관음증처럼 남이 성관계를 맺는 모습을 보면서 쾌락을 얻는 사람은 영화에서 배우들이 사랑하는 장면을 보고도 쾌락을 얻는다. 현실에서 똑똑한 사람들이 살아가는 모습을 지켜보기를 좋아하는 사람은 텔레비전에서 배우들이 똑똑한 척 연기하는 장면을 보고도 같은 정도의 쾌락을 얻는다. 상상은 일종의 '가벼운 현실'이다. 현실에서 원하는 쾌락을 가까이 하지 못하거나 너무 위험하거나 번거로울 때 쓸모 있는 대안이다.

인간은 여러 가지 방식으로 가믿음을 활용하여 유쾌한 현실 세계의 대리 경험을 창조해 왔다. 이야기를 만들거나 아이와 함께 놀아주는 방법으로도 대리 경험을 만들 수 있다.(부모가 아이를 공중에 들어 올려 날아오를 때의 기분을 느끼게 해 주는 놀이를 생각해 보라.) 무대나 화면에 등장하는 배우들을 상상의 대리인으로 여기면서 현실과 가상의 거리를 좁히기도 한다. 그리고 몽상을 통해 자기만의 유쾌한 가믿음을 형성하기도 한다. 포커 세계대회에서 우승하거나 대도시 위를 날아다니거나 특정 인물과 사랑을 나누면 좋겠다는 생각이 들면 눈을 감고 그 경험을 상상하기만 해도 어느 정도 쾌락을 맛볼 수 있다.

(별것 아닌 것처럼 보여도 인간 이외의 다른 동물에게는 없는 능력이다. 개도 꿈을 꾸긴 하지만 개가 공상에 빠지는지는 알 수 없다. 우리 집 개는 온종일 아무것도 하지 않는다. 지금 이 글을 쓰는 동안에도 내 옆에 앉아서 나를 쳐다본다. 인간은 혼자 있을 때 계획도 세우고 공상에 잠기거나 환상의 세계를 헤매지만[26] 우리 집 개도 그러는지는 모르겠다. 개의 머릿속에 뭐가 들어 있는지 아무도 모른다. 인간과 진화상 거리가 가장 가까운 동물에게도 같은 질문을 던질 수 있다. 가령 원숭이는 자위를 많이 하는 동물로 유명하지만 원숭이도 자위하면서 성적 환상에 빠질까? 중국작가 임어당이 "사람과 원숭이의 차이는 원숭이는 권태만 느끼지만 사람은 권태를 느끼는 동시에 상상의 날개를 펼 줄도 안다는 점이다."[27]라

고 말했는데 과연 옳은 말일까?)

상상 속에서 우리는 행위자이자 주인공으로 등장한다. 심리학에서 자주 쓰는 용어를 빌리자면 '자아도취'에 빠진다.[28] 공상과 환상이 이런 식으로 작동한다. 예를 들어 직접 상을 타는 모습을 보지 않고도 상을 타는 모습을 상상한다. 또 일부 비디오게임에서는 뛰어다니면서 외계인에게 총을 쏘거나 스케이트보드를 타는 것 같은 착각을 일으킨다. 시각 자극을 통해 실제로 우주공간을 돌아다니는 것 같은 착각을 일으킨다. 심리학 연구에 따르면 이야기를 읽을 때 자연스럽게 나타나는 현상이다.[29] 독자는 등장인물의 머릿속에 들어간 것처럼 이야기를 체험한다.

독자는 등장인물이 모르는 정보를 알기도 한다. 철학자 노엘 캐럴Noel Carroll은 영화 〈조스Jaws〉의 첫 장면을 예로 든다.[30] 십 대 소녀가 캄캄한 밤에 수영하는 장면에서 관객은 소녀의 관점에서만 보지 않는다. 소녀는 기분이 좋지만 관객은 서서히 공포에 사로잡힌다. 소녀가 모르는 사실을 알기 때문이다. 그리고 관객에게는 저 유명한 불길한 배경음악이 들리지만 소녀에게는 들리지 않는다. 소녀는 지금 상어가 사람을 공격하는 영화 속에 있다. 관객은 그 사실을 알지만 소녀는 평범한 하루를 보낸다고 생각할 뿐이다.

현실에서도 같은 방식으로 공감이 생긴다. 실제로 상어가 다가오는 줄도 모르고 신나게 수영하는 사람을 본다면 같은 기분에 휩싸일 것이다. 우리는 허구 세계든 현실 세계든 동시에 등장인물의 관점과 자신의 관점에서 상황을 이해한다.[31]

여기서는 이야기의 일반적인 매력을 소개한다. 모든 이야기는 사람의 이야기이고, 우리는 사람들과 그들의 행동에 관심이 있다. 인간이 사회 집단에 관심을 갖는 이유도 진화적 목적 때문이라고 볼 수 있다. 실제로 인간의 진화에서 언어의 주된 역할은 사회 정보, 특히 소문을 전달하는 기능이라는 주장이 있다.[32]

그렇다고 상상의 세계에 반드시 인간이 등장하는 것은 아니다. 내가 이 글을 쓰는 중에 『인간 없는 세계The World Without Us』라는 책이 출간됐다.[33] 인간이 멸종한 이후 지구의 모습을 그린 책이다. 이처럼 인간 사회가 전혀 등장하지 않는 세계는 극단적인 예외일 뿐이고, 대부분 처음에는 사회가 존재하지 않는 듯 보이지만 결국에는 인간의 이야기일 때가 많다. 대중을 위한 과학서적과 다큐멘터리 중에서 성공한 사례는 대부분 과학자나 그들의 역사나 개인의 역경에 관한 이야기다. 리사 준샤인은 인간 사회를 다루지 않는 소설에서도 사회와 무관하게 자연을 묘사한 예를 찾기는 어렵다고 지적한다. 그리고 이렇게 덧붙인다. "일부 허구에서 사회와 무관한 자연 묘사가 풍부하게 나오는 이유는 상대적으로 적어서 눈에 잘 띄기 때문이다."[34] 그리고 이반 투르게네프Ivan Turgenev의 소설처럼 자연 묘사에도 다분히 의도가 담겨 있다. 존 러스킨John Ruskin의 표현대로 자연물에 생각, 감각, 감정을 불어넣는 행위인 '감상의 오류pathetic fallacy'가 나타난다.

사람에 대한 관심은 몇 가지 기이한 쾌락을 끌어낸다. 인류 역사는 주로 중요한 사람들의 행위로 점철되어 있다. 위인은 보통 사람의 삶을 지배하고, 보통 사람은 위인에게 배우고, 위인 앞에 몸을 낮추고, 위인의 분노를 피해야 했다.[35] 수천 명이 모여 사는 사회든, 수백만 명이 모여 사는 사회든, 수십억 명이 모여 사는 사회에서든 항상 나타나는 현상이다. 예를 들어 다이애나 황태자비의 죽음은 세상을 뒤흔들었고, 2005년에 브래드 피트와 제니퍼 애니스턴의 결별도 전 세계에 큰 파장을 일으켰다. 인간은 사회적 정보에 갈증을 느낀다. 유명인에 관한 소문과 이야기들은 우리와 상관없는 사람들에 관한 쓸모없는 이야기로 갈증을 해소해 준다. 굶어 죽어가면서 열량 없는 감미료를 털어 넣는 것과 같다.

정말 그럴까? 허구가 주는 쾌락은 우연의 산물일 뿐일까? 사건이나 인물이 실제인지 가상인지 상관없이 같은 감정을 느낄까?

일각에서는 지나치게 단순한 논리라면서 이야기의 쾌락에 관한 적응주의적 설명을 찾으려 한다. 준샤인은 인간이 이야기를 즐기는 이유는 사회기술을 연습할 기회를 얻기 위해서라고 말한다.[36] 타인의 마음을 헤아려보는 좋은 연습이라는 것이다. 심리학자 레이먼드 마르Raymond Mar와 키스 오틀리Keith Oatley는 허구에는 전문적인 사회 기술을 습득하는 기능이 있다고 제안한다.[37] 데니스 더튼과 스티븐 핑커는 사람들이 허구의 세계에서 현실의 심각한 문제를 해결할 방법을 찾는다는 주장을 연구한다.[38] 핑커는 이렇게 말한다. "삶이 예술을 모방한다는 진부한 표현은 맞는 말이다. 어떤 예술은 삶이 모방하는 대상으로서 존재하기 때문이다."

나는 이야기에는 그 이상의 기능이 있다고 믿는다. 이야기는 도덕적 가치를 심어주고 도덕적 변화를 일으키기도 한다. 나는 다른 글에서 철학자 마사 누스바움Martha Nussbaum을 비롯한 학자들의 주장을 근거로 이야기에는 사회를 건강하게 유지하는 기능이 있다고 밝혔다.[39] 이를테면 이야기에는 노예제의 해악을 깨우치는 것과 같은 새로운 도덕적 통찰이 담겨 있어서 사람들을 설득하고 사회를 건강하게 유지하는 역할을 한다. 그리고 이야기는 외로움을 덜어주기도 한다. 이야기를 통해 친구도 사귀고 이성을 유혹하기도 한다. 뛰어난 이야기꾼은 이성에게 매력을 발산한다. 그리고 다음 장에서 설명하겠지만 이야기는 특히 불쾌한 상황에서 어떻게 할지 안전하게 연습하는 장이기도 하다.

이야기에서는 이상의 모든 것이 가능하다. 하지만 이런 이유로 이야기가 존재하는 것은 아니다. 진화론의 관점에서는 불필요한 기능이다. 특정한 현실 경험에서 쾌락을 얻고 현실과 상상을 완벽하게 구별하지 않는 사람이라면 이야기에서 쾌락을 얻는 능력은 덤으로 주어지는 행운의 사건일 뿐이다.

슬프고 강렬한 이야기 ▼

새뮤얼 존슨Samuel Johnson은 『셰익스피어 입문Introduction to

Shakespeare』에 이렇게 썼다. "비극이 재미있는 이유는 허구인 줄 알기 때문이다. 살인과 배신을 현실이라고 생각하면 더 이상 재미있지 않을 것이다."[40]

새뮤얼 존슨은 훌륭한 작가지만 O. J. 심슨 사건을 접하지 못했다. 이 사건을 알았다면 현실의 비극도 사람들에게 큰 기쁨을 선사한다고 생각했을 것이다. 사실 셰익스피어 비극도 사람들이 현실에서 구경하고 싶어 하는 사건들을 그린다. 그래서 섹스, 사랑, 가족, 부, 지위를 둘러싸고 일어나는 복잡하고 팽팽한 사회적 관계를 다룬다.

비극적인 사건이든 보통의 부정적인 사건이든 현실이 허구보다 더 큰 관심을 끈다. 회고록이 허구로 밝혀지면 판매량이 떨어지지 올라가지 않는다. 지난 수십 년 동안 끔찍한 사건(수전 스미스가 자녀들을 익사시킨 사건이나 워싱턴 D. C.에서 일어난 총기난사 사건)이 일어나면 곧바로 영화가 제작됐다. 사건의 현실성이 흥미를 북돋운다는 얘기다.

지금까지 우리의 감정은 현실과 상상의 차이를 민감하게 구별하지 못한다고 설명했지만 그렇다고 해서 현실과 상상의 차이에 전혀 관심이 없다는 의미는 아니다. 대체로 현실의 사건이 허구의 사건보다 감동적이다. 사건이 현실에 영향을 미치기 때문이기도 하고(영화 속 저격수는 우리가 사랑하는 사람을 쏘지 못하지만 현실에서는 가능하다.), 사람은 대체로 현실 세계의 행동이 담고 있는 의미를 곱씹어보기 때문이기도 하다. 영화가 끝나거나 쇼가 취소되면 등장인물도 사라진다. 햄릿의 친구들이 그의 죽음을 어떻게 받아들일지 걱정한다면 오히려 이상한 행동이다. 애초에 친구들은 존재하지 않는다. 햄릿의 친구들에 관한 새로운 소설을 쓸 수는 있다. 반면에 현실의 모든 사건에는 과거가 있고 미래가 있기 때문에 우리가 감정적으로 영향을 받는다. 그래서 심슨이 살해한 것으로 추정되는 희생자의 가족들이 쉽게 떠오른다.

하지만 상상이 더 강렬할 때도 있다. 인공감미료가 설탕보다 달듯이 허구의 사건이 실제 사건보다 큰 감동을 주기도 한다. 여기에는 세 가지 원인이 작용한다.

첫째, 허구 속 인물들은 현실의 친구나 가족보다 재치 있고 명석하고 흥미진진한 모험을 감행한다. 나 역시 주변 사람들의 삶과 얽혀 있지만 내 주변에는 대부분 교수, 학생, 동네사람들뿐이다. 전체 인류에 비하면 작은 한 부분일 뿐이고, 분명 가장 흥미로운 부분은 아닐 것이다. 내가 사는 세계에는 과거의 상처를 안고 연쇄살인범을 쫓는 고독한 경찰도, 마음씨 착한 매춘부도, 경구를 읊어대는 뱀파이어도 살지 않는다. 내가 아는 한 아버지를 죽이고 어머니와 결혼한 사람도 없다. 하지만 상상의 세계에서는 별별 인물을 다 만날 수 있다.

둘째, 인생은 아주 천천히 흘러갈 뿐이고 긴 세월이 흘러도 특별한 일은 일어나지 않는다. 심슨 재판은 몇 달이나 끌었고 재판과정 대부분은 특별히 언급할 거리도 없이 지루하게 진행됐다. 그러나 이야기는 이런 문제를 해결해 준다. 평론가 클라이브 제임스Clive

James는 "허구는 삶에서 지루한 부분을 걷어내고 남은 것"이라고 말했다. 그래서 〈프렌즈〉에 나오는 친구들이 현실의 친구들보다 재미있는 것이다.

마지막으로 상상력의 기술은 현실에서 얻지 못하는 자극을 제공한다. 소설 한 권은 주인공의 출생에서 죽음까지 전개되면서 우리가 살면서 한 번도 겪어보지 못할 상황에서 어떻게 행동하는지 보여준다. 현실에서는 남이 무슨 생각을 하는지 알 수 없는 반면에 소설에서는 작가가 알려준다.

타인의 마음을 들여다보는 '정신적 친밀감'은 문학에만 국한되지 않는다. 같은 목적으로 창작되는 다른 예술 장르에도 적용된다.[41] 연극에서는 배우가 관객을 향해 독백하면서 속으로 무슨 생각을 하는지 알려준다. 뮤지컬에서는 노래로 생각을 밝힌다. 텔레비전과 영화에서는 내레이션으로 들려준다. 요즘은 널리 보급되어 있지만 처음 이런 기법이 도입됐을 때는 획기적인 발견이었을 것이다. 아이들은 사람들이 생각을 큰소리로 말하는 모습을 처음 보고 무슨 생각을 할까? 아마 짜릿한 경험일 것이다.

친밀감을 느끼게 해 주는 또 하나의 기법으로 클로즈업이 있다. 관음증은 고전영화 〈이창Rear Window〉에서 최근의 〈디스터비아 Disturbia〉에 이르기까지 많은 영화의 주제였다. 하지만 영화 자체가 타인의 마음에 관한 호기심을 충족시켜주는 독특한 장르다. 영화 밖에서 타인을 가까이 들여다보면서 그 사람은 돌아보지 않게 할 방법이 어디 있겠는가? 철학자 콜린 맥긴Colin McGinn은 이렇게 적었다. "침실과 욕실을 훔쳐보면서 흥분하는 사람이 있다지만 영화 관객은 그들의 대상(희생자)의 사생활이나 영혼을 더 가까이 들여다볼 수 있다."[42]

따라서 현실에는 현실 나름의 흡인력이 있고 책, 연극, 영화, 텔레비전의 상상 기법에도 그 나름의 힘이 있다. 다행히 어느 한쪽만 선택할 필요는 없다. 두 가지 모두에서 이점을 취할 수 있다. 가령 현실의 사건을 소재로 상상의 기술을 더하여 보통의 현실적 지각보다 더 흥미롭고 강렬한 경험으로 발전시킬 수 있다. 우리 시대에 발명된 한 가지 예술 형식을 가장 좋은 예로 꼽을 수 있다. 중독성이 강해서 큰 성공을 거둔 형식으로, 바로 〈더 리얼 월드The Real World〉, 〈서바이버Survivor〉, 〈어메이징 레이스The Amazing Race〉, 〈피어팩터Fear Factor〉 같은 리얼리티 프로그램이다. 리얼리티 프로그램보다 좋은 방법이 어디 있겠는가?

7

사람은 왜
불합리한 유혹에 빠지는가?

잔혹한 영화를 보기 위해 줄을 서고
끔찍한 사고 현장을 보려고 차의 속도를 줄이는 이유

인간은 복잡한 존재다.

현실이라면 충격적인 일들을

가상 세계에서는 아무렇지 않게 저지르고,

끔찍한 공포에서 쾌락을 느끼기도 한다.

공포영화에 열광하고,

좀비나 도끼를 휘두르는 사이코패스나 늪지의 괴물에게

무고한 사람들이 살해당하고 고문당하고 잡아먹히는 장면을 보려고

극장 앞에 줄지어 기다리고,

고속도로에서 사고 현장을 구경하려고 차의 속도를 줄인다.

또한 기꺼이 고통을 감수하기도 한다.

고추와 같은 향신료나 블랙커피와 같은

음료를 마시면서 쾌락을 느끼고,

사우나에 들어가 열을 견디고,

롤러코스터를 타면서 멀미와 공포를 견딘다.

왜 그럴까?

영화에서 어린 소녀의 머리를 수술하면서 두개골에서 얼굴을 떼어내는 장면을 보고 싶은가? 아마 아무도 보고 싶지 않을 것이다. 심리학자 조너선 헤이트와 동료들은 대학생들에게 머리 수술 영상을 보여주고 기분 나쁘고 구역질난다는 평가를 받았다.[1] 끝까지 본 학생이 몇 명 되지 않았다. 원숭이를 때려서 정신을 잃게 한 다음 뇌를 숟가락으로 떠서 접시에 담는 장면을 보여줄 때도 같은 반응이 나왔다.

　6장에서는 상상의 즐거움에 관한 단순한 이론을 살펴보았다. 인간의 마음은 경험이 현실인지 허구인지 중시하지 않는다는 이론이었다. 현실에서 남이 성관계를 맺는 모습을 보고 흥분한다면 영화에서 배우들이 성관계를 맺는 장면을 보고도 흥분할 것이다. 사랑과 배신에 관심이 있다면 사랑과 배신을 그린 소설에도 흥미를 느낄 것이다. 상상의 즐거움은 현실의 즐거움에 기생한다.

하지만 온전한 설명은 아니다. 현실에서는 끔찍하거나 지루하거나 우울한 사건이 상상의 세계에서는 강렬한 즐거움을 선사하기도 한다. 사람들은 눈물을 흘리게 하고 꿈자리를 뒤숭숭하게 만들고 분노하게 만드는 소설도 재미있게 읽는다. 현실이라면 충격적인 일들을 가상 세계에서는 아무렇지 않게 저지르기도 하고, 공상에 빠질 때 기분 좋은 상상만 하는 것도 아니며, 행복한 사람도 끔찍한 공포에 집착한다. 이 장에서는 그 이유를 밝히고자 한다.

최고의 이야기란? ▼

이야기는 실제 사건의 대체물이라는 점에서 최고의 이야기는 그것이 이야기라는 것을 잊게 하는 이야기다. 작가들은 그런 이야기를 쓰고 싶어 한다. 엘모어 레너드Elmore Leonard는 작가에게 관심이 쏠리고 정작 이야기에서는 멀어지게 만드는 요소를 멀리하라고 경고한다.[2] 리처드 라이트Richard Wright는 "독자를 단어와 밀착시켜서 단어는 잊고 오직 자기 반응만 의식하도록" 만들고 싶다고 썼다.[3]

독서할 때는 독자의 노력이 필요하다. 반면에 영화를 볼 때는 비교적 쉽게 몰입할 수 있다. 공포영화를 보면서 몸을 웅크리고 손가락 사이로 흘끔거리는 관객도 있고, 초창기 영화 관객들은 배우가 스크린 안에서 총을 겨누고 발사하면 비명을 지르면서 손으로 막으려 했다는 얘기도 있다. 영화는 가상현실에 가장 접근하는 매체로서, 철학자 콜린 맥긴의 말처럼 커다란 화면으로 최선의 경험을 제공한다.[4] 따라서 작은 텔레비전 화면으로 보거나 심지어 컴퓨터 모니터 한쪽 구석에 화면을 띄우고 옆에 이메일을 확인하거나 다른 인터넷 창을 띄워놓고 보면 영화 체험의 진가를 느끼지 못한다.

영화 기술은 궁극적으로 무엇이 현실이고 무엇이 허구인지 명확히 인지하는 것이 현실과 허구의 유일한 차이가 되는 수준까지 발전할 것이다. 그리고 언젠가는 명확히 인지하면서도 속을 날이 올 것이다. 사람들은 꿈을 꾸듯이 생생한 가상체험에 돈을 쓸지 모른다. 어쩌면 지금도 일어나는 일일 수 있다. 데카르트René Descartes는 자신의 모든 경험이 거짓이고 사악한 악마의 속임수에 넘어갔을지 모른다고 걱정했다. 어쩌면 우리는 커다란 통 속에 든 뇌이거나 매트릭스 안에 살고 있는지 모른다. 철학자 로버트 노직Robert Nozick은 이런 우려를 쾌락을 끌어내는 기술로 승화시켜서 가상현실 장치를 상상한다.[5] 엄청난 쾌락을 느끼면서 살지만 애초에 장치에 들어가기로 선택했던 기억은 지워지는 장치다.(혹시 지금 행복한가? 어쩌면 노직의 장치에 들어가 있는지 모른다.)

마찬가지로 다소 투박한 기술이지만 주변 사람들이 배우들을 고용해 스릴러나 로맨틱 코미디의 세계를 만들어서 우리를 그 안에 가두고 빠져나가지 못하게 한다고 상상해보자. 우리는 이야기인지도 모른 채 이야기 속 주인공으로 살아간다. 이야기가 끝나면 허무하겠지만 이야기 속에 있을 때는 마치 현실인 것처럼 흥미로울 수 있다.

그래도 아직 뭔가 부족하다. 책이나 영화와 같은 매체에서 즐거움을 얻으려면 타인이 의도적으로 상상한 세계라는 사실을 인지해야 한다.

미술에서 한 가지 예를 들어보자. 모르는 집에 들어간다. 거실로 가서 창문을 내다본다. 잔디밭에서 기저귀 찬 아기가 담요 위에 누워 낮잠을 자고 있다. 기분 좋은 풍경이라 자세히 보려고 창문 가까이 다가간 순간 창문은 사라지고 극사실주의 그림인 트롱프뢰유trompe l'oeil라는 것을 깨닫는다. 그 순간 마음속의 스위치가 돌아간다. 그림을 살펴보면서 감상하는 즐거움을 맛보지만(아기는 여전히 보기 좋은 대상이다.) 이번에는 풍경이 아니라 놀라운 작품에 감동한다. 조금 전과는 다른 강렬한 감상의 대상으로 마음이 움직인다.

다음으로 비행기에서 뒷자리에 앉은 연인의 속삭임을 엿듣는다고 생각해 보자. 속삭임에 정신이 팔리기도 하고(그 여자랑 키스했어? 아니, 하고 싶었지. 멍청한 놈), 일상적인 내용은 흘려듣는다.(전구 샀어? 주방 찬장에 있잖아. 아니 없어. 아니 있어.) 어느 쪽이든 나나 다른 누구를 위한 대화가 아니다. 세상에 존재하기는 하지만 내적 성질에 따라 호소력이 달라지는 것이다.

그런데 이 상황이 사실은 연극의 한 장면이고 뒷자리 연인이 사실은 나를 위해 대화를 나눈 것이라면 어떨까?[26] 마음속에 스위치가 돌아가면서 새로운 눈으로 보게 된다. 이제 두 사람의 대화에는 요점이 생긴다. 우리는 이제 대화에 영향을 받기도 하고, 지혜나 상상력에 감동하기도 하고, 뻔히 예상되거나 조악한 내용에 실망하기도 한다. 실제 상황이라고 생각할 때와는 다른 반응이 나온다.

허구는 행위의 한 형태다. 우리는 창작자의 기교와 지혜에서 즐거움을 얻는다. 이야기를 장악하는 사람, 설득하고 매혹하고 잘못된 길로 인도하는 사람, (적어도 그 분야에서는) 우리보다 똑똑한 사람의 손에 놀아나면서 느끼는 즐거움이 있다.

유머가 가장 좋은 예다. 웃음은 사회적 사건에서 유발된다. 현실은 별다른 재미가 없다. 어떤 사람이 길을 가다가 혼자 큰소리로 웃는다면 휴대폰으로 통화하고 있거나 문득 재미있는 일이 생각났거나 아니면 정신이 이상한 사람일 수 있다. 웃기는 상황은 대부분 인위적으로 만들어낸 상황이다. 예를 들어 '바나나 껍질을 밟고 미끄러지는' 고전적인 시나리오가 있다.[7] 어떤 사람이 걸어가는 장면을 시작으로 바나나 껍질이 등장하고 남자가 바나나 껍질에 다가가는 모습이 나온 다음 다시 바나나 껍질이 나오고 남자가 껍질을 밟고 넘어진다. 재미있는 장면일 수도 있다. 물론 같은 장면을 이미 수천 번을 보지 않았거나 배우가 깜짝 놀라는 표정을 생생하게 연기했다면 말이다. 하지만 현실에서는 재미있는 상황이 아니다. 나는 몬트리올에 오래 살아서 사람들이 미끄러져 넘어지는 모습을 자주 보았다. 잠시 멈칫하거나 도와주려고 다가가거나 모른 체하고 지나가는 사람은 있어도 웃는 사람은 본 적이 없다. 극중에서나 재미있지 현실에서는 재미가 없다.

(부연하자면 '바나나 껍질'을 밟고 미끄러지는 사람을 보고 웃을 수는 있지만 슬랩스틱 코미디에 대한 경의의 표현으로 무심코 웃는 것일 뿐이다.)

찰리 채플린Charlie Chaplin이 영화에 바나나 껍질 시나리오를 비틀어 표현한 장면이 나온다. 남자가 걷는 모습이 나오고 바나나 껍질이 보이고 남자가 바나나 껍질에 접근하는 모습이 나오다가 다시 바나나 껍질이 보이고 남자가 껍질을 밟으려다 말고 훌쩍 뛰어넘었는데 결국 뚜껑 열린 맨홀에 빠진다. 채플린식 비틀기다. 또 언젠가는 남자가 바나나 껍질을 뛰어넘고 트럭에 치이는 장면을 본 적도 있다. 이런 장면들이 재미있는 이유는 가상의 끔찍한 죽음이 나와서이기도 하지만(이 주제는 나중에 다루겠다.) 주로 감독에게 유쾌하게 속았기 때문이다. 웃음으로 박수를 대신하는 것이다. 공포 영화에도 비슷한 설정이 있다. 불길한 음악을 배경으로 십 대 소녀가 옷장을 여는 장면이 클로즈업되고 긴장이 점점 고조되다가 쾅 소리와 함께 갑자기 뭔가 튀어나오는데 알고 보니 고양이다. 이번에도 관객들은 웃는다. 기발한 창작의 지혜를 알아보고 오해하도록 의도한 장치라는 것을 이해하기 때문이다. 현실에는 이런 장치가 없다.

상상의 세계가 의도적으로 만들어진 세계라는 사실을 잊을 때도 있다. 영화나 책에 '무아지경'으로 빠져서 현실감을 살리기 위한 장치를 알아채지 못하고 작가나 감독의 존재도 잊는 것이다. 창작자의 존재는 배우의 의상이 어울리지 않거나 대화의 현실감이 떨어질 때처럼 뚜렷한 문제가 있을 때 특히 부각된다.

하지만 사람들은 허구 세계를 의도적 창작으로 자각하지 못하면서도 창작자의 선택을 민감하게 알아챈다. 우리는 창작자의 선택에 반응하고 우리의 반응은 장르에 대한 경험에 따라 미묘하게 달라진다. 획기적인 발명인 래프 트랙laugh track(관객의 웃음소리를 녹음한 테이프—옮긴이)은 웃음의 전염성을 이용해 텔레비전 코미디를 훨씬 재미있게 만들어주는 장치이지만 요즘은 값싼 속임수로 인식되어 래프 트랙을 트는 프로그램이 많지 않다. 엄밀히 말하면 '텔레비전 프로그램'의 웃음에 대한 반응이 달라진 것이지, 웃음 자체에 대한 반응이 달라진 것은 아니다. 이를테면 초상화에 대한 서구인의 취향은 오랜 세월에 걸쳐 변화해 왔지만 사람들의 얼굴 자체는 달라지지 않은 것과 마찬가지다.

작가 제이콥스A. J. Jacobs는 19세기 프랑스에서 극장마다 박수부대를 동원한 일에 주목한다. 박수부대는 극장에서 박장대소하고 앙코르를 외치고 울어주는 사람들이다. 제이콥스는 울음소리를 녹음해서 텔레비전 프로그램에 삽입하는 기발한 아이디어를 생각해 낸다.[8] 예를 들어 의학 드라마에서 '소프트볼 선수가 이마에 방망이 파편이 박힌 채 등장할 때 조용히 훌쩍이는 소리가 나다가 흐느껴 우는 소리로 바뀌는 것'이다. 처음에는 낯설고 몰입에 방해가 될지 몰라도 일단 널리 통용된 다음에는 녹음된 울음소리가 없는 프로그램을 보면 오히려 더욱 놀랄 것이다.

과학저술가 스티븐 존슨Steven Johnson은 『바보상자의 역습 Everything Bad Is Good for You』이라는 도발적인 책에서 사람들의 기대가 어떻게 변화했는지 설명한다.[9] 오늘날 20~30년 전에 제작된 텔레비전 프로그램을 보면 괴로운 경험일 수 있다. 속도가 매우 느리고 줄거리는 단순하고 시도 때도 없이 웃음소리가 터져 나온다. 존슨은 옛날 프로그램을 요즘의 〈24〉 같은 프로그램과 비교한다. 요즘은 줄거리 여러 개가 복잡하게 얽혀있고 대화가 간결하고 생생하다. 그만큼 시청자의 취향이 달라졌다는 뜻이다. 존슨은 사람들의 지능이 높아진 결과라는 도발적인 주장을 펼치지만 나는 '텔레비전에 관한 지능'이 높아졌다는 쪽으로 다소 온건한 결론을 내리고 싶다. 텔레비전을 잘 보는 능력이 발달했고, 이런 능력이 발달하면서 선호하는 프로그램이 달라졌을 뿐이다.

허구를 감상할 때 보이는 심미적 반응은 주로 창작자의 재치, 지혜, 기지에 대한 반응이다. 스포츠, 음악, 그림을 감상할 때 행위에서 쾌락을 얻듯이 창작자의 다양한 재능에서도 즐거움을 얻는다.

그 밖에도 쾌락을 주는 인간관계가 있다. 아이들이 엄마가 해 주는 이야기를 좋아하는 이유는 단지 친밀하기 때문이다. 그리고 작가의 도덕관에 대한 감탄과 심지어 경외심까지 불러일으키는 소설이 있다. 문학가 조셉 캐럴Joseph Carroll은 디킨스 소설에서 데이비드 코퍼필드가 죽은 아버지의 책들을 발견하는 장면을 예로 든다. "데이비드가 책에서 얻은 것은 단지 마음의 치즈케이크 한 조각이 아니라 모든 소망이 이루어진 것 같은 일시적인 환상이다. 그리고 그런 책을 쓴 위대하고 복잡한 인간 존재의 감정과 이해로 가득한 활기차고 강력한 삶의 이미지이다."[10]

이야기는 안전하다 ▼

마음속 스위치를 돌리면, 다시 말해서 현실에서 일어난 사건이라고 생각하다가 의도적 창작으로 보기 시작하면 특유의 심미적 쾌락이 일어난다. 다른 효과도 있다. 일단 허구라는 걸 알면 현실의 경험보다 안전할 것으로 기대할 수 있다.

'안전'이란 어떤 의미일까? 문자 그대로 안전하다는 뜻도 있다. 현실에서는 술집에서 싸움을 구경하다가 맥주병이 내 얼굴에 날아올 수 있고, 남의 대화를 몰래 엿듣다가 걸려서 창피당할 수도 있다. 하지만 책이나 영화에서는 걱정하지 않아도 된다. 6장에서도 언급했듯이 허구의 중요한 특징 중 하나는 가장 은밀한 순간에 사람들의 얼굴과 몸을 가까이 볼 수 있다는 점이다. 상대의 눈을 들여다봐도 상대가 돌아보지 않는 일은 허구에서나 가능하다.

게다가 허구에서는 모두가 안전하다. 허구 속 인물이 끔찍한 일을 겪으면 보는 이의 마음이 아플 수는 있다. '가믿음'에 의해 상상한 사건을 실제 사건인 양 반응하기 때문이다. 하지만 현실로 돌아오면 아무도 영향을 받지 않는다는 명백한 사실에 마음이 놓인다.

그래서 허구에서는 감정이입으로 치르는 대가가 크지 않다.

이야기가 안전한 세 번째 이유는 다소 미묘하다. 현실 세계는 그저 '존재'한다. 신의 손길이 세상 모든 곳에 미친다고 믿지 않는 한, 우리네 삶의 대부분은 특별한 의미가 없다. 잘못 걸려 온 전화벨 소리에 잠에서 깨서 다시 잠을 이루지 못한다면 그저 재수 없는 일일 뿐이다. 아침에 총을 봤다고 오후에 총알이 발사되리란 법은 없다. 하지만 이야기에는 우연한 사건이 없다. 영화에서 주인공이 한밤중에 전화벨 소리에 잠이 깨는 장면은 중요한 의미를 담는다. 누군가 주인공이 집에 있는지 확인하려고 전화를 건 것이다. 주인공의 도플갱어일지도 모른다! 혹은 단순히 잘못 걸려 온 전화라 해도 주인공은 다시 일어나 욕실로 가서 거울을 들여다보다가 남편이 자기를 사랑한 적이 없었다는 사실을 깨닫는다. 사람들은 잠을 자고 이메일을 확인하고 화장실에 가고 텔레비전을 보면서 인생의 대부분을 흘려보내지만 영화에는 이런 자잘한 활동이 거의 나오지 않는다. 감독이 하려는 말과 관계가 없기 때문이다.(삶에서 흥미롭지 않거나 우연히 일어나는 사건에 초점을 맞추는 실험적인 영화가 있기는 하지만 이것 역시 감독의 의도에 따른 선택이다.) 우리는 모든 사건에는 목적이 있다는 이야기의 특징을 알기 때문에 무엇을 기대하고 무엇을 좋아할지 이해한다.

안타깝게도 이야기가 어떻게 전개될지 예상하기 때문에 영화를 보는 재미가 떨어지기도 한다. 이야기의 안전한 특징이 도를 넘는 셈이다. 제임스 본드가 알바니아 빈민가 지붕에서 아름다운 덴마크인 암살자를 추격하면서 건물 사이를 뛰어넘는다. 충분히 재미있긴 하지만 전율이 일어날 정도는 아니다. 조금이라도 영화를 아는 사람이라면 본드가 떨어지지 않을 줄 알기 때문이다. 본드는 결코 쓰러지지 않는다. 만약 제임스 본드 영화에서 오프닝 자막이 나간 후 본드가 암살자를 추격하면서 건물 끝으로 달려가다가 바나나 껍질을 밟고 미끄러져서 비명을 지르며 길바닥으로 떨어진다면 꽤 재미있을 것이다. 그리고 엔딩 자막이 올라오는 것이다. 하지만 그럴 리가 없기 때문에 영화가 주는 즐거움이 반감된다. 그래서 아이들이 어른보다 스릴러영화를 더 재미있게 보는 모양이다. 아직 영화의 관례를 모르기 때문이다.

현실의 쿠키, 상상 속 쿠키 ▼

어른들처럼 아이들도 '옛날 옛적에'라는 말을 들으면 마음속 스위치가 돌아가서 허구와 현실을 구별하기 시작한다. 아이들도 배트맨은 실존 인물이 아니지만 친구들은 옆에서 살아 숨 쉬는 존재라고 생각한다. 이야기책에서 벌어지는 환상적인 사건은 현실이 아니고, 이야기에 나오는 용과 같은 상상의 동물은 보편적인 자연의 법칙을 따르지 않는다는 사실을 이해한다. 현실의 쿠키는 만지고 먹을 수 있지만 상상 속 쿠키는 만지지도 먹지도 못한다는 걸 이해하고, 유령이나 괴물이나 마녀를 '환상'이라고 지칭하고 개나 집이나

곰을 '현실'이라고 지칭한다.[11]

　나는 심리학자 디나 스콜닉 와이즈버그Deena Skolnick Weisberg
와 함께 실시한 실험에서 미취학 아동도 어른처럼 '여러 개의' 허구
세계를 이해한다는 결과를 얻었다.[12] 어른들은 현실과 상상에 관한
복잡하고 상식적인 우주론을 가지고 있다는 가정에서 기획한 연
구였다. 현실 세계가 존재하는 한편으로 배트맨과 로빈의 세계, 햄
릿의 세계, 〈소프라노스〉의 세계가 존재한다. 여러 세계가 복잡하
게 뒤섞이기도 한다. 예를 들어 토니 소프라노와 마피아 패밀리의
세계가 배트맨의 세계와 만날 때 토니는 우리처럼 배트맨이 허구
의 인물이라고 생각한다.

　이 연구에 따르면 4세 아동도 복잡한 구조를 조금은 이해한다.
배트맨, 로빈, 네모바지 스폰지밥은 가상의 인물이고, 배트맨은 같
은 세계에 사는 로빈을 실존 인물로 생각하지만 다른 세계에 사는
스폰지밥을 가상 인물로 간주한다고 생각한다.

　아이들도 상상의 세계를 이해하지만 어른보다는 이해력이 떨어
진다. 가믿음이 주된 원인이다. 말하자면 마음이 현실과 상상을 섬
세하게 구분하지 않아서 생기는 문제다. 총싸움에 관한 글을 읽는
동안 빗나간 총알이 독자에게 날아올 리는 없지만 현실이 아닌 줄
알면서도 혼란스러워하거나 비통해 할 때도 있다. 앞서 6장에서는
가믿음을 상상의 세계를 수동적으로 경험하는 수용자의 관점에서
논의했지만 실제로 허구의 인물을 연기하는 사람에게 더욱 효과
적으로 적용된다. 간단한 실험을 해 보자. 사랑하는 사람에게 앞으

로 어떤 행동을 하겠다고 말한다. "네가 미워. 죽었으면 좋겠어."라고 소리치겠다고 말한다. 실험일 뿐이고 대본에 적힌 대사라고 충분히 이해시킨다.(이 책을 보여줘도 된다.) 그런데 하는 사람도 불쾌하고 듣는 사람도 기분 나쁜 말이므로 직접 해 보라고 권하지 않겠다. 마찬가지로 연인을 연기한 배우들이 실제로 사랑에 빠지는 경우도 흔하다. 그리고 심리치료에서 우울증 환자에게 행복한 것처럼 행동하라고 조언하는 경우도 마찬가지다. 웃음은 정서에 긍정적 영향을 준다.[13] 이렇듯 가믿음도 긍정적인 효과가 있다.

아이들은 모든 일을 훨씬 강렬하게 체험한다. 다섯 살짜리 아이에게 미워하는 척하면서 무가치한 아이라고 소리친다면 잔인한 행동이다. 아이들은 가장놀이인 줄 알면서 어른들보다 상상이 주는 정서적 영향을 차단하지 못한다. 가장놀이에서 학대받으면 실제로 학대받는다고 느낀다.

이보다 온건한 방법으로 아이들에게 상자를 보여주고 상자 속에 괴물이 들어 있는 것처럼 행동하도록 지시하는 실험을 실시했다.[14] 나중에 상자에 가까이 다가가 보라고 하면 아이들은 상자에 손도 대길 싫어했다. 상자 안에 정말 괴물이 있다고 생각해서가 아니라 상상 속 괴물에 신경이 쓰여서 진짜 괴물처럼 생각하기 때문이다. 아이들은 상상에 쉽게 사로잡힌다. 그래서 이야기 중에서도 아이들에게 보여주지 말아야 할 이야기가 있다. 굳이 연구 결과까지 제시하지 않아도 아이들이 공포영화를 보고 악몽을 꿀 수 있다고 예상하기는 어렵지 않다.

아이들이 어른과 근본적으로 다르다기보다 정도의 차이가 있다는 말이다. 성인도 괴물 상자 실험에 참가했다면 상자에 손을 대기 전에 잠시 망설였을 것이다. 똥 모양의 초콜릿을 먹기 싫어하거나 깨끗한 새 변기에 담긴 수프를 마시기 싫어하거나 방금 받은 수돗물인지 알면서도 컵에 '청산가리'라고 붙어 있으면 마시기 꺼리는 것과 마찬가지다.[15]

아이들이 허구에 취약한 또 하나의 이유는 이야기가 대체로 어떻게 전개되는지 아직 모르기 때문이다. 나는 디나 스콜닉 와이즈버그, 데이비드 소벨, 조슈아 구드스타인과 함께 미취학 아동에게 이야기의 도입부를 들려주고 어떻게 전개될지 선택하는 실험을 실시했다.[16] 소년이 스쿠터를 타는 이야기처럼 현실적인 도입부를 제시하기도 하고, 투명인간으로 변신하는 소년의 이야기처럼 환상적인 도입부를 제시하기도 했다. 처음에 우리는 아이들도 어른처럼 현실적인 이야기는 현실적으로 전개되고 환상적인 이야기는 환상적으로 전개될 것으로 생각하거나, 아니면 아이들은 마술적 사고에 빠지는 성향이 강하므로 모든 이야기를 환상적으로 전개시킬 것으로 기대했다. 그러나 예상을 깨고 아이들은 환상으로만 흐르지 않았다. 어떤 이야기든 현실적 전개를 선호했다.

아이들은 이야기 전개에 대한 이해가 부족하기 때문에 어떤 이야기든 안심하지 못한다. 나는 몇 년 전에 가족과 함께 〈프리 윌리 Free Willy〉 속편을 보았는데 등장인물들이 탄 배가 가라앉는 장면이 나왔다. 다섯 살이던 아들 자카리는 안절부절못하면서 사람들이 물에 빠질 거라고 중얼거렸다. 나는 모두 안전하다고 말해 주었다. 아들은 내게 이 영화를 본 적도 없으면서 어떻게 아느냐고 물었고, 나는 이런 영화가 어떻게 되는지 안다면서 유쾌한 가족영화에서는 사랑스런 아이들이 죽지 않는다고 설명했다. 내 말대로 되었고 지금은 아들도 많이 자라서 이 사실을 안다.

그런데 그해 말 집 근처 강에서 카누를 타다가 배가 뒤집힌 사고가 있었다. 겁먹은 아들은 우리 모두 물에 빠져 죽을 것이라고 소리쳤다. 모두 구명조끼를 입었고 수심이 1미터밖에 되지 않았지만 그날 아들이 '불합리'했던 것은 아니다. 신이 인간의 삶을 정해 놓았다고 믿지 않는 한 현실은 허구만큼 제약이 심하지 않다. 삶은 청소년관람가 영화가 아니고 현실에서는 사랑스런 아이들이 결국 죽기도 한다.

잔혹한 영화를 보기 위해 줄을 서는 사람들 ▼

이야기는 안전하다는 믿음에 의해 허구의 경험이 어떻게 달라질까?

우선 타인의 고통과 죽음을 즐길 수 있다. 슬랩스틱 코미디에서 길 가던 사람이 맨홀에 빠지는 장면을 보고 박장대소할 수 있다. 그 사람이 맨홀에 빠져 죽거나 평생 절름발이로 살까 봐 걱정하지 않아도 되고, 집에 있는 부인과 아이들이 상심할까 봐 안타까워하지 않아도 된다. 실제로 존재하는 사람이 아니라는 것을 알기 때문에 걱정할 필요가 없다.

폭력에 대한 인내력이 커지는 현상은 비디오게임에서 잘 나타난다. 비디오게임에서는 모의 비행과 자동차 경주 게임처럼 현실 세계의 즐거운 체험을 완화시킨 가상체험을 제공한다. 폭력도 같은 방식으로 설명할 수 있다. 비디오게임에서는 주로 흥미진진하고 도덕적으로 올바른 행동을 하는 시뮬레이션에 몰입한다. 외계인을 공격하거나 나치를 살해하거나 좀비를 죽이거나 나치 좀비를 죽여서 세상을 구하는 게임처럼 안전만 보장된다면 현실에서도 기꺼이 할 법한 행동들이다.

하지만 쾌락에는 음침한 구석도 있다. 사람들은 안전한 비디오게임에서 인간의 온갖 추악한 충동을 발산한다. 게임을 하는 사람들은 간혹 같은 팀원의 머리를 쏘거나 민간인을 차로 치거나 비행기로 건물을 들이받는다.(1982년에 제작된 '마이크로소프트 플라이트 시뮬레이터'에서 가장 눈에 띄는 목표물은 뉴욕 쌍둥이 빌딩이었다.) 얼마 전에 나는 아이들과 직접 가상 세계를 만들어가는 '심즈The Sims'라는 게임을 하면서 게임 속 캐릭터에게 며칠 동안 음식과 수면을 박탈하고 그가 비명을 지르고 구걸하고 울부짖는 모습을 지켜보았다. 그가 죽자 우리는 환호성을 올렸다.

게임의 폭력성은 나날이 강도를 더한다. '그랜드 테프트 오토Grand Theft Auto'라는 게임에서는 매춘부를 죽인다. 일본에서 수입된 '성폭행 레이Rape Lay' 같은 게임에서는 추악한 목표를 달성하는 것이 게임의 목적이다.[17] 대체 어떤 사람들이 이런 게임에 몰두하는지 궁금할 것이다. 다칠 위험이 없고 법에 저촉되지도 않고 현실의 사람들을 걱정하지 않아도 되는 안전성 덕분에 평범한 사람들이 현실에서는 보여주지 않는 가학적 충동을 발산하는 것이다.

안전성은 허구적 쾌락에 관해 오랫동안 풀리지 않는 의문을 해결하는 데 도움이 된다. 1757년에 데이비드 흄이 훌륭하게 요약한 글이 있다.[18]

> 관객은 훌륭한 비극을 보면서 슬픔, 공포, 불안처럼 현실에서라면 불쾌하고 불편했을 감정에서 이해할 수 없는 쾌락을 얻는 듯하다. 감동이 크고 심리적 여파가 강한 작품일수록 사람들이 더 좋아한다. …… 마음이 아플수록 기뻐한다. 눈물을 흘리고 흐느끼고 통곡하고 슬픔을 분출하면서 행복을 느끼고, 세심한 공감과 동정에서 위안을 얻는다.

흄은 관객이 비극을 보면서 평소에는 반갑지 않을 슬픔, 공포, 불안과 같은 감정에서 쾌락을 얻고 강렬한 감정에서 기쁨을 얻는 모습에 놀란다.

철학자 노엘 캐럴이 제안한 '공포의 역설'이라는 개념을 살펴보면 이 문제가 더 쉽게 이해된다.[19] 비극과 달리 공포영화는 미적으로나 지적으로 현실에 도움이 되는 측면이 없다. 하지만 사람들은 공포영화에 열광하고, 좀비나 도끼를 휘두르는 사이코패스나 가학적 외계인이나 늪지의 괴물이나 사악한 아기에게 무고한 사람들이 살해당하고 고문당하고 잡아먹히는 장면을 보려고 줄지어 기다린다. 예전에 본 〈열외인간Rabid〉이라는 영화에서는 아름다운 여인의 겨드랑이에서 남근이 자라는 장면이 나온다. 2000년대에 제작된 〈호스텔Hostel〉이나 〈소우Saw〉 시리즈와 같은 영화에서는 끔찍한 고문을 묘사하는 장면이 주를 이룬다. 변태적 취향을 가진 소수만 찾는 영화가 아니다. 멀티플렉스 극장에는 이혼한 여자가 다시 사랑을 찾는 드라마나 잘난 척하는 당나귀 친구가 나오는 우스꽝스런 코미디 영화 옆에 고문 포르노 영화가 나란히 걸린다.[20]

사람들이 죽음과 고통의 불쾌함을 어떻게 감당하는지만 중요한 것이 아니다. 왜 그렇게 열광하는지가 중요하다. 〈13일의 금요일 Friday the 13th〉에서 제이슨이 장난감 야구방망이가 사람들을 공격했다면 큰 인기를 끌지 못했을 테고, 〈햄릿Hamlet〉 역시 햄릿이 오래오래 행복하게 사는 이야기였다면 좋은 작품으로 남지 않았을 것이다. 사람들이 무서운 영화를 좋아하는 이유는 '무섭기' 때문이다. 외양만 보면 요즘 영화가 과거 어떤 영화보다 무섭다. 수요와 공급의 법칙이 반영된 결과다. 무서울수록 사람들이 좋아한다. 흄이 살아 있었다면 이렇게 말했을 것이다. "부정적 정서는 결함이 아니라 특징이다."

불쾌한 감정을 앞세운다고 해서 꼭 저속하다는 의미는 아니다. 2008년에 「뉴욕 타임스」에는 연극 〈폭파Blasted〉에 관한 기사가 실렸다.[21] 〈폭파〉는 연일 매진을 기록하면서 호평을 얻고 큰 인기를 끈 연극이다. 기사에서는 남자가 다른 남자를 강간한 다음 안구를 빼서 먹는 장면을 언급했다. 연극을 본 관객은 나이가 지긋하고 교양 있고 부유한 사람들이다. 그러니까 서로 남자다움을 과시하려고 안달 난 청소년들이 아니라는 뜻이다. 하지만 이 연극을 보러온 사람들 가운데 강간과 식인행위를 조금 덜어냈다면 더 인기를 끌었을 것이라고 생각하는 사람은 없다. 관객들은 바로 이런 장면을 좋아하고, 이런 장면 때문에 연극이 인기를 끈 것이다.

이런 현상에 적용할 만한 이론으로, 아리스토텔레스가 처음 제안했고 훗날 프로이트가 정립해서 유명해진 이론이 있다. 어떤 사건은 심리적 정화과정을 자극해서 공포와 불안과 슬픔을 일소하고 기분을 고양시키고 편안하게 만들어준다는 '카타르시스' 이론이다. 우리가 불쾌한 경험을 참고 견디는 이유도 결국 감정의 해소라는 긍정적 효과를 얻기 때문이라는 것이다.

실컷 울고 나면 기분이 좋아지는 정도로 가끔 경험하는 현상이긴 하지만 카타르시스 이론은 과학적으로 보면 허술한 이론이다. 정서적 경험에 정화기능이 있다는 말은 사실이 아니다. 방대한 연구에서 제시하는 사례를 인용하자면 폭력적인 영화를 보고 나서 마음이 안정되거나 편안해지지 않는다. 오히려 흥분한다. 공포영화를 보고 나서 편안하고 안전한 기분을 느끼면서 돌아가는 사람은 없다. 비극을 보면 복잡한 심정으로 극장을 나선다. 나쁜 감정을 경험하면 기분이 더 나빠지면 나빠졌지 좋아지지는 않는다. 따라서 공포와 비극이 주는 쾌락을 기분 좋은 잔향으로 설명하긴 어렵다.[22]

최악의 시나리오에 끌리는 이유 ▼

잠시 허구의 문제는 제쳐두고 다른 문제를 살펴보자. 아이들 뿐 아니라 동물의 새끼들이 싸움놀이를 좋아하는 이유는 무엇일까?[23] 아이들이 함께 뒤엉켜 싸우고 때리고 넘어뜨리면서 재미있어하는 이유는 무엇일까? 근육을 단련하기 위해서만은 아니다. 그랬다면 팔굽혀펴기나 윗몸일으키기를 했을 것이다. 가학이나 피학의 욕구도 아니다. 싸우면서 즐거움을 얻는 것이지, 남을 다치게 하거나 자기가 다치면서 즐거운 것이 아니다.

우선 싸움놀이를 연습의 한 형태라고 설명할 수 있다. 싸움은 유용한 기술이고 연습을 통해 싸움을 잘할 수 있다. 많이 싸울수록 잘 싸운다. 하지만 싸움에 지면 절름발이가 되거나 죽을 수 있고 이겨도 손가락이 부러지거나 코가 주저앉거나 온갖 고통에 시달릴 수 있다. 고통스런 대가를 치르지 않고 혜택을 누릴 방법은 없을까? 형제나 친구들끼리 놀면서 아무도 다치지 않도록 싸움기술을 단련할 수 있다. 그래서 싸움놀이가 진화한 것이다.

놀이는 대체로 안전한 연습이다. 많이 연습할수록 잘할 수 있다. 하지만 실제로 싸우면 대가가 크기 때문에 사람들은 특정한 신체적, 사회적, 정서적 상황을 설정해서 안전하게 놀이를 시도한다. 신체적 놀이인 스포츠, 지적 놀이인 게임, 사회적 놀이인 이야기와 공상을 통해 간접적으로 안전하게 새로운 상황을 탐색한다.[24]

놀이는 주로 머릿속에서 일어난다. 사람들이 왜 혐오스런 허구를 갈망하는지 설명해 주는 대목이다. 싸움놀이를 통해 현실이라면 위험했을 상황에 뛰어들듯이 상상 놀이에서는 현실이라면 불쾌하고 끔찍했을 상황에 뛰어든다. 공포소설 작가 스티븐 킹Stephen King이 주장하듯이 사람들은 현실의 공포에 대비하기 위해 상상의 공포를 만들어낸다. "강인한 정신으로 끔찍한 문제에 대처하는 방법"이다.[25]

그리고 사람들은 최악의 시나리오에 끌린다. 구체적인 상황은 크게 중요하지 않다. 좀비 영화를 즐기는 이유가 좀비들의 반란에 대비하기 위해서는 아니다. 우연히 아버지를 죽이고 어머니와 결혼한다면 어떻게 해야 할지 계획을 세울 필요도 없다. 하지만 이런 특이한 사례도 어려운 시기에 대처하기 위한 좋은 연습이 될 수 있다. 이를테면 삶이 지옥 같을 때를 대비하도록 정신을 단련시켜준다. 좀비 영화가 흥미로운 이유는 좀비가 나와서가 아니라 낯선 사람에게 공격당하고 사랑하는 사람에게 배신당하는 상황을 이야기하기 때문이다. 바로 이런 점에 매력을 느끼는 것이지, 뇌를 먹는 장면은 곁가지일 뿐이다.

공포영화도 연습의 한 종류일 뿐이다. 싸움놀이를 하지 않는 사람이 있듯이 공포영화를 보지 않는 사람도 있다. 최악의 상황에 대비하는 연습은 종류가 다양하므로 각자 원하는 대로 선택하면 된다. 〈전기톱살인마 3Chainsaw Killers III〉는 좋아하지 않아도 엄마가 암으로 죽는 〈애정의 조건〉이나 아이들과 통학버스와 절벽이 나오는 〈달콤한 후세The Sweet Hereafter〉를 보면서 상실의 깊이를 탐색할 수 있다.

한편 사람들은 고속도로에서 교통사고 현장을 구경하려고 차를 세우기도 한다. 이미 플라톤이 예견한 바 있는 인간의 고약한 심성이다. 플라톤은 『국가The Republic』에서 레온티오스가 아테네를 걷다가 방금 처형된 시체 더미를 구경한 일화를 소개한다.[26] 레온티오스는 시체 더미를 만나자 고개를 돌리고 자기 자신과 싸움을 벌이다가 결국에는 시체 더미로 뛰어가 똑바로 바라보고는 이렇게 말한다. "직접 봐라. 사악한 악마들아, 아름다운 광경을 실컷 보거라!" 시체는 현실이면서도 일정한 거리를 두고 안전하게 바라볼 수 있는 대상이고, 가까이 들여다보고픈 충동은 상상 속의 살육과 죽음에 끌리는 욕구인 셈이다.

폴 로진은 그 밖에도 사람들이 어느 정도는 기꺼이 고통을 감수하는 예를 들었다. 고추와 같은 향신료나 블랙커피와 같은 음료를 마시면서 쾌락을 느끼는 동물은 인간뿐이다. 우리는 뜨거운 욕조에 몸을 담그고 사우나에 들어가 열을 견디고 롤러코스터를 타면서 멀미와 공포를 견디거나 혀끝으로 아픈 치아를 꾹 누르거나 삔 발목에 체중을 싣는 등 일부러 가벼운 신체적 고통을 일으킨다.

'경미한 마조히즘'[27]을 모두 안전한 연습으로 볼 수 있을까? 어려울 듯하다. 매운 음식을 먹거나 뜨거운 물에 목욕하는 연습이 필요한 이유는 설명하기 어렵다. 로진의 사례를 실용성에 비추어 설명할 수는 있다. 어떤 남자가 벽에 머리를 찧고 있어서 왜 그러냐고 물으니 "동작을 멈추면 기분이 너무 좋아서"라고 대답했다는 농담이 있다. 로진의 사례에서도 고통이 가치 있는 이유는 나중에 강한 쾌감을 맛볼 수 있기 때문이다. 사람들이 뜨거운 욕조에 몸을 담그길 좋아하는 이유는 이후에 적당한 온도만 돼도 더없이 행복하기 때문이다.

자해하는 마조히스트와 치과의사 ▽

아직까지 타인에게 맞고 고문당하고 모욕당하고 싶어 하는 진정한 마조히즘은 다루지 않았다. 〈13일의 금요일〉을 보거나 매운맛 5등급 고추를 먹는 사람들을 설명해 주는 이론으로는 설명하기 어려운 특이한 사람들이다.

마조히즘을 설명하는 이론은 다양하다. 어떤 마조히스트는 지루한 일상에 길들여진 나머지 고통과 공포로 아드레날린을 분출시켜야 겨우 흥미를 느낄 수 있다. 자해하는 마조히스트의 사례에서 자해행동은 일종의 구원 요청으로서 자기 몸에 상처를 낼 만큼 절망에 빠져 있다고 호소하는 것일 수 있다.[28] 또한 일각에서 제안하듯이 상식을 벗어난 특이한 학습양식일지도 모른다. 이를테면 고통이 심해서 고통을 잊게 해 주는 아편을 찾지만[29] 시간이 흐르면서 고통보다 아편에서 얻는 쾌락이 더 커지는 것이다. 뜨거운 욕조 이론의 극단적인 형태다.

혹은 자기를 처벌하는 행위일 수도 있다. 처벌 욕구는 생애 초기에 나타나는 인간의 보편적인 특성이다. 내가 최근에 심리학자 카렌 윈, 카일리 햄린Kiley Hamlin과 함께 진행한 연구에서 아이들은 두 돌도 되기 전에 남의 공을 훔친 사람을 (음식을 빼앗는 방법으로) 처벌하는 것으로 나타났다.[30] 실험실이나 일상의 여러 가지 실험에서 어른들도 '이타적 처벌' 행동을 보이는 것으로 나타났다.[31] 사람들은 돈을 비롯한 자기 물건을 희생해서 나쁜 짓을 한 사람을 벌주려 한다. 프로이트는 마조히즘을 자기에게 가하는 사디즘이라고 설명했다.[32] 마찬가지로 심한 마조히즘은 일종의 자기 처벌이라고 볼 수 있다.

허구에서 적절한 예를 찾자면 『해리포터』 시리즈에 나오는 학대받은 집 요정 도비를 들 수 있다. 도비는 일을 그르치면 자기를 학대한다. "아, 안 돼요, 안 돼요, 주인님 …… 도비가 주인님을 뵈러 가려면 끔찍한 벌을 받아야 해요. 그러니 화덕에 귀를 넣고 문을 닫아야 해요."[33] 비단 소설 속 이야기만은 아니다. 한 연구에서는 대학생들에게 다이얼을 돌려서 스스로 전기충격을 가하도록 하는 실험을 실시했다.[34] 전기충격 장치를 연결하기 전에 살아오면서 저지른 잘못을 떠올리도록 하면 전기충격의 강도가 높아진다는 흥미로운 결과가 나왔다.

심한 마조히즘과 경미한 마조히즘의 한 가지 공통점은 고통의 강도에 대한 통제력을 자기가 쥐어야 한다는 점이다. 매운 음식을 좋아하는 사람은 입에 무엇을 넣을지 스스로 통제해야 하고, 공포 영화를 좋아하는 사람은 직접 영화를 선택하고 마음대로 눈을 감

거나 고개를 돌릴 수 있어야 한다. 그리고 사도마조히즘(SM)에서
는 마조히즘을 원하는 사람이 어떤 식으로든 '중지' 신호를 보내고
사디즘을 원하는 사람은 상대가 보내는 신호에 즉각 반응해야 한
다. 신호를 보다 적절한 말로 '안전'이라고 부른다.

　프랑스 철학자 질 들뢰즈Gilles Deleuze는 마조히즘에서는 고통
과 모욕이 핵심이 아니라 긴장감과 환상이 중요하다고 주장했는데
일리가 있는 말이다.[35] 마조히즘에서는 반드시 통제력이 필요하다.
그래서 마조히즘의 쾌락이 보통의 쾌락과 다른 것이다. 작가 대니
얼 버그너가 논란을 일으킨 소설에서 엘비스라는 말 장수는 몸에
꿀과 생강을 바르고 쇠꼬챙이에 묶여 세 시간 반 동안 구워지기로
선택한다.[36] 엄청난 고통일 것이다. 하지만 이런 엘비스도 어느 날
아침에 침대에서 내려오다가 발가락을 찧는다면 좋아하지 않을 것
이다. 의도하지 않았기 때문이다.

　가장 적절한 사례로 치과의사를 꼽을 수 있다.(사디스트와 치과의
사의 차이가 뭘까? 치과의사가 더 새로운 장비를 갖추고 있다는 정도)[37]
사도마조히즘을 다룬 한 논문에서 예로 든 여자는 남자친구와 SM
을 시도할 때는 강도 높은 고통을 원하지만 치과는 가기 싫어했
다.[38] 남자친구가 성적 마조히즘의 한 의식으로 치과 검사를 시도
해 봤지만 결국 실패했다. 치과치료는 피할 수 없는 고통이지, 자의
로 선택한 고통이 아니기 때문이었다.

가상 세계로 떠난 연구원과 현실의 쾌락 ▼

마음은 배회한다. 특별한 생각에 몰입하지 않을 때는 과거를 회상하거나 휴가계획을 세우거나 겸손하게 상을 받거나 논쟁에서 이기거나 사랑을 나누거나 세상을 구하는 공상에 빠진다. 사람이 공상하면서 보내는 시간이 얼마나 되는지 정확히 계산하기는 어렵다. 하지만 30여 년 전에 실시된 한 연구에서는 피험자에게 평소처럼 생활하면서 무작위적인 간격마다 삑 소리가 나면 그때 무엇을 하고 있었는지 기록하도록 요청했다. 사람들은 깨어 있는 시간의 절반 정도를 공상하면서 보내는 것으로 나타났다.[39]

최근의 fMRI 연구에서는 더 나아가 피험자가 반복적인 작업을 수행하는 동안 뇌의 활성상태를 살펴보았다. 피험자가 딴생각한다고 보고할 때 활성화되는 뇌 영역들 사이의 네트워크가 드러났다. 결국 기본적으로 뇌는 마음이 배회하는 영역이 활성화된 상태를 유지했다.[40] 의식을 집중해야 하는 일을 할 때만 활성화 상태가 중단된다.

사람들은 공상에 빠져 상상의 세계를 창조한다. 숲속에 들어가거나 바닷가를 거닐거나 하늘을 나는 상상을 할 수도 있다. 상상의 세계에서는 우리가 무대감독이다. 또 배역 담당자이자 시나리오작가로서 상상의 세계를 채워주고 현실처럼 우리와 소통할 인물들을 창조한다.[41] 극단적 예가 정신분열증이다. 정신분열증환자는 의식과 무관하게 '타아他我'를 창조하고 자기를 사탄이나 외계인,

혹은 CIA 요원처럼 살아있는 외부의 공작원으로 지각한다. 보통 사람들은 이런 상상 속 인물을 통제하고, 이들을 자신이 창조한 인물이란 점을 자각하며, 앞에 있지도 않은 사람들과 대화를 나누면서 말하는 연습을 하기도 한다.

상상 속 인물이 늘 따라다니면서 엑스트라나 고정 출연자로 등장하는 경우도 있다. 아이들에게는 상상친구가 있다. 심리학자 마조리 테일러는 상상친구에 주목하고 예상과 달리 상상친구가 있는 아이들은 낙오자나 외톨이나 경계선 정신증 환자가 아니라고 결론지었다.[42] 오히려 상상친구가 없는 아이들보다 사회적 적응력이 뛰어나다. 그리고 아이들은 상상친구가 오직 상상 속에만 존재한다는 사실도 정확히 이해한다.

성인이 될 때까지 상상친구가 따라다니는 예는 거의 없지만 전혀 없는 건 아니다. 테일러에 따르면 작가들 가운데 오랜 상상친구와 함께 책을 쓰면서 상상친구도 나름의 의지를 가지고 운명에 관해 의견을 내놓는다고 주장하는 사람들이 있다고 한다.[43]

공상 속에서는 온갖 쾌락을 경험할 수 있다. 공상은 자기가 완벽하게 통제할 수 있기 때문에 앞서 거론한 고통스런 놀이의 이상적인 무대가 된다. 공상은 대체로 피학적이다. 우리는 주로 실패, 모욕, 사랑하는 사람의 죽음과 같은 최악의 상황을 상상한다. 현실의 기쁨을 시연하면서 얻는 단순한 쾌락도 있다. 공상할 때는 나만의 영화를 제작하고 그 안에서는 내가 주인공이다. 제작비를 얼마든지 쓰고 내 마음대로 캐스팅하고 최고의 특수효과를 쓰고 검열도 하지 않는다.

그런데 까다로운 문제가 남는다. 공상이 그렇게 좋다면 집 밖으로 나설 이유가 없지 않은가? 공상 이외의 다른 상상의 쾌락과 현실의 쾌락을 찾는 이유는 무엇일까?

혼자 하는 상상에는 단점이 있다. 첫째, 상상한 경험은 실제 경험보다 생생하지 않다. 혀를 깨물면 어떤 느낌일지 최대한 생생하게 상상해 보라. 그리고 정말로 깨물어보라. 차이를 알겠는가? 영화 속 사실적 이미지는 혼자 상상한 이미지와 비교도 되지 않을 정도로 강렬한 성적 흥분이나 공포나 역겨움을 유발한다.

둘째, 혼자 상상한 영화에서는 내가 감독이자 시나리오작가다. 하지만 나는 이 방면에서 유능하지 않다. 스티븐 스필버그Steven Spielberg와 페드로 알모도바르Pedro Almodovar가 나보다 훨씬 영화를 잘 만들고, 코엔 형제가 나보다 시나리오를 잘 쓴다. 셰익스피어의 작품이 내가 만든 연극보다 훨씬 훌륭하다. 이 사람들은 나 혼자서 도저히 생각해 내지 못할 즐거운 환상을 창조했다. 혹은 사람들 사이에 일어나는 상호작용도 흥미로운 이야깃거리다. 심지어 고통스런 피학적 경험도 있다.

셋째, 공상에는 한계가 있다. 정신과의사 조지 에인슬리George Ainslie가 지적하듯 공상에서 가장 큰 문제는 '상상력의 빈곤'이다.[44] 그래서 공상할 때는 피학성의 강도가 줄어든다. 자기를 불쾌하게 만들기가 쉽지 않다. 그리고 현실의 쾌락을 시연하는 즐거움도 줄어든다. 현실에서는 어느 정도 통제력을 상실한 상태에서 쾌락을 경험하는데 공상에서는 상황을 완벽하게 통제하기 때문이다. 개선할 방법은 없다. 스스로 실패하기로 선택했기 때문에 실패한 것이다. 성공한다 한들 무슨 의미가 있는가?

오래전에 영화 〈환상특급Twilight Zone〉에서 이 문제를 다룬 적이 있다. 포악한 악당이 죽어서 모든 소원이 이루어지는 낙원에 떨어진다. 그곳이 낙원이라는 것을 깨닫고 깜짝 놀란 그는 초기에는 행복한 나날을 보낸다. 그러나 점차 불만이 쌓이고 권태를 느끼면서 한 달쯤 지나자 안내자에게 이렇게 말한다. "저는 천국에 어울리는 사람이 아니에요. 아시잖아요? 다른 곳으로 가고 싶어요." 안내자는 이렇게 대답한다. "도대체 왜 천국에 있다고 생각하는 거지, 발렌타인 씨? 여기가 바로 다른 곳이야."[45]

공상은 꿈과 정반대다. 꿈에서 우리는 통제력을 전혀 발휘하지 못한다. 그래서 기분 좋은 꿈이 기분 좋은 공상보다 큰 즐거움을 주고 악몽은 더욱 불쾌하다.[46]

공상을 개발하는 좋은 방법이 있다. 철학자 존 엘스터Jon Elster는 친구와 함께 공상을 발전시킬 수 있다고 제안한다.[47] 친구가 기발한 이야기를 생각해 낸다는 점에서 도움이 되기도 하지만 그보다는 남이 상황을 제약한다는 사실이 중요하다. 상대의 관심이나 욕구에 대처해야 하므로 이것이 일종의 제약으로 작용해서 쾌락을 끌어올릴 수 있다.

다음으로 가상 세계에 빠지는 방법이 있다. 가상 세계는 자동차

경주나 비행 시뮬레이터처럼 기본적인 물리적 세계에서 '세컨드 라이프'나 '월드 오브 워크래프트'처럼 본격적인 사회에 이르기까지 다양하다. 가상 세계를 공상이 발전한 형태로 보기도 한다. 게이머는 가상 세계에서 공작원으로 활약하지만 여기도 제약이 있어서 매번 원하는 것을 이루지는 못한다. 가상 세계에서는 다른 사람의 상상력에서 도움을 얻기도 한다. 예를 들어 '세컨드 라이프'에서는 혼자라면 상상도 하지 못할 경험을 접할 수 있다.

가상 세계가 점점 인기를 끌면서 웬만한 국가보다 규모가 커졌다. 깨어 있는 시간 대부분을 가상 세계에서 보내는 사람들이 있다. 앞으로 기술이 발전하면서 더욱 일반적인 현상이 될 것이다. 내가 아는 어느 심리학자는 연구조교에게 가상 세계를 체험해 보고 어떤 세계이고 사람들이 어떻게 행동하는지 조사해 오라고 지시했다. 그러나 조교는 영영 돌아오지 않았다. 현실 세계보다 가상 세계를 좋아했기 때문이다.

상상력은 모든 것을 변화시킨다. 상상력은 미래를 계획하고 타인의 생각을 짐작하기 위해 진화했지만 현재는 쾌락을 얻는 데 꼭 필요한 능력으로 자리 잡았다. 상상력을 통해 현실보다 나은 경험을 맛볼 수 있다. 상상의 세계를 창조하면서 즐거움을 얻기도 한다. 그리고 상상의 고통을 이용하면 끔찍하지만 안전한 시나리오로 연습해서 불쾌한 현실에 대처할 수 있다.

앞으로 더욱 다양한 상상이 나올 것이다. 가상 세계의 영역이 넓어져서 인터렉티브 공상이 더욱 흥미진진해지고, 기술의 발전으로 현실과 상상의 경계가 모호해질 것이다. 언젠가는 증강현실시뮬레이터인 홀로덱holodeck이나 오르가슴을 선사하는 오르가스마트론Orgasmatron 같은 장치가 등장하거나 적어도 지금보다 발전한 형태의 텔레비전이 나올 것이다.

하지만 상상에는 한계가 있다. 인간은 경험을 습득하는 데 만족하지 않는다. 머릿속으로만 생각하지 않는다. 마라톤 선수는 마라톤을 완주하는 경험을 상상하거나 마라톤을 완주했다는 믿음에 안주하지 않고 직접 뛰고 싶어 한다. 또 비행 시뮬레이터를 조작하기보다 직접 비행기를 조종하고 싶어 하고, 혼자 자위하기보다 실제로 성관계를 맺고 싶어 하며, 텔레비전 속 인물들이 나누는 재치 있는 대화를 듣기보다 사람들을 만나 대화하고 싶어 한다. 상상의 쾌락이 삶의 중요한 일부이긴 하지만 상상이 전부는 아니다.

8

쾌락이 만드는 세상

우리는
무엇을 왜 추구하는가?

2002년 대니얼 카너먼에게 노벨 경제학상의 영광을 안겨준 연구를 보면

인간이 얼마나 불합리한지 알 수 있다.

사람들은 99.99달러짜리 스피커는 사도 100.00달러라고 하면 지나친다.

집안에 총이 있으면 위험하다고 생각하지만

훨씬 심각한 수영장의 위험에는 무관심하다.

아름다움을 추구하지만 성형수술에 대해서는 민감하게 반응하고,

똑같은 아파트지만 센트럴파크의 녹지가 내려다보이는 집이

반대편 집보다 훨씬 비싸다.

세상에는 우리가 지각하는 것 이상의 무엇이 있다.

그렇다면 인간의 불합리는 어떻게 설명해야 할까?

과학은 인간의 비밀을 풀어낼 수 있을까?

그리고 인간이 좋아하는 것은 우리가 사는 세상에 어떤 영향을 미치는가?

인류 역사에서 대부분의 시기에는 텔레비전이나 인터넷이나 책
이 없었다. 인류의 조상들이 살던 환경에는 맥도날드, 피임약, 비아
그라, 성형수술, 핵무기, 알람시계, 형광등, 친자확인검사, 성문법이
없었다. 애초에 인구가 수십억 명이나 되지도 않았다.

　인간의 정신은 현대적이지 않다. 인간의 고민 대부분이 석기시
대 사람들의 심리와 현대인의 환경이 일치하지 않아서 생긴다. 비
만이 단적인 예다. 인류 역사에서 인간은 대체로 음식을 구하느라
애를 먹었다.[1] 불과 몇백 년 전만 해도 유럽의 평균 가족은 생활비
의 절반 이상을 식비에 쓰고도 식량을 충분히 구하지 못했다. 18
세기 프랑스인의 일일 열량 섭취량은 오늘날 기아에 허덕이는 아프
리카 국가의 열량 섭취량과 비슷한 수준이었다. 동물은 먹이를 구

하기 어려운 환경에서 먹을 수 있을 때 먹고 지방을 축적해놓아야 했기 때문에 달콤한 과일이나 신선한 고기를 보고도 그냥 지나치는 것은 일종의 자살행위였다. 하지만 오늘날 인류는 값싸고 양도 많고 가장 적합한 맛을 내도록 음식을 생산하는 세계에 산다. 그러나 음식을 보면 일단 먹고 봐야 하는 진화적 의무를 거역하기 쉽지 않고, 대다수 사람들에게는 불가능하게 느껴진다.[2]

한편 도로 위의 무례한 행동이나 인터넷 비방처럼 낯선 사람이 모욕하거나 시비를 걸면 피해야 한다. 화를 내 봐야 소용이 없다. 하지만 인간의 마음은 낯선 사람에 관해 정확히 판단하도록 진화하지 않았다. 남들이 나를 어떻게 생각하는지에 집착하고 낯선 사람에게 모욕을 당하면 남들 앞에서 체면이 깎일까 봐 우려한다. 그래서 운전하다가 싸우기도 하고 블로그 전쟁도 벌어지는 것이다.

마지막으로 인간은 사자와 호랑이와 곰들이 살고 식물과 새와 바위로 둘러싸인 세계에서 살면서 진화해왔다. 인간은 자연에서 쾌락을 얻고 만족을 느끼는 존재다.[3] 현대인은 자연을 보지 못한 채 평생 건물 안에 틀어박혀 지낸다. 생물학자 윌슨E. O. Wilson은 자연에서 멀어지면 영혼이 병든다면서 "자연이 우리에게 얼마나 큰 의미가 있는지 잊으면 천국에서 더 멀어진다."고 말했다.[4] 창밖을 내다볼 때처럼 잠시만 자연을 접해도 건강에 좋다는 연구 결과도 있다.[5] 병원에 입원하면 치료 속도가 빨라지고, 수감자는 병에 덜 걸리고, 애완동물과 놀면 자폐아에서 알츠하이머 환자까지 모두의 삶의 질이 향상된다.

이러한 불일치는 특히 흥미롭고 중요한 주제로서 여러 연구에서 초점을 맞추고 발달심리학에서 이론화했다. 그러나 연구자들이 간과한 부분은 인간이 순진한 방관자는 아니라는 점이다. 인간은 심리학 실험실 미로에 떨어진 쥐도 아니고 서커스에서 빙글빙글 돌아야 하는 코끼리도 아니다. 인간은 빅맥과 트윙키, 고속도로와 인터넷과 고층빌딩, 정부와 종교와 법을 만든 주체다.

이 책에서는 지금까지 인간이 좋아하는 것은 무엇이고 왜 좋아하는지 설명했다. 마지막 장에서는 다시 쾌락의 본질주의적 특성으로 돌아가서 이것이 지금 우리가 사는 세계에 어떤 영향을 미치는지 살펴보겠다.

인간의 어리석음의 연대기 ▼

아서 케스틀러는 친구의 딸인 열두 살 소녀를 예로 든다. 케스틀러는 친구의 딸을 그리니치 박물관에 데려가서 가장 아름다운 작품이 무엇이냐고 묻는다. 소녀는 넬슨 장군의 셔츠라고 대답한다. "피 묻은 셔츠가 진짜 좋아요. 역사적인 인물이 입었던 셔츠에 진짜 피가 묻은 거잖아요."[6]

케스틀러는 한숨소리가 들릴 듯한 글을 남겼다. "우리는 중력의 힘보다 우리 안의 마법의 힘에서 벗어나지 못할 것이다."[7] 여기서 마법이란 부조리를 함축하는 무거운 단어이지만 적절한 표현이다. 안락한 의자를 선호하거나 아름다운 그림을 좋아할 수는 있다. 이치에 맞는다. 하지만 죽은 사람의 셔츠를 좋아하고, 또 좋아하는 이유가 나에게 도움이 되거나 겉으로 드러난 특징 때문이 아니라 물건의 역사와 같은 보이지 않는 본질 때문이라면 이상하지 않은가? 실제로 존재하지도 않는 본질이라니! 하지만 지금까지 이 책은 음식이나 섹스 따위에 관한 인간의 어리석음의 연대기가 아니었는가? 쾌락은 그다지 중요하지 않은 요인에 영향을 받는다는 주장은 오래전부터 나오지 않았는가?

일부 심리학자들은 그렇다고 답한다. 동료 연구자 브루스 후드는 케스틀러와 같은 입장을 취하면서 그릇된 애착은 검은고양이나 귀신 들린 집에 대한 걱정과 같은 맥락이라고 말한다. 불합리하다는 것이다. 후드는 진품과 위작에 관해 "미술 평론가나 미술관 관장이 작품의 본질을 논할 때는 본질주의적 어리석음을 의미하는 것이다."라고 지적한다.[8] 후드와 동료 연구자들은 일상의 물건에 대한 기호를 연구하는 실험에서 실리를 따지는 '경제적으로 합리적인 결정'과 아이들이 담요에 애착을 보일 때처럼 감상적 이유로 물건의 가치를 정하는 '불합리한 결정'을 비교한다.[9]

인간의 불합리한 면이 드러나는 증거는 새로울 것이 없다. 아모스 트베르스키Amos Tversky와 대니얼 카너먼Daniel Kahneman의 연구를 살펴보자.[10] 2002년에 카너먼에게 노벨 경제학상의 영광을 안겨준 연구이기도 하다. 트베르스키와 카너먼은 인간이 논리적 사고와 확률추론에서 뛰어나지 않은 편이라고 주장한다. 사람들은 99.99달러짜리 스피커는 사도 100.00달러라고 하면 지나친다. 집안에 총이 있으면 위험하다고 생각하지만 (훨씬 심각한) 수영장의 위험에는 무관심하다. 이와 같은 불완전성은 놀랄 일이 아니다. 인간은 동물이지 천사가 아니다. 인간의 마음이 자연선택을 거쳐 세계를 유용하게 추론하도록 진화한 것은 사실이지만 진화는 최소의 필요한 조건을 추구해 온 과정이지 능력을 최대로 활용해 온 과정이 아니다. 인간의 마음은 지금과는 다른 세계에 적응하도록 진화했다. 따라서 현재 우리가 완벽하지도 않고 효율적이지도 않게 생각하는 것도 이해가 간다. 심리학자 개리 마커스Gary Marcus가 조심스럽게 주장하듯이 인간의 뇌에는 '클루지kluge(컴퓨터속어에서 차용한 용어로서 서툴게 짜 맞춰진 기구라는 뜻—옮긴이)'가 들어 있다.[11]

본질주의도 일종의 클루지일까? 사람들이 본질주의를 오해해 온 것은 엄연한 사실이다. 처녀와 성관계를 맺는다고 해서 에이즈를 치료할 수 있는 것이 아니고, 영어를 쓰는 사람의 시체를 먹는다고 해서 영어 실력이 늘지 않는다. 흑인이나 유대인 같은 집단을 다른 집단과 가르는 뚜렷한 본질은 없다. 최근에 피앤지(Procter & Gamble)는 영국 법정에서 프링글스Pringles는 감자칩이 아니라고 고발했다. '감자의 본질'을 함유할 만큼 감자를 충분히 넣지 않는다는 이유였다.[12] 고등법원은 당연히 피앤지의 주장을 기각하면서 여기서 아리스토텔레스의 개념까지 적용되지는 않는다고 판결을 내렸다. 말하자면 프링글스에는 본질이 없다.

따라서 흔히 본질을 생각할 때 대부분은 잘못된 믿음이다. 그렇다고 본질주의가 다 오해라는 뜻은 아니다. 이 책을 시작하면서 제기했듯이 사물에는 심오한 차원의 현실이 있다. 호랑이는 단지 이러저러한 생김새를 가진 동물이 아니라 호랑이를 호랑이이게 하는 속성, 곧 DNA나 진화의 역사와 연관된 심오한 속성을 지닌다. 금은 그저 누런색을 띤 물질이 아니다. 금을 금으로 만드는 요소는 분자구조와 관련이 있다. 사람에게도 본질이 있다. 갓난아기는 생김새가 비슷해 보여도 둘 중 하나가 내 자식이고 다른 아기는 남의 자식이라면 겉으로 드러나지 않은 유전적 특징이 중요해진다. 그런데 케스틀러 친구의 딸은 왜 넬슨의 셔츠에 묻은 피가 누구의 것인지에 관심을 보였을까? 케네디의 줄자를 5만 달러에 구입한 사람은 무슨 생각으로 그랬을까? 줄자를 산 사람은 맨해튼의 인테리어 디자이너 후안 몰리넥스Juan Molyneux였다. 그는 "줄자를 사고 맨먼저 내가 제정신인지 재 보았다."고 말했다.[13]

그렇게까지 자책할 필요는 없다. 그가 혼동해서, 가령 마법의 힘을 가진 줄자라고 생각하고 구입했다면 실수일지 모른다. 하지만 줄자를 소유했던 사람 때문에 끌렸다면 단지 취향의 문제일 뿐이다. 합리적이지는 않지만 그렇다고 비합리적인 것도 아니다. 누구는 바닐라를 좋아하고 누구는 초콜릿을 좋아한다면 각자 다른 선택을 하겠지만 어느 누구도 비합리적인 것은 아니다. 마찬가지로 사라라는 사람은 줄자의 감각적인 특징과 실용성 때문에 좋아하고 후안은 줄자의 내력 때문에 좋아한다고 해서 사라가 후안보다

현명하다거나 공정하다거나 이성적이라고 주장하거나 아니면 그 반대라고 주장하기도 애매하다.[14]

보다 일반적으로 적용한 예를 살펴보자. 앞서 나온 작가 대니얼 버그너는 비정상적인 성욕을 느끼는 사람들을 조사하다가 어느 마조히스트를 인터뷰했다. 자식들과 많은 시간을 함께 보내고 싶어서 월스트리트를 떠난 40대 남자였다. 인터뷰는 도미나트릭스(성적 쾌감을 위해 폭력을 휘두르며 성행위를 주도하는 여자―옮긴이) 영업장에서 진행됐고, 남자는 라텍스 보디수트를 입고 입만 뚫린 마스크를 쓰고 작업대에 묶인 채 인터뷰에 응했다. 성기에는 전도체 고리가 부착되고 고리는 작은 기계에 연결되어 있었다. 도미나트릭스는 기계에 전기를 연결해 말소리가 울리면 전기가 흐르게 해서 인터뷰하던 버그너도 남자를 고문하는 데 일조하도록 했다. 버그너가 조심스럽게 어린 시절에 관해 물어보자 남자는 특별할 것 없는 평범한 아이였다고 대답했다. "저는 동성애자한테 강간당한 적이 없어요. 저처럼 사는 게 이상해요? 마크 맥과이어의 일흔 번째 홈런볼을 3백만 달러에 사는 사람도 있잖아요. 누가 더 이상할까요?"[15]

솔직히 둘 다 이상해 보인다. 그렇다고 해서 어느 한쪽도 '잘못' 했다는 뜻은 아니다. 이런 상상을 해 보자. 인간과 거의 비슷하지만 뇌의 구조가 달라서 사물의 심오한 본성에 무관심한 종이 있다고 생각해 보자. 이들은 인간의 쾌락을 거의 느끼지 못한다. 소중한 결혼반지를 복제한 반지와 바꾸어도 상관하지 않는다. 친필서명이나 회고록을 수집하지도 않고, 아이들은 포근한 담요처럼 안

정감을 주는 대상에 애착을 느끼지도 않는다. 미술이나 소설 혹은 마조히즘에서 쾌락을 느끼지도 않는다. 이면에 깃든 창작 행위에 관심이 없기 때문이다. 이들이 우리보다 똑똑하거나 어리석거나 합리적인 것은 아니다. 그저 다를 뿐이다.

주관적 판단이 개입할 여지가 큰 주제다. 진실도 거짓도 아니고, 합리적이지도 비합리적이지도 않다. 옳기도 하고 그르기도 하다. 부도덕한 쾌락도 엄연히 존재한다. 고통을 유발하는 쾌락도 있다. 예컨대 아동과 성관계를 맺으면서 쾌락을 얻으려 한다면 비이성적인 행위는 아니더라도 부도덕한 행위이기 때문에 금지시켜야 한다. 식탐이 심해서 자기 몸을 망가뜨리고 남의 음식까지 탐한다면 지나친 탐욕이므로 자제시켜야 한다.

본질주의로 인해 부도덕한 행동을 하기도 한다. 앞에서 언급했듯이 사람들은 고기를 얻으려고 아이들을 죽이거나 추악할 정도로 여자의 처녀성에 집착하기도 한다.

본질주의로 인해 물질에 집착하고 살아 있는 사람들의 욕구를 무시하기도 한다. 로버트 프랭크Robert Frank와 리처드 레이어드 Richard Layard 같은 경제학자와 제프리 밀러 같은 진화심리학자는 사치품을 손에 넣으려는 집착에는 사회적 비용이 많이 들기 때문에 사치품을 습득하지 못하도록 금지해야 사회에 도움이 된다고 주장했다.[16] 철학자 피터 싱어Peter Singer는 굶주리는 아이들의 생명을 구하는 대신 값비싼 옷과 자동차에 돈을 쓰면서 생기는 도덕

적 문제를 신랄하게 지적했다.[17] 만약 우리가 본질주의자가 아닌 종
種이라면 특정한 물건에 훨씬 낮은 가치를 매기고 인간을 조금 높
게 평가했을 것이다. 우리가 누리는 쾌락에는 대가가 따른다.

과학과 종교 ▼

  사람들은 흔히 피상적이고 직접적으로 비싼 생수가 수돗물보다
맛있다거나 샤갈의 진품이 위작보다 훌륭해 보인다고 말한다. 보
는 눈이 있으면 금방 알아볼 수 있다는 것이다. 쾌락의 깊이를 이
해하지 못하는 태도다.

  하지만 다른 영역에서는 본질에 대한 관심이 분명히 드러난다.
화가나 작가의 의도를 파악하려 하거나 특히 이야기가 실화인지
허구인지를 따지는 태도에서 잘 드러난다. 사랑에 빠질 때도 드러
난다. 외모에 비해 실제 나이가 몇 살인지에 관심을 보이기도 하고,
성형수술을 했는지 보톡스를 맞았는지 모발이식을 했는지 따위에
도 관심이 많다. 일반적으로 자기 본모습을 위장하려는 시도는 도
덕적으로나 미적으로 문제가 된다. 그래서 다양한 신체적, 심리적
개선 노력을 부자연스럽게 여기는 것이다.

  자연이 주는 매력을 생각해 보자. 사람들은 산과 바다, 나무를
가까이 두고 살고 싶어 하고, 맨해튼 아파트에서는 센트럴파크의
녹지가 내려다보이는 집이 반대편으로 난 집보다 훨씬 비싸다. 사

무실 건물에는 안마당과 나무가 있고, 병문안을 가거나 연인을 만날 때 꽃을 선물하며, 집에 돌아가서는 〈동물의 왕국〉이나 디스커버리 채널을 본다. 사람들은 애완동물을 키운다. 애완동물은 구성된 사물이자(고양이와 개는 인간의 친구로 길러진다.) 사람을 대신하는 개체이자 자연세계로 이어주는 통로라는 이상한 조합이다. 그리고 사람들은 여건이 허락할 때마다 등산이나 캠핑을 가거나 카누를 타거나 사냥을 하는 등 인공적인 환경에서 벗어날 방법을 찾는다.[18]

자연 중에서도 우리가 원하는 것은 진짜 자연이다. 우리는 인공적인 자연을 불편하게 여긴다. 예를 들어 아이들이 동물처럼 데리고 놀 수 있는 로봇을 개발하면 큰돈을 벌 것이다. 실제로 여러 차례 시도가 있었지만 강아지나 고양이, 심지어 햄스터를 대할 때와 비슷한 느낌을 만들어내지 못했다. 결국 장난감일 뿐이지 반려자가 되지는 못했다. 심리학자 피터 칸Peter H. Kahn, Jr.과 동료들은 창문 하나 없는 교직원 사무실에 50인치 HD 텔레비전을 설치하고 자연 풍경을 생방송으로 보여주었다.[19] 방송에 대한 반응은 좋았지만 스트레스 관련 심박수 회복 수준을 측정하자 HD 텔레비전이 전혀 도움이 되지 않고 빈 벽을 바라볼 때와 같다는 결과가 나왔다. 실제로 스트레스를 해소하려면 유리창 너머에 잔디밭이 내다보이는 사무실에서 일하는 방법이 효과적이었다. 사람들은 진짜 자연을 원한다. 자연을 잃고 얼마나 불안해하는지 측정해 보면 자연이 얼마나 중요한지 알 수 있다.

지금까지는 일부 사람들이 본질주의를 인식하는 영역을 살펴보았다. 하지만 본질주의는 그 이상으로 적용된다. 어쩌면 우리 모두 세상에는 우리가 지각하는 것 이상의 무엇이 있다고 인지할지도 모른다. 우리가 경험하고 싶은 현실이 있다.

이것은 과학계를 움직이는 하나의 동기다. 몇 년 전에 생물학자 리처드 도킨스는 『무지개를 풀며Unweaving the Rainbow』라는 책을 펴냈다. 책 제목은 뉴턴의 물리학 때문에 무지개를 노래한 시가 빛을 잃을까 봐 우려하던 키츠에게 던지는 반박이었다. 도킨스는 걱정할 필요가 없다고 말한다. "과학이 불러일으키는 경외심은 인간 정신이 누릴 수 있는 최고의 경험 중 하나다. 심오한 아름다움을 추구하는 열정으로서, 음악과 시가 전하는 최고의 열정과 어깨를 견줄 만하다. 과학은 분명 삶을 가치 있게 만들어주는 요소 중 하나다."[20] 도킨스는 과학의 쾌락, 곧 사물의 심오한 본질을 접하는 방식의 즐거움을 의미하는 것이다.

체계적인 학문으로서의 과학은 역사가 길지 않고 심지어 과학이 존재하지 않는 사회도 있다. 서구에도 과학자보다 발 페티시스트가 많다. 하지만 도킨스의 주장은 과학의 소비자나 미래의 소비자에게 널리 영향력을 확장하는 데 목적이 있고, 도킨스의 책이 잘 팔리는 것을 보면 과학자가 아니어도 사물의 심오한 본질을 이해하는 데 관심이 있고 즐거움을 느끼는 사람이 많은 것 같다.

하지만 과학이 불가해한 현실을 이해하는 가장 대중적인 방법은 아니다. 사람들은 다른 방법으로 궁금증을 해결한다. 멘델의 유전학이나 주기율표나 파동 입자 이중성을 고민할 필요 없이 '경외심'이라는 쾌락을 얻으려 한다. 초월적 존재를 만나려는 욕구가 과학과 다른 사회조직인 종교를 통해 충족된다.

사람들이 종교를 논할 때 지칭하는 대상은 저마다 다르다. 일반적인 의미에서 종교는 세상의 이치에 관해 특정한 주장을 내세우는 신념체계라 할 수 있다. 인류학자 에드워드 버넷 타일러Edward Burnett Tylor는 이와 같은 입장을 고수하면서 1871년에 '종교를 정의하는 최소의 기준'은 신, 천사, 영혼과 같은 영적 존재에 대한 믿음이라고 썼다.[21] 영적 존재를 믿으면 종교를 가졌다는 뜻이다. 나는 타일러의 정의가 모든 종교의 공통점을 명확히 포착했다고 판단하고 지난번 저서에서 부분적으로나마 영적 존재에 대한 믿음이 어떻게 발생하는지 탐색했다. 한편 종교를 예배의식과 특수한 사회집단으로 생각하는 관점도 있다. 예를 들어 기독교인이 되려면 정해진 종교의식에 참여하고 특정한 부류의 사람들과 회합을 가져야 한다고 보는 것이다. 여기서는 종교의식의 본질이 무엇이고, 사람들이 의식에 참여하는 이유는 무엇이며, 독특한 사회집단이 어떻게 형성되는지에 관한 흥미로운 심리학적 의문이 생긴다.

하지만 종교에는 신념과 종교의식과 사회집단을 넘어선 무언가가 있는 듯하다.[22] 모든 종교가 공유하는 기본적인 특성을 넘어서 흔히 '영성'이라고 부르는 현상으로 드러나기도 한다. 영성이란 세상에는 인간의 감각체계로 지각하지 못하는 현상이 존재한다는 개념이다. 개인에게나 도덕적으로 중요한 심오한 차원의 현실이 존재한다. 사회학자이자 신학자인 피터 버거Peter Berger는 "세상에는 '다른 현실'이 존재하는데 이 현실은 인간에게 궁극적으로 중요하며 일상적인 경험이 일어나는 현실을 초월한다."는 핵심 가정을 제기한다.[23] 윌리엄 제임스는 『종교적 경험의 다양성Varieties of Religious Experience』에서 "종교는 보이지 않는 질서가 있다는 믿음이고 궁극의 선은 질서 안에서 조화롭게 사는 것"이라고 설명한다.[24] 학자들이 신성과 세속을 논할 때 자주 언급하는 내용이다. 말하자면 세속은 우리가 사는 세계이고 신성은 우리가 갈망하는 다른 현실이다.

종교의 기본 현실은 몇 가지 점에서 과학과 다르다. 우선 물리학자 스티븐 와인버그Steven Weinberg의 지적처럼 과학은 우주가 무의미하다고 설명한다.[25] 과학은 인간의 성공이나 행복에는 관심이 없다. 도덕 기준을 제시하지도 않는다. 반면에 종교의 심오한 현실은 의미, 도덕, 사랑으로 가득하다. 그리고 과학이 (현미경과 같은 도구를 통해) 심오한 현실을 설명하고 때로는 (유전자 접합과 같은 기술을 통해) 현실을 조작하기도 하지만 종교는 경험적인 수준에서 적용되는 도구를 제공하기 때문에 훨씬 강력한 위력을 발휘한다.

이것이 종교의식의 기능 중 하나다.[26] 어떤 종교의식에서는 심오한 실재(초자연적 실재)가 성물로 나타나기도 한다. 성찬식에서는 포도주와 빵을 그리스도의 피와 육신으로 간주한다.(발터 벤야민이나 엘렌 디사나야크Ellen Dissanayake 같은 학자들은 예술의 창작과정과 유사하다고 말했다.)[27] 그리고 개인이 심오한 실재에 직접 닿는 종교의식도 있다. 기도나 명상이나 그 밖에 초월적 경험이 있다. 이런 경험은 매우 중요한 의미를 담고 있다.

종교와 과학은 어느 정도 초월적인 대상에 관한 호기심을 충족시키기 위해 발달한 사회제도이지만 인간의 호기심이 종교나 과학보다 먼저 발생했다. 사실 종교가 있어야만 의식을 치르는 것은 아니다. 아이들도 즉석에서 의식을 만들 수 있다. 어떤 의식은 단순한 연관성을 반영할 수도 있고(예를 들어 행운의 신발을 신은 날 야구 경기에서 이겼기 때문에 경기를 할 때마다 그 신발을 신는다.) 또 어떤 의식은 심오한 신념체계를 반영한다. 민속학자 피터와 이오나 오피 부부Peter & Iona Opie는 아동 수천 명의 신념체계를 정리한 방대한 연구에서, 의식을 창조하려는 욕구는 인간의 본성이고 아이들은 "운명의 의식에는 겉으로 드러난 것 이상의 무엇이 있다고 본능적으로 이해"한다고 결론지었다.[28]

마찬가지로 과학자들만 사물이 어떻게 만들어졌고 어디에서 왔는지 호기심을 보이는 것은 아니다. 심리학자 앨리슨 고프닉은 미운 세 살에는 호기심이 왕성해서 세상에 대한 '실험'을 실시하면서 사람들과 사물에 행동을 가하고 결과를 주목한다고 설명한다.[29] 발달심리학계에는 오래전부터 수전 캐리Susan Carey의 연구를 시작으로 아동의 인지발달이 과학의 진보와 유사하다는 관점이 널리 퍼져 있었다.[30]

하지만 종교와 과학이 발달하기 이전 인간의 충동이 진정한 본질주의를 얼마나 반영하는지에 관해서는 회의적일 수 있다. 사실

아동은 세상을 조작하고 이해하려는 욕구가 더 강하다. 나 역시 의문이 생긴다. 1장에서 요약한 실험연구에서처럼 미취학 아동도 상식적 수준의 본질주의자라서 범주와 개인에게 보이지 않는 본질이 있다고 믿는다. 하지만 아이들에게 본질에 다가가려는 욕구가 있을까? 아이들도 본질주의를 통해 '쾌락'을 얻을까? 이 문제에 관해서는 아직 이렇다 하고 단언하기 이르다.

하지만 성인에게는 명확한 증거를 찾을 수 있다. 종교를 단호히 거부하는 사람들도 초월성에 대한 욕구를 드러낸다. 심오한 현실의 손짓을 거부하지 못하고 종교 바깥에서 반응한다. 현대의 저명한 무신론자들의 관점을 살펴보자. 앞에서 리처드 도킨스가 과학 탐구의 초월적 매력을 소개하는 책을 썼다고 밝혔다. 샘 해리스Sam Harris는 유일신교를 공격한 학자로 유명하지만 불교에 심취해서 불교는 "인간이 의식의 내적 자유를 발견하기 위한 가장 완벽한 방법론으로 어떤 교리에도 얽매이지 않는다."고 설명한다.[31] 그리고 『신은 위대하지 않다God Is Not Great』의 저자 크리스토퍼 히친스Christopher Hitchens는 신과 만나는 체험을 의미하는 '누미노제Numinose'의 중요성을 강조하고 종교나 초자연적 믿음이 없어도 신비로운 체험을 할 수 있다고 주장했다.[32] 히친스는 인간이 누미노제와 초월적 체험에 의지한다고 지적하면서 자기는 개인적으로 이런 감정을 모르는 사람을 신뢰하지 않는다고 밝힌다.

강경한 이성주의자도 초월성에 대한 갈증이 있다. 초월성에 전혀 관심이 없는 사람을 찾는다면 인간 세계에서는 찾지 못할 것이다.

경외심 ▼

초월적 경험은 아직 제대로 밝혀지지 않은 흥미로운 감정인 경외와 관련이 있을 수 있다.

경외심을 불러일으키는 요인은 다양하다.[33] 심리학자 대처 켈트너Dacher Keltner는 고전 문헌에서는 신을 만나는 경험에서 경외심이 일어난다고 지적한다. 사도 바울이 다마스커스로 가는 길에 강렬한 빛에 눈이 멀어 그리스도를 믿게 된 일화는 유명한 예다. 더욱 구체적인 예는 힌두교 경전 『바가바드기타』 마지막 부분에서 찾을 수 있다. 영웅 아르주나가 크리슈나에게 자기가 우주를 볼 수 있는지 묻자 크리슈나는 그에게 '우주의 눈'을 내린다. 그러자 아르주나는 신과 태양과 무한한 우주를 본다. "내가 보기 전에 세상이 존재하지 않았기에 무아지경의 기쁨이 일어난다. 하지만 두려움과 걱정이 내 마음을 흔든다." 이것이 경외다.

시간이 흘러 학자들은 경외심이 신과는 상관없이 다른 경험에서도 일어나는 것으로 이해하기 시작한다. 1757년에 에드먼드 버크Edmund Burke는 숭고함을 이야기했다. 숭고함이란 천둥소리를 듣거나 미술작품을 감상하거나 교향곡을 들을 때 느끼는 경외심과 유사한 감정이다. 버크는 숭고함의 두 가지 요소는 힘과 난해함이라고 했다. 현대에는 숭고함을 느끼는 영역이 더욱 넓다. 켈트너가 캘리포니아 대학 버클리 캠퍼스 학생들에게 경외심을 느껴본 경험을 묻자 학생들은 음악, 미술, 권력자, 신성한 경험, 특정한 지각, 명상, 기도라고 대답했다. 그리고 레드삭스가 월드시리즈에서 우승했을 때나 지난번에 성관계를 맺었을 때나 콘서트 무대 앞에서 관객들이 높이 들어 올려줬을 때나 LSD를 복용하고 몽롱할 때의 기분을 예로 들었다.

이들 경험의 공통점은 무엇일까? 켈트너는 심리학자 조너선 헤이트와 함께 연구하면서 신체적, 사회적, 지적인 면에서의 방대함과 사람들이 방대함을 받아들이려고 싸우면서 보여주는 수용이라는 특징을 강조한다. 켈트너는 경외심을 느끼면 스스로 미미한 존재라는 생각이 들고 그래서 경외심이 일어나는 순간 고개를 조아리거나 무릎을 꿇거나 몸을 웅크리는 신체 반응을 보이는 경우가 있다고 지적한다.(사도 바울은 다마스커스로 가는 길에 빛을 보고 바닥에 주저앉았다.)

경외심은 진화론으로는 풀리지 않는 수수께끼다. 켈트너는 경외심의 핵심은 사회적 감정이라고 지적하면서 "집단을 숭배하는 마음"과 같다고 표현한다.[34] 주로 경외심을 일으키는 대상은 공동체를 하나로 묶는 강력한 인물이다. 사람들은 자기를 낮추고 경외심을 불러일으키는 인물에게 복종한다. 결국 경외심의 본질은 내집단(자신이 속해 있는 집단)에 대한 충성과 외집단(자신이 속하지 않은 집단)에 대한 두려움과 혐오감이다. 일종의 사회 적응이다.

흥미로운 가설이지만 몇 가지 허점이 있다. 우선 집단을 하나로 묶어주는 역할과 상관없는 존재, 이를테면 그랜드캐니언이나 인상파 화가의 그림이나 종유석과 같은 광경에 경외심을 느끼는 이유는 설명되지 않는다. 그리고 인간의 정서는 권력자에게 굴복하도록 진화해 왔다는 주장은 어딘지 석연치 않다. 권력자는 성인이 아니다. 그들은 공동체의 선을 위해 복종하길 원하는 것이 아니라, '그들'에게 복종하길 원한다. 그들은 사람들의 배우자와 자식과 인력을 원한다. 인간이 기꺼이 모든 것을 넘겨주도록 타고난 이유는 무엇일까? 어떻게 그런 식으로 진화해 왔다는 말인가? 인류의 조상들 중에서 한 사람은 위대한 지도자 앞에 복종하고 모든 것을 넘겨주었고 다른 한 사람은 복종을 거부했다고 생각해 보면 영웅을 숭배하는 유전자가 널리 퍼진 이유가 명쾌하지 않다.

켈트너는 이 문제를 지나치게 냉소적으로 본다. 그는 경외심을 높이 평가하면서 "사람들을 변화시키고 의미 있는 삶을 추구하게 하고 위대한 선을 위해 봉사하도록 기운을 불어넣는" 정서라고 이해한다.[35] 나는 인간에게 경외심이 없다면 세상이 더욱 살기 좋은 곳으로 바뀔 것이라고 생각한다. 지도자가 될 사람의 능력과 목표를 냉정하게 평가하고 쉽게 현혹되지 않는다면 세상이 더 좋아질 것이다. 켈트너는 경외심의 대상으로 간디나 달라이라마처럼 존경받아 마땅한 사람을 떠올렸을 것이다. 나는 히틀러나 스탈린을 비롯해 무수히 많은 독재자, 일부다처의 광신자, 비겁한 마키아벨리주의자처럼 인간심리의 맹점을 이용하려는 자들이 떠오른다.

경외심이 사회 적응의 결과가 아니라면 무엇이란 말인가? 한 가지 가설은 켈트너와 헤이트의 연구와 같은 맥락에서 진화적 사회 적응이 아니라 우연의 결과라고 보는 것이다. 사람들은 사물의 심오한 본질을 찾으려 한다. 인간은 호기심이 많은 존재로서 배우면서 만족감을 얻는다. 앨리슨 고프닉은 '오르가슴으로서의 설명 Explanation as Orgasm'이라는 흥미로운 연구에서 오르가슴을 느끼고 성관계를 더 많이 맺으려는 갈망과 좋은 설명을 듣고 더 깊이 탐색하려는 욕구를 연결한다.[36] 하지만 좋은 것이 너무 많아서 탈이 날 수도 있다. 경외심은 시스템이 압도당할 때 일어나는 감정일 수도 있다. 예를 들어 물리적으로 너무 방대하거나 신의 위력이 너무 막강해 보이거나 사람의 솜씨가 너무 뛰어나서 모두 처리하지 못할 때 일어나는 감정일 수 있다.

놀이에서 신에 이르기까지 ▼

현실에 없는 세계를 상상하는 능력은 인간에게 유용하다. 행동을 계획하고 여러 갈래의 미래를 꼼꼼히 평가하는 데 꼭 필요한 능력이다. 우리에게 상상력이 있기 때문에 (비록 잘못된 시각이라 해도) 남들이 보는 눈으로 세상을 볼 수 있다. 그리고 다른 사람과 같은 눈으로 세상을 보아야 가르치고 거짓말하고 유혹하는 등의 인간행동을 이해할 수 있다. 본질주의와 더불어 현대인의 삶에서 핵심이 되는 쾌락과 직결되는 능력이다.

우선 인간에게는 상상력이 있기 때문에 소설과 미술을 창작할 수 있다. 이야기를 지어내고 그림을 그릴 때 상상력이 필요한 건 당연하고 작품을 감상할 때도 상상력이 필요하다. 소설을 읽으면서 쾌락을 얻으려면 가상현실을 그려보는 상상력이 있어야 한다. 미술작품을 감상하면서 쾌락을 얻으려면 작품을 해석하고 창작과정에서 어떤 일이 있었는지 추측할 줄 알아야 한다. 심미적 쾌락은 일면 분해 공학과 비슷하다. 물리적으로 물질을 분해해서 구성을 파악하는 대신에 마음을 분해하는 것이다. 상상력이 없다면 캔버스에 아름다운 색상의 물감을 뿌리면서 좋아할 수는 있어도 남들처럼 미술을 감상하면서 즐기지는 못한다.

인간에게 상상력이 있어서 과학과 종교도 발전할 수 있었다. 둘 다 감각으로 지각되지 않는 현실을 탐구하는 영역이다. 발밑의 지옥과 하늘 위의 천국을 상상하지 못하거나 완벽한 구체나 무한한 공간을 상상하지 못했다면 종교든 과학이든 지금처럼 건재하지 않았을 것이다. 포도주 같아 보여도 사실은 그리스도의 피라거나 바위이지만 사실은 작은 입자와 에너지 장으로 이루어졌다는 주장을 이해하는 능력이 없었다면 우리 모두 길을 잃었을 것이다. 지금 이 순간 우리가 하는 일(상상력이 없었다면 잃어버렸을 일을 생각하는 일)은 상상력을 연습하는 과정이다.

과학에서 상상력은 철학에서 '사고실험'이라고 부르는 과정을 도와주는 역할을 한다.[37] 사고실험이란 특정 상황을 상상해서 과학적 가설을 설명하거나 검증하는 과정이다. 갈릴레이는 탑에서 돌멩이 두 개가 떨어지는 모습을 보고 사고실험을 통해 무거운 물건이 먼저 떨어진다는 아리스토텔레스의 주장에 반박했다. 아인슈타인은 움직이는 열차를 보고 사고실험을 통해 상대성 이론을 내놓았다.

종교에서는 특히 이야기가 중요하다. 종교 경전은 대부분 이야기 형식으로 되어 있다. 종교적 가르침을 이야기로 엮으면 세월이 흘러도 교리가 단단해지고 사실만 나열하는 것보다 훨씬 오래 기억에 남는다. 아이들은 허구와 환상에서 즐거움을 얻기 때문에 종교 경전의 이야기도 쉽게 받아들인다.

이야기는 종교에서 다른 역할도 할 수 있다. 종교에는 대개 가장놀이의 성격이 있어서 어떤 대상을 진실인 것처럼 가장한다. 독실한 신자가 그리스도의 피와 살을 먹는다고 말한다고 해서 네 살짜리 아이가 범인을 향해 손가락을 겨누거나 바나나를 전화기인 양 가지고 노는 것과 같다고 말한다면 잘못일 뿐 아니라 무례한 행동이다. 종교적 주장은 현실에 대한 진지한 믿음에서 나오므로 물이 분자로 구성된다는 과학자의 믿음과 유사하다. 보이지 않지만 진실이라는 것이다.

하지만 종교에는 갖가지 주장이 난무하기 때문에 모두 똑같은 비중으로 이해할 필요는 없다. 내가 속한 유대교에서는 유월절에 히브리 예언자 엘리야가 들어와 식탁에 놓인 포도주를 마시도록 문을 열어놓는다. 순전히 연극적인 의식이자 아이들 이야기와 같다. 나중에 컵을 밖으로 내던지고 포도주는 다시 병에 붓는다. 가톨릭 신자 중에도 성찬식을 비슷한 관점으로 이해하고 형이상학적 의미와 무관한 종교의식으로 생각하는 사람들이 있다. 혹은 기도를 예로 들어보자. 기도를 통해 신과 대화를 나누는 사람도 있고 신경성 습관에 지나지 않는다고 보는 사람도 있다. 대다수 사람들은 그 중간 어딘가에 위치한다.

중간에 위치한 사람들이 특히 흥미롭다. 심리분석가 도널드 위니캇Donald Winnicott의 이론이 떠오른다. 위니캇은 아기가 테디베어나 포근한 담요와 같은 중간대상과 맺는 관계에 주목했다. 그는 중간대상이 엄마, 혹은 엄마의 젖가슴을 대신하는 물건이라고 주장했다.(4장 참조) 그렇다면 아기는 중간대상을 어떻게 생각할까? 대용품인지 알고 있을까, 아니면 진짜 엄마나 엄마의 젖가슴이라고 생각할까? 위니캇은 이 문제에 관해 뜻밖의 의견을 내놓는다. "중간대상에 관해서는 우리와 아기가 어떻게 동의하느냐가 중요하다. 아기에게는 결코 '네가 중간대상을 생각했니, 아니면 누가 준거니?'라고 물을 수 없다. 중요한 사실은 어떤 결정도 개입되지 않는다는 점이다. 애초에 생각하지 말았어야 할 질문이다."[38]

한마디로 묻지 말라는 뜻이다. 내 생각에 위니캇은 여기서 사람들이 종교적 신념에 관해 느끼는 모호함을 지적하는 듯하다. 종교적 신념은 상식을 벗어나기 때문에 불완전하다. 과학도 마찬가지다. 특별한 이론적 구성개념에 관해 의문이 생긴다. 쿼크quark와 초끈이론은 사실일까, 편의적으로 만든 추상적 개념일까? 누군가 이렇게 조언할 것이다. 묻지 말라고.

여하튼 상상력과 초월성은 긴밀히 연결되어 있다. 상상력은 특정한 초월적 쾌락을 얻는 수단이다. 인간에겐 심오한 현실에 닿으려고 노력할 뿐 아니라 현실을 그려보는 능력이 있다.

아이들에게도 이런 능력이 있다. 내가 좋아하는 이야기 중에 교육학자 켄 로빈슨Ken Robinson이 들려준 수업시간의 일화가 있다. 여섯 살 여자아이가 두 팔을 도화지에 올리고 앉아 열심히 그림을 그렸다. 교사는 20분 이상 기다렸다가 아이에게 다가가서 뭘 그리느냐고 물었다. 아이는 쳐다보지도 않은 채 "하나님을 그려요."라고 대답했다.[39] 교사가 놀라 "하나님이 어떻게 생겼는지는 아무도 몰라."라고 말했다.

그러자 아이는 이렇게 대답했다.

"조금 있으면 알 거예요."

옮긴이의 글

　'쾌락'이라는 말은 사람의 호기심을 자극하나 보다. 직업이 번역
가다 보니 사람들을 만나면 요즘 무슨 책을 번역하느냐는 질문을
종종 받는다. 이 책을 번역할 때도 마찬가지였다. 그런데 '쾌락'에
관한 책을 번역한다고 말하면 다들 '오호!' 하면서 얄궂은 표정을
지었다. 무슨 상상을 하시는지?

　쾌락은 인간 행동의 강력한 동기다. 우리는 먹고 마시고 사랑하
고 관계를 맺고 자식을 기르고, 나아가 음악, 미술, 영화, 문학, 텔레
비전, 공상을 즐긴다. 모두 쾌락을 쫓는 과정이다. 따라서 인간을
온전히 알려면 쾌락을 이해해야 한다. 그러나 심리학에서는 쾌락
에 관한 연구가 충분히 이루어지지 않았고, 쾌락을 연구한다 해도
주로 감각적 쾌락에만 초점을 맞추었다. 이 책의 저자는 오직 인간
만이 음악, 미술, 스포츠, 연극, 문학, 놀이를 즐기지만 심리학 개론
서에서 이들 주제를 다룬 장을 찾아보기 어렵다고 지적한다.

　이 책은 쾌락을 감각기관의 반응으로만 이해하는 심리학 연구
의 주된 흐름과 방향을 달리한다. 감각적 쾌락이 아니라 본질주의
적 쾌락에 초점을 맞춘다. 우리는 어떻게 쾌락을 얻을까? 우리가

경험하는 쾌락은 대상의 본질에 영향을 받는다. 음식을 먹을 때는 무엇을 먹는지가 중요하고, 사랑을 나눌 때는 상대가 누구인지가 중요하며, 와인을 마실 때는 원산지와 가격에 따라 맛이 달라진다. 인간은 타고난 본질주의자라서 사람이나 사물의 겉모습이 아니라 내면의 본질을 보려 한다. 히틀러의 후계자 헤르만 괴링은 베르메르의 걸작인 줄 알고 구입한 그림이 위작이라는 소식을 듣고 망연자실했다. 작품 그 자체가 아니라 누구의 붓끝에서 나온 작품인지 알기 때문에 그 그림이 소중했던 것이다. 마이베스라는 독일인은 인터넷에 올린 광고를 보고 찾아온 자원자를 죽여서 먹었다. 식인행위로 상대의 본질을 흡수한다고 믿은 탓이다. 조지 클루니의 땀에 젖은 스웨터가 거금에 팔리기도 한다. 유명인의 땀에 그 사람의 본질이 배어 있다고 믿기 때문이다. 피에로 만초니는 자기 똥을 넣은 캔을 작품으로 제작해서 런던 테이트 미술관에 높은 가격에 팔았다. 그러면서 "진정 예술가의 지극히 사적이고 내밀한 물건을 원한다면 그의 똥을 가지면 된다."고 말했다. 모두 인간의 본질주의로 귀결되는 사례다.

본질주의를 잘 보여주는 인간 본성의 한 측면이 바로 상상력이다. 인간은 상상만으로도 쾌락을 얻는 유일한 동물이다. 우리는 상상 속에서 하루를 보낸다 해도 과언이 아니다. 혼자 공상에 빠지기도 하고, 책을 읽거나 텔레비전을 보거나 영화를 보거나 게임을 한다. 내가 만든 상상에 빠지거나 남이 만들어준 상상에 빠져 사는 셈이다. 유쾌한 쾌락이든 잔혹한 쾌락이든 상상의 세계에서는 안전하게 체험할 수 있다. 하지만 상상의 쾌락은 현실의 쾌락보다 강도가 약하다. 그래서 현실의 강렬함과 상상의 안전함을 접목한 새로운 형식이 나왔다. 바로 최근에 유행하는 리얼리티 프로그램이다. 이제 우리는 상상의 틀 속에 등장하는 현실의 사람들을 보고 자신의 쾌락을 투영하면서 하루를 보낸다. 역시 우리가 본질주의자라서 가능한 얘기다.

이 책은 일상의 모든 영역을 하나씩 들춰내서 본질주의를 찾는다. 독자들은 이 책을 읽으면서 우리가 좋아하는 것을 왜 좋아하는지 새롭게 생각하게 될 것이다.

머리말

01 Gould and Lewontin 1979.

02 Rozin 2006.

1장 : 쾌락의 심리학

01 Dolnick 2008, Wynne 2006.

02 Duncan 2006 인용.

03 Pinker 1997, p.387.

04 Jacobs 2004 인용.

05 Menand 2002, p.98.

06 Salinger 1959, pp.4 - 5.

07 본질주의의 철학적 토대에 대해서는 Kripke 1980, Putnam 1973, 1975, 심리학적 토대에 대해서는 Bloom 2004, Gelman 2003, Medin and Ortony 1989 참조.

08 Locke 1690/1947, p.26.

09 Keil 1989.

10 Bloom 1996, 2000, 2004; Medin 1989; Putnam 1975.

11 Bloom 2000.

12 Ackerman 2001, pp.20 - 21 인용.

13 Gould 1989, p.98.

14 Markman 1989.

15 Gelman 2003.

16 Bloom 2004, Pinker 1997.

17 Tajfel 1970, 1982.

18 Gelman 2003, p.89.

19 Gil-White 2001.

20 Gelman 2003, p.3.

21 Fodor 1988, p.155.

22 Baldwin, Markman, and Melartin 1993.

23 Gelman and Markman 1986, 1987.

24 Gelman and Coley 1990; Graham, Kilbreath, and Welder 2004; Jaswal and Markman 2002; Welder and Graham 2001.

25 Gelman and Wellman 1991.

26 Diesendruck, Gelman, and Lebowitz 1998.

27 Keil 1989.

28 Gelman 2003.

29 Gelman and Heyman 2002.

30 Atran 1998.

31 Diesendruck, Markson, and Bloom 2003; Bloom 2004 참조.

32 Gelman and Taylor 2000

33 Smith and Russell 1984; Hirschfeld 1996 참조.

34 Dennett 1996.

35 Inagaki and Hatano 2002.

36 Emma Cohen, June 11, 2009.

37 Newman, Diesendruck, and Bloom.

38 http://www.happiness-project.com.

39 Hood 2009.

40 Kass 1992, p.73.

41 Sylvia and Nowak 1977.

42 Bloom and Gelman 2008.

43 Gould 1941 and Wangdu 1941; 인용 Gould, p.67, and Wangdu, p.18.

44   Cosmides and Tooby 1994.

45   James 1892/1905, p.394.

2장 : 사람은 식탁 위에서 무엇을 소비하는가?

01   L. Harding, "Victim of cannibal agreed to be eaten," *The Guardian*, December 4, 2003.

02   Smith 1995.

03   Smith 1995.

04   Rozin and Schiller 1980.

05   Rozin 1976.

06   Bartoshuk, Duffy, and Miller 1994.

07   Rozin and Vollmecke 1986.

08   Harris 1985.

09   Rozin 1986.

10   Birch 1999, Rozin and Vollmecke 1986.

11   Harris 1998.

12   Shutts et al. 2009.

13   Theroux 1992.

14   Harris 1985, p.154.

15   Pinker 1997.

16   Darwin 1872/1913, p.260.

17   Bloom 2004; Rozin and Fallon 1987 참조.

18   Rozin, Haidt, and McCauley 2000.

19   Siegal and Share 1990.

20   Miller 1997.

21   Smith 1961.

22   Arens 1979.

23 Rozin 2004.

24 Hrdy 2009, p.234.

25 Lindenbaum 2004.

26 "Keith Richards says he snorted his father's ashes," April 4, 2007, http://www.msnbc.msn.com/id/1793369.

27 Harris 1985, p.206.

28 Nemeroff and Rozin 1989.

29 Rawson 1985.

30 요한복음 6:54.

31 Sendak 1988.

32 인터넷에서 다음을 검색하라. "Want a slice of placenta with that?"

33 Hood 2009.

34 Taylor 2004.

35 J. Gettleman, "Albinos, long shunned, face threat in Tanzania," *New York Times*, June 8, 2008.

36 Coetzee 1995.

37 McLaren 2007.

38 Rozin 2004.

39 Fishman 2007.

40 Rozin 2005.

41 Pollan 2006, pp.96 – 97.

42 Cowen 2007, Frank 2000, Miller 2009.

43 Fishman 2007.

44 Lee, Frederick, and Ariely 2006 참조.

45 McClure et al. 2004.

46 Lehrer 2009 참조.

47 Described in Bohannon 2009.

48 Lee, Frederick, and Ariely 2006.

49 Plassmann et al. 2008.

50 de Araujo et al. 2005.

51 Michaels 2007.

52 Rozin and Vollmecke 1986.

53 Kass 1994.

54 Pollan 2006.

55 Appiah 2008, Pinker 2008. Appia 인용- Appia 2008, pp.245 - 46.

3장 : 사람은 잠자리에서 누구와 사랑에 빠지는가?

01 Doniger 2000.

02 McEwan 2005.

03 창세기 29:25.

04 이 점을 지적해 준 Murray Reiser에게 감사를 표한다.

05 Dekkers 2000, 인용- Doniger 2000, p.130.

06 Trivers 1972, Clutton-Brock 1991; Diamond 1998 참조.

07 Diamond 1998.

08 Pinker 2002 참조.

09 그러나 남성이 여성의 배란기를 다소 알아챈다는 증거에 대해서는 다음을 보라. Miller, Tybur, and Jordon 2007.

10 Diamond 1998.

11 Aharon et al. 2001.

12 Langlois, Roggman, and Reiser-Danner 1990; Slater et al. 1998.

13 Darwin 1874/1909.

14 Rhodes 2006 참조.

15 Langlois and Roggman 1990; Langlois, Roggman, and Reiser-Danner 1990.

16 Perrett, May, and Yoshikawa 1994.

17 Buss 1989.

18 Langlois et al. 2000

19 Johnston et al. 2001, Jones et al. 2008, Penton-Voak et al. 1999.

20 Boese 2007.

21 Bergner 2009.

22 Wedekind and Furi 1997.

23 Moreland and Beach 1992.

24 Zajonc 1968.

25 Kniffin and Wilson 2004.

26 Rhodes, Sumich, and Byatt 1999.

27 Freud 1933/1965, p.141.

28 Miller, Younger, and Morse 1982; Quinn et al. 2002.

29 Martin, Eisenbud, and Rose 1995; Gelman 2003 참조.

30 Taylor 1996.

31 Gelman 2003 참조.

32 신명기 22:5.

33 Levy, Taylor, and Gelman 1995.

34 Haidt 2001.

35 Pinker 1997.

36 레위기 18:10.

37 Lieberman, Tooby, and Cosmides 2007.

38 Lieberman, Tooby, and Cosmides 2007.

39 Anderson 2006.

40 Daly and Wilson 1999.

41 Christenfeld and Hill 1995.

42 DeBruine et al. 2008, Pagel 1997.

43 "Don't ask the sexperts," September 26, 2007, Slate.com: http://www.slate.com/id/2174411.

44 Cowen 2007.

45 Hood 2009.

46 Desmond and Moore, 1994.

47 Quammen 2006.

48 Buss 1989.

49 Cronin 1991.

50 Miller 2000, 인용 p.5.

51 Miller 2000, p.124.

52 Cowen 2007.

53 Miller 2000.

54 Pinker 1997, pp.418, 416.

55 Fisher 2004.

56 Mayes, Swain, and Leckman 2005.

57 Wright 1997.

58 Pinker 1997.

59 Ramachandran and Blakeslee 1998.

60 Feinberg and Keenan 2004, p.53. 이 점을 지적해 준 Ryan McKay에게 감사한다.

4장 : 사람은 물건에서 무엇을 탐하는가?

01 Walzer 1984.

02 Fiske and Tetlock 1997, Tetlock et al. 2000.

03 Tetlock et al. 2000.

04 Ariely 2008.

05 Fiske 1992; Pinker 2002 참조.

06 Chen, Lakshminaryanan, and Santos 2006.

07 http://www.consumersunion.org/pub/core_financial_services/005188.html.

08 Kahneman, Knetsch, and Thaler 1990, 1991.

09 Strahilevitz and Loewenstein 1998.

10 Brehm 1956.

11 Bem 1967, Festinger 1957, Lieberman et al. 2001, Steele and Liu 1983.

12 Egan, Santos, and Bloom 2007; Egan, Bloom, and Santos, in press; Chen 2008, Chen

and Risen 2009, and Sagarin and Skowronski 2009.

13 Frazier, Gelman, and Hood 2009.

14 C. McGrath, "A Kennedy plans a tag sale, so Sotheby's expects a crowd," *New York Times*, December 1, 2004.

15 Pascoe 2005.

16 Pascoe 2007.

17 Foer 2004.

18 Frazer 1922, pp.37 – 38.

19 Pascoe 2005, p.3.

20 Hood 2009.

21 Newman, Diesendruck, and Bloom.

22 Argo, Dahl, and Morales 2008.

23 Hood 2009.

24 Rozin, Millman, and Nemeroff 1986.

25 G. Stone, " 'Murderabilia' sales distress victim's families," August 15, 2007, ABC News Online: http://abcnews.com(search for "murderabilia sales").

26 Berkeley 1713/1979, p.60.

27 Wynn 1992; Wynn 2000, 2002 and Xu 2007 참조.

28 Bloom 2000; Macnamara 1982 참조.

29 Bloom 2000.

30 Hood and Bloom 2008.

31 DeLoache, Miller, and Rosengren 1997.

32 Hood and Bloom.

33 Gopnik 2006, p.262.

34 Guthrie 1993.

35 Hume 1757/1957, p.29.

36 Boyer 2003, p.121.

37 Winnicott 1953.

38 Hobara 2003.

39 Hood and Bloom 2008.

40 Lehman, Arnold, and Reeves 1995.

41 Hood 2009.

5장 : 사람은 행위로 무엇을 말하는가?

01 G. Weingarten, "Pearls before breakfast," *Washington Post*, April 8, 2007.

02 Koestler 1964, 인용 pp.403, 408.

03 Dolnick 2008, Wynne 2006.

04 Dutton 2008.

05 Darwin 1874/1909.

06 Levitin 2008.

07 Vonnegut 2006.

08 McDermott and Hauser 2007, Levitin 2008.

09 Trainor and Heinmiller 1998, Trehub 2003.

10 Sacks 2007.

11 Pinker 1997, 인용 pp.534, 525.

12 Pinker 2007.

13 Lerdahl and Jackendoff 1983.

14 Levitin 2006, 2008.

15 Chartrand and Bargh 1999, Wiltermuth and Heath 2009.

16 Lamont 2001.

17 Berlyne 1971.

18 Sapolsky 2005, 인용 p.201; 관련된 연구에 대해서는 다음을 보라. Hargreaves, North, and Tarrant 2006.

19 Levitin 2006.

20 Cowen 2007, p.67.

21 Silva 2006.

22 Pinker 1997.

23 Deaner, Khera, and Platt 2005.

24 Hochberg and Brooks 1962; Ekman and Friesen 1975.

25 DeLoache, Strauss, and Maynard 1979.

26 DeLoache et al. 1998.

27 Rozin, Millman, and Nemeroff 1986.

28 Hood et al. in press.

29 King et al. 2007.

30 Cutting 2006.

31 Cowen 2007.

32 Dutton 2008.

33 Miller 2000, 2001.

34 Darwin 1874/1909, p.585.

35 Hooper and Miller 2008.

36 Styron 1979.

37 James 1890/1950, p.386.

38 예들에 대해서는 다음을 보라. Danto 1981; Davies 2004; Levinson 1979, 1989, 1993.

39 Dutton 1983, p.176.

40 Bloom 2004, Cox 1992, Winner 1982.

41 Bloom 2004, Bloom and Markson 1998, Preissler and Bloom 2008.

42 Kieran 2005 인용.

43 Yenawine 1991.

44 Kruger et al. 2004.

45 Norton, Mochon, and Ariely 2009.

46 이 사건은 다큐멘터리 〈우리 아이도 그 정도 그림은 그릴 수 있어요My Kid Could Paint That〉로 다루어졌다. Fineman 2007 참조.

47 Dutton 2008.

48 Danto 1981.

49 Gelman and Bloom 2000; Gelman and Ebeling 1988.

50 Dutton 2008.

51 Kieran 2005.

52 R. Kennedy, "Yale demands end to student's performance," *New York Times*, April 22, 2008.

53 Dutton 2008.

54 Dutton 2008.

55 Menand 2009.

56 Reza 1997, pp.3, 15; Bloom 2004.

57 S. Jones, "조각상보다 받침을 택한 왕립미술원, 조각가를 좌절시키다" *The Guardian*, June 15, 2006.

58 Dolnick 2008, p.291.

59 Gladwell 2001.

60 Dutton 1983.

61 Gladwell 2001; Sandel 2007.

62 Jarudi 2009.

63 Jarudi 2009; Jarudi, Castaneda, and Bloom.

64 Tomasello et al. 2005.

65 http://fairmodel.econ.yale.edu/rayfair/marath1.htm.

66 Dutton 2008.

67 Cowen 2007.

68 Danto 2007; 이 점을 토론해 준 Jonathan Gilmore에게 감사한다.

69 Kieran 2005.

70 http://en.wikipedia.org/wiki/Making_a_face.

6장 : 사람은 상상에서 무엇을 욕망하는가?

01 Gleick 2000

02 From neilsonmedia.com: http://en.us.nielsen.com/main/insights/nielsen_a2m2_three.

03 Nettle 2005.

04 Melanie Green: http://www.unc.edu/~mcgreen/research.html.

05 Pinker 1997.

06 Harris 2000

07 Skolnick and Bloom 2006 참조.

08 Onishi, Baillargeon, and Leslie 2007.

09 Darwin 1872/1913, p.358.

10 Bekoff 1995.

11 Onishi and Baillargeon 2005.

12 Zunshine 2006, p.31.

13 Nuttall 1996, p.77.

14 Leslie 1994; Harris 2000 참조.

15 For instance, Chomsky 1987; 개요에 대해서는 다음을 보라. Pinker 1994.

16 Doniger 2000.

17 McEwan 2005, p.11; Barash and Barash 2008 참조.

18 James 1911, p.256.

19 Radford 1975; 다른 철학적 시각에 대해서는 다음을 보라. Gendler and Kovakovich 2005, Morreall 1993, Walton 1990.

20 Nichols 2006.

21 Green and Donahue 2009.

22 Real 1977.

23 모든 예들은 Gendler 2008에서 인용.

24 Gendler 2008, 2009.

25 Rozin, Millman, and Nemeroff 1986; Nemeroff and Rozin 2000(총 실험은 발표되지 않았다.).

26 Mason et al. 2007.

27 Tamar Gendler에게 감사한다.

28 Gerrig 1993, Green and Brock 2000

29 Coplan 2004에서 재조사.

30 Carroll 1990.

31 Coplan 2004.

32 Dunbar 1998.

33 Weisman 2007.

34 Zunshine 2006, p.26.

35 Henrich and Gil-White 2001.

36 Zunshine 2006.

37 Mar and Oatley 2008.

38 Dutton 2008; Pinker 1997, 인용 p.543.

39 Bloom 2004, Nussbaum 2001.

40 Nuttall 1996 인용.

41 Zunshine 2008.

42 McGinn 2005, p.55.

7장 : 사람은 왜 불합리한 욕망에 빠지는가?

01 Haidt, McCauley, and Rozin 1994.

02 E. Leonard, "Easy on the hooptedoodle," *New York Times*, July 16, 2001.

03 Wright 2007, p.280.

04 McGinn 2005.

05 Nozick 1974.

06 이것이 〈토탈 리콜〉, 〈더 게임〉, 〈트루먼 쇼〉의 줄거리를 이룬다.

07 광범위한 논의에 대해서는 다음을 보라. Dale 2000.

08 Jacobs 2004, p.46.

09 Johnson 2005.

10 Carroll 2004, p.48, Dutton 2008 인용.

11 Skolnick and Bloom 2006.

12 Skolnick and Bloom 2006b.

13 Soussignan 2002.

14 Harris et al. 1991.

15 Rozin, Markwith, and Ross 2006.

16 Weisberg et al.

17 Alexander 2009.

18 Hume 1757/1993, p.126.

19 Carroll 1990.

20 Edelstein 2006.

21 Patrick Healy, "Audiences gasp at violence: actors must survive it," *New York Times*, November 5, 2008.

22 McCauley 1998.

23 Burghardt 2005.

24 이 제안은 Denison의 영향을 받았다.

25 King 1981, p.316.

26 Danto 2003.

27 Rozin and Vollmecke 1986.

28 Hagen.

29 Berns 2005.

30 Hamlin, Wynn, and Bloom.

31 Fehr and Gachter 2002.

32 Freud 1905/1962.

33 Rowling 2000, p.12, Nelissen and Zeelenberg 2009 인용.

34 Inbar et al. 2008; Nelissen and Zeelenberg 2009 참조.

35 Berns 2005.

36 Elvis has left the building: Bergner 2009.

37 Jerry Seinfeld의 농담, Cowen 2007.

38 Weinberg, Williams, and Moser, 1984; 이 사실을 지적해 준 Lily Guillot에게 감사한다.

39 Klinger 2009.

40 Mason et al. 2007.

41 Bloom 2008.

42 Taylor 1999, Taylor and Mannering 2007.

43 Taylor, Hodges, and Kohanyi 2003.

44 Ainslie 1992, p.258, Elster 2000 인용.

45 http://en.wikipedia.org/wiki/A_Nice_Place_to_Visit.

46 이 점을 내게 지적해 준 Marcel Kinsbourne에게 감사한다.

47 Elster 2000.

8장 : 쾌락이 만드는 세상

01 Fogel 2004, Cowen 2007 인용.

02 Brownell and Horgen 2004.

03 Bloom 2009.

04 Wilson 1999, p.351.

05 Kahn 1997.

06 Koestler, 1964, p.405.

07 Hood 2009, p.145.

08 Frazier et al. 2009.

09 Kahneman, Slovic, and Tversky 1982; 이해하기 쉬운 개요에 대해서는 다음을 보라. Piattelli-Palmarini 1994 and Marcus 2008.

10 Marcus 2008.

11 Adam Cohen, "The Lord Justice hath ruled: Pringles are potato chips," *New York Times*, May 31, 2009.

12 Gray 1996.

13 비슷한 주장에 대해서는 다음을 보라. Keys and Schwartz 2007.

14 Bergner 2009, p.56.

15 Frank 2000, Layard 2005, Miller 2009.

16 Singer 1999, 2009.

17 Bloom 2009.

18 Kahn, Severson, and Ruckert 2009.

19 Dawkins 1998, p.x.

20 Tylor 1871/1958, p.8.

21 다음의 비평 참고. Bloom 2005, 2007.

22 Berger 1969, p.2.

23 James 1902/1994, p.61.

24 Weinberg 1977, p.154, 그러나 비판적 논의에 대해서는 다음을 보라. Wright 2000.

25 McCawley and Lawson 2002.

26 Benjamin 2008; Dissanayake 1988, 1992.

27 Opie and Opie 1959, p.210; 논의에 대해서는 다음을 보라. Hood 2009.

28 Gopnik 2000.

29 Carey 1986, 2009; Gopnik 1996.

30 Harris 2005, pp.283 - 84.

31 히친스와 Lorenzo Albacete의 논쟁, September 22, 2008: http://reason
weekly.com(search for "Hitchens Albacete").

32 Keltner 2009; Keltner and Haidt 2003.

33 Keltner 2009, p.252.

34 Keltner 2009, p.252.

35 Gopnik 2000.

36 Gendler 2005.

37 이 점을 논의해 준 Peter Gray에게 감사한다.

38 Winnicott 1953, p.95.

39 Robinson 2009, p.xi.

Ackerman, J. 2001. *Chance in the house of fate: A natural history of heredity.* New York: Houghton Mifflin.

Aharon, I., Etcoff, N. L., Ariely, D., Chabris, C. F., O'Connor, E., & Breiter, H. C. 2001. Beautiful faces have variable reward value: fMRI and behavioral evidence. *Neuron,* 32:537–51.

Ainslie, G. 1992. *Picoeconomics.* New York: Cambridge University Press.

Alexander, L. 2009. And you thought Grand Theft Auto was bad. Slate.com: http://www.slate.com/id/2213073.

Alter, R. 2004. *The five books of Moses: A translation with commentary.* New York: Norton.

Anderson, K. G. 2006. How well does paternity confidence match actual paternity? *Current Anthropology,* 47:513–20.

Appiah, K. A. 2008. *Experiments in ethics.* Cambridge, MA: Harvard University Press.

de Araujo, I. E., Rolls, E. T., Velazco, M. I., Margot, C., & Cayeux, I. 2005. Cognitive modulation of olfactory processing. *Neuron,* 46:671–79.

Arens, W. 1979. *The man-eating myth: Anthropology and anthropophagy.* New York: Oxford University Press.

Argo, J. J., Dahl, D. W., & Morales, A. C. 2006. Consumer contamination: How consumers react to products touched by others. *Journal of Marketing,* 70:81–94.

———. 2008. Positive consumer contagion: Responses to attractive others in a retail context. *Journal of Marketing Research,* 45:690–712.

Ariely, D. 2008. *Predictably irrational: The hidden forces that shape our decisions.* New York: HarperCollins.

Atran, S. 1998. Folk biology and the anthropology of science: Cognitive universals and cultural particulars. *Behavioral and Brain Science,* 21:547–609.

Baldwin, D. A., Markman, E. M., & Melartin, R. L. 1993. Infants' ability to draw inferences about nonobvious object properties: Evidence from exploratory play.

Cognitive Development, 64:711–28.

Barash, D. P., & Barash, N. R. 2008. *Madame Bovary's ovaries: A Darwinian look at literature*. New York: Delacorte.

Bartoshuk, L. M., Duffy, V. B., & Miller, I. J. 1994. PTC/PROP tasting: Anatomy, psychophysics, and sex effects. *Physiology and Behavior*, 56:1165–71.

Bekoff, M. 1995. Play signals as punctuation: The structure of social play in canids. *Behaviour*, 132:419–29.

Bem, D. J. 1967. Self-perception: An alternative interpretation of cognitive dissonance phenomena. *Psychological Review*, 74:183–200.

Benjamin, W. 2008. *The work of art in the age of its technological reproducibility, and other writings on media*. Cambridge, MA: Harvard University Press.

Berger, P. L. 1969. *A rumor of angels. Modern society and the rediscovery of the supernatural*. New York: Doubleday.

Bergner, D. 2009. *The other side of desire*. New York: HarperCollins.

Berkeley, G. 1713/1979. *Three dialogues between Hylas and Philonous*. New York: Hackett.

Berlyne, D. E. 1971. *Aesthetics and psychobiology*. New York: Appleton-Century-Crofts.

Berns, G. 2005. *Satisfaction: The science of finding true fulfillment*. New York: Holt.

Birch L. 1999. Development of food preferences. *Annual Review of Nutrition*, 19:41–62.

Bloom, P. 1996. Intention, history, and artifact concepts. *Cognition*, 60:1–29.

———. 1998. Theories of artifact categorization. *Cognition*, 66:87–93.

———. 2000. *How children learn the meanings of words*. Cambridge, MA: MIT Press.

——— 2004. *Descartes' baby: How the science of child development explains what makes us human*. New York: Basic Books.

———. 2005. Is God an accident? *Atlantic Monthly*, December.

———. 2007. Religion is natural. *Developmental Science*, 10:147–51.

———. 2008. First-person plural. *Atlantic Monthly*, November.

———. 2009. Natural happiness. *New York Times Magazine*, April 19.

Bloom, P., & Gelman, S. A. 2008. Psychological essentialism in selecting the 14th Dalai Lama. *Trends in Cognitive Sciences*, 12:243.

Bloom, P., & Markson, L. 1998. Intention and analogy in children's naming of pictorial representations. *Psychological Science*, 9:200–204.

Boese, A. 2007. *Elephants on acid: And other bizarre experiments.* New York: Harvest Books.

Bohannon, J. 2009. Gourmet food, served by dogs. *Science*, 323:1006.

Boyer, P. 2003. Religious thought and behaviour as by-products of brain function. *Trends in Cognitive Sciences*, 7: 119–24.

Brehm, J. W. 1956. Post-decision changes in the desirability of alternatives. *Journal of Abnormal and Social Psychology*, 52:384–89.

Brownell, K. D., & Horgen, K. B. 2004. *Food fight: The inside story of the food industry, America's obesity crisis, and what we can do about it.* New York: McGraw-Hill.

Burghardt, G. M. 2005. *The genesis of animal play: Testing the limits.* Cambridge, MA: MIT Press.

Buss, D. M. 1989. Sex differences in human mate preferences: Evolutionary hypotheses in 37 cultures. *Behavioral and Brain Sciences*, 12:1–49.

Carey, S. 1986. *Conceptual change in childhood.* Cambridge, MA: MIT Press.

————. 2009. *The origin of concepts.* New York: Oxford University Press.

Carroll, J. 2004. *Literary Darwinism: Evolution, human nature, and literature.* New York: Routledge.

Carroll, N. 1990. *The philosophy of horror: Or, paradoxes of the heart.* New York: Routledge.

Chartrand, T. L., & Bargh, J. A. 1999. The chameleon effect: The perception behavior link and social interaction. *Journal of Personality and Social Psychology*, 76:893–910.

Chen, M. K. 2008. Rationalization and cognitive dissonance: Do choices affect or reflect preferences? Working paper, Yale University, New Haven, CT.

Chen, M. K., Lakshminaryanan, V., & Santos, L. R. 2006. The evolution of our preferences: Evidence from capuchin monkey trading behavior. *Journal of Political Economy*, 114:517–37.

Chen, M. K., & Risen, J. 2009. Is choice a reliable predictor of choice? A comment on Sagarin and Skowronski. *Journal of Experimental Social Psychology* 45:425–27.

Chomsky, N. 1987. *Language and problems of knowledge: The Managua lectures.* Cambridge, MA: MIT Press.

Christenfeld, N. J. S., & Hill, E. A. 1995. Whose baby are you? *Nature,* 378:669.

Clutton-Brock, T. H. 1991. *The evolution of parental care.* Princeton, NJ: Princeton University Press.

Coetzee, J. M. 1995. Meat country. *Granta,* 52:43–52.

Coplan, A. 2004. Empathic engagement with narrative fictions. *Journal of Aesthetics and Art Criticism,* 62:141–52.

Cosmides, L., & Tooby, J. 1994. Beyond intuition and instinct blindness: Towards an evolutionarily rigorous cognitive science. *Cognition,* 50:41–77.

Cowen, T. 2007. *Discover your inner economist.* New York: Penguin.

Cox, M. 1992. *Children's drawings.* London: Penguin Books.

Cronin, H. 1991. *The ant and the peacock.* New York: Cambridge University Press.

Curasi, C. F., Price, L. L., & Arnould, E. J. 2004. How individuals' cherished possessions become families' inalienable wealth. *Journal of Consumer Research,* 11:609–22.

Cutting, J. E. 2006. The mere exposure effect and aesthetic preference. In P. Locher, C. Martindale, L. Dorfman, V. Petrov, & D. Leontiv (Eds.), *New directions in aesthetics, creativity, and the psychology of art.* Amityville, NY: Baywood Publishing.

Dale, A. 2000. *Comedy is a man in trouble.* Minneapolis: University of Minnesota Press.

Daly, M., & Wilson, M. 1999. *The truth about Cinderella.* New Haven, CT: Yale University Press.

Danto, A. C. 1981. *The transfiguration of the commonplace.* Cambridge, MA: Harvard University Press.

———. 2003. *The abuse of beauty.* New York: Open Court.

———. 2007. Max Beckmann. In A. Danto (Ed.) *Unnatural wonders: Essays from the gap between art and life.* New York: Columbia University Press.

Darwin, C. 1859/1964. *On the origin of species.* Cambridge, MA: MIT Press.

————. 1872/1913. *The expression of the emotions in man and animals.* New York: D. Appleton.

————. 1874/1909. *The descent of man.* Amherst, NY: Prometheus.

Davies, D. 2004. *Art as performance.* Oxford: Blackwell.

Davies, S. 1991. *Definitions of art.* Ithaca, NY: Cornell University Press.

Dawkins, R. 1998. *Unweaving the rainbow: Science, delusion and the appetite for wonder.* New York: Penguin.

Deaner, R. O., Khera, A. V., & Platt, M. P. 2005. Monkeys pay per view: Adaptive valuation of social images by rhesus macaques. *Current Biology,* 15:543–48.

DeBruine, L. M., Jones, b. c ., Little, A. C., & Perrett, D. I. 2008. Social perception of facial resemblance in humans. *Archives of Sexual Behavior,* 37:64–77.

Dekkers, M. 2000. *Dearest Pet: On bestiality.* London: Verso.

DeLoache, J. S., Miller, K. F., & Rosengren, K. S. 1997. The credible shrinking room: Very young children's performance with symbolic and nonsymbolic relations. *Psychological Science,* 8:308–13.

DeLoache, J. S., Pierroutsakos, S. L., Uttal, D. H., Rosengren, K. S., & Gottlieb, A. 1998. Grasping the nature of pictures. *Psychological Science,* 9:205–10.

DeLoache, J. S., Strauss, M., & Maynard, J. 1979. Picture perception in infancy. *Infant Behavior and Development,* 2:77–89.

Denison, R. N. Under review. Emotion practice theory: An evolutionary solution to the paradox of horror.

Dennett, D. C. 1996. *Kinds of minds.* New York: Basic Books.

Desmond, A., & Moore, A. 1994. Darwin: The life of a tormented evolutionist. New York: Norton.

Diamond, J. 1998. *Why is sex fun?* New York: Basic Books.

Diesendruck, G., Gelman, S. A., & Lebowitz, K. 1998. Conceptual and linguistic biases in children's word learning. *Developmental Psychology,* 34:823–39.

Diesendruck, G., Markson, L., & Bloom, P. 2003. Children's reliance on creator's intent in extending names for artifacts. *Psychological Science,* 14:164–68.

Dissanayake, E. 1988. *What is art for?* Seattle: University of Washington Press.

————. 1992. *Homo aestheticus: Where art comes from and why.* New York: Free

Press.

Dolnick, E. 2008. *The forger's spell: A true story of Vermeer, Nazis, and the greatest art hoax of the twentieth century.* New York: Harper Perennial.

Doniger, W. 2000. *The bedtrick: Tales of sex and masquerade.* Chicago: University of Chicago Press.

Dunbar, R.I.M. 1998. *Gossip, grooming, and the evolution of language.* Cambridge, MA: Harvard University Press.

Duncan, I.J.H. 2006. The changing concept of animal sentience. *Applied Animal Behavior Science,* 100:11–19.

Dutton, D. 1983. Artistic crimes. In D. Dutton (Ed.), *The forger's art: Forgery and the philosophy of art.* Berkeley and Los Angeles: University of California Press.

———. 2008. *The art instinct: Beauty, pleasure, and human evolution.* New York: Bloomsbury Press.

Edelstein, D. 2006. Now playing at your local multiplex: Torture porn. *New York,* January 28.

Egan, L. C., Bloom, P., & Santos, L. R. In press. Choice-based cognitive dissonance without any real choice: Evidence from a blind two choice paradigm with young children and capuchin monkeys. *Journal of Experimental Social Psychology.*

Egan, L. C., Santos, L. R., & Bloom, P. 2007. The origins of cognitive dissonance: Evidence from children and monkeys. *Psychological Science,* 18:978–83.

Ekman, P., & Friesen, W. V. 1975. *Unmasking the face. A guide to recognizing emotions from facial clues.* Englewood Cliffs, NJ: Prentice-Hall.

Elster, J. 2000. *Ulysses unbound. Studies in rationality, precommitment, and constraints.* New York: Cambridge University Press.

Evans, E. M., Mull, M. A., & Poling, D. A. 2002. The authentic object? A child's-eye view. In S. G. Paris (Ed.), *Perspectives on object-centered learning in museums.* Mahwah, NJ: Lawrence Erlbaum Associates.

Fehr, E., & Gachter, S. 2002. Altruistic punishment in humans. *Nature,* 415:137–40.

Feinberg, T. E., & Keenan, J. P. 2004. Not what, but where, is your "self"? *Cerebrum: The Dana Forum on Brain Science,* 6:49–62.

Festinger, L. 1957. *A theory of cognitive dissonance.* Stanford, CA: Stanford University Press.

Fineman, M. 2007. My kid could paint that. Slate.com: http://www.slate.com/id/2175311.

Fisher, H. 2004. *Why we love: The nature and chemistry of romantic love.* New York: Henry Holt.

Fishman, C. 2007. Message in a bottle. *Fast Company*, December 19.

Fiske, A. P. 1992. The four elementary forms of sociality: Framework for a unified theory of social relations. *Psychological Review*, 99:689–723.

Fiske, A. P., & Tetlock, P. E. 1997. Taboo trade-offs: Reactions to transactions that transgress the spheres of justice. *Political Psychology*, 18:255–97.

Fodor, J. 1988. *Psychosemantics.* Cambridge, MA: MIT Press.

Foer, J. S. 2004. Emptiness. *Playboy*, January, 148–51.

Fogel, R. 2004. *Escape from hunger and premature death, 1700–100: Europe, America, and the third world.* Cambridge: Cambridge University Press.

Frank, R. H. 2000. *Luxury fever: Money and happiness in an era of excess.* Princeton, NJ: Princeton University Press.

Frazer, J. G. 1922. *The golden bough: A study in magic and religion.* New York: Macmillan.

Frazier, B. N., Gelman, S. A., Wilson, A., & Hood B. 2009. Picasso paintings, moon rocks, and hand-written Beatles lyrics: Adults' evaluations of authentic objects. *Journal of Cognition and Culture*, 9:1–14.

Freud, S. 1905/1962. *Three essays on the theory of sexuality.* Trans. James Strachey. New York: Basic Books.

———. 1933/1965. *New introductory lectures on psycho-analysis.* New York: Norton.

Gelman, S. A. 2003. *The essential child.* New York: Oxford University Press.

Gelman, S. A., & Bloom, P. 2000. Young children are sensitive to how an object was created when deciding what to name it. *Cognition*, 76:91–103.

Gelman, S. A., & Coley, J. D. 1990. The importance of knowing a dodo is a bird: Categories and inferences in 2-year-old children. *Developmental Psychology*, 26:796–804.

Gelman, S. A., & Ebeling, K. S. 1998. Shape and representational status in children's early naming. *Cognition*, 66:835–47.

Gelman, S. A., & Heyman, G. D. 2002. Carrot-eaters and creature-believers: The effects of lexicalization on children's inferences about social categories. *Psychological Science*, 10:489–93.

Gelman, S. A., & Markman, E. M. 1986. Categories and induction in young children. *Cognition*, 23:183–209.

————. 1987. Young children's inductions from natural kinds: The role of categories and appearances. *Child Development*, 58:1532–41.

Gelman, S. A., & Taylor, M. G. 2000. Gender essentialism in cognitive development. In P. H. Miller & E. K. Scholnick (Eds.), *Developmental psychology through the lenses of feminist theories*. New York: Routledge.

Gelman, S. A., & Wellman, H. M. 1991. Insides and essences: Early understandings of the nonobvious. *Cognition*, 38:213–44.

Gendler, T. S. 2005. Thought experiments in science. *Encyclopedia of Philosophy*. New York: Macmillan.

————. 2008. Alief in action (in reaction). *Mind and Language*, 23:552–85.

————. 2009. Alief and belief. *Journal of Philosophy*, 105:634–63.

Gendler, T. S., & Kovakovich, K. 2005. Genuine rational fictional emotions. In M. L. Kieran (Ed.), *Contemporary debates in aesthetics and the philosophy of art*. Oxford: Blackwell.

Gerrig, R. J. 1993. *Experiencing narrative worlds*. New Haven, CT: Yale University Press.

Gil-White, F. J. 2001. Are ethnic groups biological "species" to the human brain? Essentialism in our cognition of some social categories. *Current Anthropology*, 42:515–54.

Gladwell, M. 2001. Drugstore athlete. *The New Yorker*, September 10.

Gleick, J. 2000. *Faster: The acceleration of just about everything*. New York: Vintage.

Gopnik, A. 1996. The scientist as child. *Philosophy of Science*, 63:485–514.

————. 2000. Explanation as orgasm and the drive for causal knowledge: The function, evolution, and phenomenology of the theory formation system. In F. C. Keil & R. A. Wilson (Eds.), *Explanation and cognition*. Cambridge, MA: MIT Press.

————. 2006. *Through the children's gate: A home in New York*. New York: Knopf.

Gould, B. J. 1941. *Discovery, recognition, and installation of the fourteenth*

Dalai Lama. New Delhi: Government of India Press. Reprinted in *Discovery, recognition, and enthronement of the fourteenth Dalai Lama: A collection of accounts* (edited by Library of Tibetan Work & Archives). New Delhi: Indraprastha Press.

Gould, S. J. 1989. *Wonderful life: The Burgess shale and the nature of history*. New York: Norton.

Gould, S. J., & Lewontin, R. C. 1979. The spandrels of San Marco and the Panglossian program: A critique of the adaptationist programme. *Proceedings of the Royal Society of London*, 205:281–88.

Graham, S. A., Kilbreath, C. S., & Welder, A. N. 2004. 13-month-olds rely on shared labels and shape similarity for inductive inferences. *Child Development*, 75:409–27.

Gray, P. 1996. What price Camelot? *Time*, May 6.

Green, M. C., & Brock, T. C. 2000. The role of transportation in the persuasiveness of public narratives. *Journal of Personality and Social Psychology*, 78:701–21.

Green, M. C., & Donahue, J. K. 2009. Simulated worlds: Transportation into narratives. In K. D. Markman, W. M. P. Klein, & J. A. Suhr (Eds.), *Handbook of imagination and mental simulation*. New York: Psychology Press.

Guthrie, S. E. 1993. *Faces in the clouds: A new theory of religion*. New York: Oxford University Press.

Hagen, E. H. Under review. Gestures of despair and hope: A strategic reinterpretation of deliberate self-harm.

Haidt, J. 2001. The emotional dog and its rational tail: A social intuitionist approach to moral judgment. *Psychological Review*, 108:814–34.

Haidt, J., McCauley, C., & Rozin, P. 1994. Individual differences in sensitivity to disgust: A scale sampling seven domains of disgust elicitors. *Personality and Individual Differences*, 16:701–13.

Hamlin, J., Wynn, K., & Bloom, P. Under review. Third-party reward and punishment in young toddlers.

Hargreaves, D. J., North, A. C., & Tarrant, M. 2006. The development of musical preference and taste in childhood and adolescence. In G. E. McPherson (Ed.), *The child as musician: Musical development from conception to adolescence*. Oxford: Oxford University Press.

Harris, J. R. 1998. *The nurture assumption: Why children turn out the way they do*.

New York: Free Press.

Harris, M. 1985. *Good to eat: Riddles of food and culture.* New York: Simon & Schuster.

Harris, P. L. 2000. *The work of the imagination.* Oxford: Blackwell.

Harris, P. L., Brown, E., Marriott, C., Whittall, S., & Harmer, S. 1991. Monsters, ghosts, and witches: Testing the limits of the fantasy-reality distinction in young children. *British Journal of Developmental Psychology,* 9:105–23.

Harris, S. 2005. *The end of faith: Religion, terror, and the future of reason.* New York: Free Press.

Henrich, J., & Gil-White, F. 2001. The evolution of prestige: Freely conferred deference as a mechanism for enhancing the benefits of cultural transmission. *Evolution and Human Behavior,* 22:165–96.

Hirschfeld, L. 1996. *Race in the making: Cognition, culture, and the child's construction of human kinds.* Cambridge, MA: MIT Press.

Hobara, M. 2003. Prevalence of transitional objects in young children in Tokyo and New York. *Infant Mental Health Journal,* 24:174–91.

Hochberg, J., & Brooks, V. 1962. Pictorial recognition as an unlearned ability: A study of one child's performance. *American Journal of Psychology,* 75:624–28.

Hood, B. M. 2009. *SuperSense: Why we believe in the unbelievable.* New York: HarperOne.

Hood, B. M., & Bloom, P. 2008. Children prefer certain individuals over perfect duplicates. *Cognition,* 106:455–62.

——— Under review. Do children believe that duplicating the body also duplicates the mind?

Hood, B. M., Donnelly, K., Leonards, U., & Bloom, P. In press. Modern voodoo: Arousal reveals an implicit belief in sympathetic magic. *Journal of Cognition and Culture.*

Hooper, P. L., & Miller, G. L. 2008. Mutual mate choice can drive costly signaling even under perfect monogamy. *Adaptive Behavior,* 16:53–60.

Hrdy, S. B. 2009. *Mothers and others: The evolutionary origins of mutual understanding.* Cambridge, MA: Harvard University Press.

Hume, D. 1757/1957. *The natural history of religion.* Stanford, CA: Stanford University Press.

———— 1757/1993. Of tragedy. In S. Copley & A. Edgar (Eds.), *Hume: Selected essays*. Oxford: Oxford University Press.

Inagaki, K., & Hatano, G. 2002. *Young children's naive thinking about the biological world*. New York: Psychology Press.

Inbar, Y., Gilovich, T., Pizarro, D., & Ariely, D. 2008. Morality and masochism: Feeling guilt leads to physical self-punishment. Paper presented at the 80th annual meeting of the Midwestern Psychological Association, Chicago, IL.

Jacobs, A. J. 2004. *The know-it-all: One man's humble quest to become the smartest person in the world*. New York: Simon & Schuster.

James W. 1890/1950. *The principles of psychology*. New York: Dover.

————. 1892/1905. *Psychology*. New York: Henry Holt.

————. 1902/1994. *Varieties of religious experience: A study in human nature*. New York: Random House.

————. 1911. *The will to believe: And other essays in popular philosophy*. New York: Longmans, Green, and Co.

Jarudi, I. 2009. Moral psychology is not intuitive moral philosophy. Unpublished doctoral dissertation, Department of Psychology, Yale University.

Jarudi, I., Castaneda, M., & Bloom, P. Under review. Performance enhancement and the status quo bias.

Jaswal, V. K., & Markman, E. M. 2002. Children's acceptance and use of unexpected category labels to draw non-obvious inferences. In W. Gray & C. Schunn (Eds.), *Proceedings of the twenty-fourth annual conference of the Cognitive Science Society*. Mahwah, NJ: Lawrence Erlbaum Associates.

Johnson, C. N., & Jacobs, M. G. 2001. Enchanted objects: How positive connections transform thinking about the very nature of things. Poster presented at the meeting of the Society for Research in Child Development, Minneapolis, MN, April.

Johnson, S. 2005. *Everything bad is good for you: How today's popular culture is actually making us smarter*. New York: Riverhead.

Johnston, V. S., Hagel, R., Franklin, M., Fink, B., & Grammer, K. 2001. Male facial attractiveness: Evidence for hormone-mediated adaptive design. *Evolution and Human Behavior*, 22:251–67.

Jones, B. C., DeBruine, L. M., Perrett, D. I., Little, A. C., Feinberg, D. R., & Law Smith, M. J. 2008. Effects of menstrual cycle phase on face preferences. *Archives of Sexual Behavior,* 37:78–84.

Kahn, P. H., Jr. 1997. Developmental psychology and the biophilia hypothesis: Children's affiliation with nature. *Developmental Review,* 17:1–61.

Kahn, P. H., Jr., Severson, R. L., & Ruckert, J. H. 2009. The human relation with nature and technological nature. *Current Directions in Psychological Science,* 18:37–42.

Kahneman, D., Knetsch, J., & Thaler, R. 1990. Experimental tests of the endowment effect and the Coase theorem. *Journal of Political Economy,* 98:1325–48.

———. 1991. Anomalies: The endowment effect, loss aversion, and status quo bias. *Journal of Economic Perspectives,* 5:193–206.

Kahneman, D., Slovic, P., & Tversky, A. 1982. *Judgment under uncertainty: Heuristics and biases.* New York: Cambridge University Press.

Kass, L. 1992. Organs for sale? Propriety, property, and the price of progress. *The Public Interest,* 107:65–86.

———. 1994. *The hungry soul.* New York: Free Press.

Keil, F. 1989. *Concepts, kinds, and cognitive development.* Cambridge, MA: MIT Press.

Keltner, D. 2009. *Born to be good: The science of a meaningful life.* New York: Norton.

Keltner, D., & Haidt, J. 2003. Approaching awe, a moral, spiritual, and aesthetic emotion. *Cognition and Emotion,* 17:297–314.

Keys, D. J. & Schwartz, B. 2007. "Leaky" rationality: How research on behavioral decision making challenges normative standards of rationality. *Perspectives on Psychological Science,* 2:162–80.

Kieran, M. 2005. *Revealing art.* New York: Routledge.

King, L. A., Burton, C. M., Hicks, J. A., & Drigotas, S. M. 2007. Ghosts, UFOs, and magic: Positive affect and the experiential system. *Journal of Personality and Social Psychology,* 92:905–19.

King, S. 1981. *Danse macabre.* New York: Everest.

Klinger, E. 2009. Daydreaming and fantasizing: Thought flow and motivation. In K. D. Markman, W. M. P. Klein, & J. A. Suhr (Eds.), *Handbook of imagination and mental simulation.* New York: Psychology Press.

Kniffin, K., & Wilson, D. S. 2004. The effect of non-physical traits on the perception of physical attractiveness: Three naturalistic studies. *Evolution and Human Behavior*, 25:88–101.

Koestler, A. 1964. *The act of creation*. New York: Dell.

Kripke, S. 1980. *Naming and necessity*. Cambridge, MA: Harvard University Press.

Kruger, J., Wirtz, D., Van Boven, L., & Altermatt, T. 2004. The effort heuristic. *Journal of Experimental Social Psychology*, 40:91–98.

Lamont, a. m . 2001. Infants' preferences for familiar and unfamiliar music: A socio-cultural study. Paper read at Society for Music Perception and Cognition, August 9.

Langlois, J. H., & Roggman, L. A. 1990. Attractive faces are only average. *Psychological Science*, 1:115–21.

Langlois, J. H., Roggman, L. A., & Rieser-Danner, L. A. 1990. Infants' differential social responses to attractive and unattractive faces. *Developmental Psychology*, 26:153–59.

Langlois, J. H., Kalakanis, L., Rubenstein, A. J., Larson, A., Hallam, M., & Smoot M. 2000. Maxims or myths of beauty? A meta-analytic and theoretical review. *Psychological Bulletin*, 126:390–423.

Layard, R. 2005. *Happiness: Lessons from a new science*. New York: Penguin.

Lee, S., Frederick, D., & Ariely, D. 2006. Try it, you'll like it. The influence of expectation, consumption, and revelation on preferences for beer. *Psychologial Science*, 17:1054–58.

Lehman, E. B., Arnold, B. E., & Reeves, S. L. 1995. Attachments to blankets, teddy bears, and other nonsocial objects: A child's perspective. *Journal of Genetic Psychology*, 156:443–59.

Lehrer, J. 2009. *Proust was a neuroscientist*. New York: Houghton Mifflin.

Lerdahl, F., & Jackendoff, R. 1983. *A generative theory of tonal music*. Cambridge, MA: MIT Press.

Leslie, a. m . 1994. Pretending and believing: Issues in the theory of ToMM. *Cognition*, 50:193–200.

Levinson, J. 1979. Defining art historically. *British Journal of Aesthetics*, 19:232–50.

———— 1989. Refining art historically. *Journal of Aesthetics and Art Criticism*, 47:21–33.

————. 1993. Extending art historically. *Journal of Aesthetics and Art Criticism*, 51:411–23.

Levitin, D. J. 2006. *This is your brain on music*. New York: Dutton.

————. 2008. *The world in six songs: How the musical brain created human nature*. New York: Dutton.

Levy, G. D., Taylor, M. G., & Gelman, S. A. 1995. Traditional and evaluative aspects of flexibility in gender roles, social conventions, moral rules, and physical laws. *Child Development*, 66:515–31.

Lieberman, D., Tooby, J., & Cosmides, L. 2007. The architecture of human kin detection. *Nature*, 445:727–31.

Lieberman, M. D., Ochsner, K. N., Gilbert, D. T., & Schacter, D. L. 2001. Do amnesiacs exhibit cognitive dissonance reduction? The role of explicit memory and attention in attitude change. *Psychological Science*, 12:135–40.

Lindenbaum, S. 2004. Thinking about cannibalism. *Annual Review of Anthropology*, 33:251–69.

Locke, J. 1690/1947. *An essay concerning human understanding*. New York: Dutton.

Macnamara, J. 1982. *Names for things: A study in human learning*. Cambridge, MA: MIT Press.

Mar, R. A., & Oatley, K. 2008. The function of fiction is the abstraction and simulation of social experience. *Perspectives on Psychological Science*, 13:173–92.

Marcus, G. 2008. *Kluge: The haphazard construction of the human mind*. New York: Houghton Mifflin.

Markman, E. 1989. *Categorization and naming in children*. Cambridge, MA: MIT Press.

Martin, C. L., Eisenbud, L., & Rose, H. 1995. Children's gender-based reasoning about toys. *Child Development*, 66:1453–71.

Mason, M. F., Norton, M. I., Van Horn, J. D., Wegner, D. M., Grafton, S. T., & Macrae, C. N. 2007. Wandering minds: The default network and stimulus-independent thought. *Science*, 315:393–95.

Mayes, L. C., Swain, J. E., & Leckman, J. F. 2005. Parental attachment systems: Neural circuits, genes, and experiential contributions to parental engagement. *Clinical Neuroscience Research*, 4: 301–13.

McCauley, C. 1998. When screen violence is not attractive. In J. Goldstein(Ed.),

Why we watch: The attractions of violent entertainment. New York: Oxford University Press.

McCauley, R. N., & Lawson, E. T. 2002. *Bringing ritual to mind: Psychological foundations of cultural forms*. New York: Cambridge University Press.

McClure, S. M., Li, J., Tomlin, D., Cypert, K .S., Montague, L. M., & Montague, P. R. 2004. Neural correlates of behavioral preference for culturally familiar drinks. *Neuron*, 44:379–87.

McDermott, J., & Hauser, M. D. 2007. Nonhuman primates prefer slow tempos but dislike music overall. *Cognition*, 104:654–68.

McEwan, I. 2005. Literature, science, and human nature. In J. Gottschall & D. S. Wilson (Eds.), *The literary animal: Evolution and the nature of narrative*. Evanston: University of Illinois Press.

McGinn, C. 2005. *The power of movies*. New York: Random House.

McGraw, A. P., Tetlock, P. E., & Kristel, O. V. 2003. The limits of fungibility: Relational schemata and the value of things. *Journal of Consumer Research*, 30:219–29.

McLaren, A. 2007. *Impotence: A cultural history*. Chicago: University of Chicago Press.

Medin, D. L. 1989. Concepts and conceptual structure. *American Psychologist*, 44:1469–81.

Medin, D. L., & Ortony, A. 1989. Psychological essentialism. In S. Vosniadou & A. Ortony (Eds.), *Similarity and analogical reasoning*. New York: Cambridge University Press.

Menand, L. 2002. What comes naturally. *The New Yorker*, November 22.

———— 2009. Saved from drowning: Barthelme reconsidered. *The New Yorker*, February 23.

Michaels, J. 2007. Three selections from *The masochist's cookbook*. http://www.mcsweeneys.net/2007/6/5michaels.html.

Miller, C. L., Younger, B. A., & Morse, P. A. 1982. The categorization of male and female voices in infancy. *Infant Behavior and Development*, 5:143–59.

Miller, G. F. 2000. *The mating mind: How sexual selection shaped human nature*. London: Heinemann.

————. 2001. Aesthetic fitness: How sexual selection shaped artistic virtuosity as a fitness indicator and aesthetic preferences as mate choice criteria. *Bulletin of*

Psychology and the Arts, 2:20–25.

———— 2009. *Spent: Sex, evolution, and consumer behavior.* New York: Viking.

Miller, G. F., Tybur, J., & Jordan, B. 2007. Ovulatory cycle effects on tip earnings by lap-dancers: Economic evidence for human estrus? *Evolution and Human Behavior*, 28:375–81.

Miller, W. I. 1997. *The anatomy of disgust.* Cambridge, MA: Harvard University Press.

————. 1998. Sheep, joking, cloning, and the uncanny. In M. C. Nussbaum & C. R. Sunstein (Eds.), *Clones and clones: Facts and fantasies about human cloning.* New York: Norton.

Moreland, R. D., & Beach, S. 1992. Exposure effects in the classroom: The development of affinity among students. *Journal of Experimental Social Psychology*, 28:255–76.

Morreall, J. 1993. Fear without belief. *The Journal of Philosophy*, 90:359–66.

Nelissen, R. M., & Zeelenberg, M. 2009. When guilt evokes self-punishment: Evidence for the existence of a Dobby effect. *Emotion*, 9: 118–22.

Nemeroff, C., & Rozin, P. 1989. "You are what you eat": Applying the demand-free "impressions" technique to an unacknowledged belief. *Ethos: The Journal of Psychological Anthropology*, 17:50–69.

————. 2000. The makings of the magical mind. In K. S. Rosengren, C. N. Johnson, & P. L. Harris (Eds.), *Imagining the impossible: Magical, scientific, and religious thinking in children.* New York: Cambridge University Press.

Nettle, D. 2005. What happens in *Hamlet?* Exploring the psychological foundation of drama. In J. Gottschall & D. S. Wilson (Eds.), *The literary animal: Evolution and the nature of narrative.* Evanston: University of Illinois Press.

Newman, G., Diesendruck, G., & Bloom, P. Under review. Celebrity contagion and the value of objects.

Nichols, S. 2006. Introduction. In S. Nichols (Ed.), *The architecture of the imagination: New essays in pretence, possibility, and fiction.* New York: Oxford University Press.

Norton, M. I., Mochon, D., & Ariely, D. 2009. *The IKEA effect: Why labor leads to love.* Paper presented at the Society of Personality and Social Psychology, Tampa, FL.

Nozick, R. 1974. *Anarchy, state, and utopia.* New York: Basic Books.

Nussbaum, M. C. 2001. *Upheavals of thought: The intelligence of emotions.* New York: Cambridge University Press.

Nuttall, A. D. 1996. *Why does tragedy give pleasure?* New York: Oxford University Press.

Onishi, K. H., & Baillargeon, R. 2005. Do 15-month-old infants understand false beliefs? *Science,* 308:255–58.

Onishi, K. H., Baillargeon, R., & Leslie, A. M. 2007. 15-month-old infants detect violations in pretend scenarios. *Acta Psychologica,* 124:106–28.

Opie, I., & Opie, P. 1959. *The lore and language of schoolchildren.* New York: Oxford University Press.

Pagel, M. 1997. Desperately concealing father: A theory of parent-infant resemblance. *Animal Behaviour,* 53:973–81.

Pascoe, J. 2005. *The hummingbird cabinet: A rare and curious history of romantic collectors.* Ithaca, NY: Cornell University Press.

———. 2007. Collect-me-nots. *New York Times,* May 17.

Penton-Voak, I. S., Perrett, D. I., Castles, D., Burt, M., Koyabashi, T., & Murray, L. K. 1999. Female preference for male faces changes cyclically. *Nature,* 399:741–42.

Perrett, D. I., May, K. A., Yoshikawa, S. 1994. Facial shape and judgments of female attractiveness. *Nature,* 368:239–42.

Piattelli-Palmarini, M. 1994. *Inevitable illusions: How mistakes of reason rule our minds.* New York: Wiley.

Pinker, S. 1994. *The language instinct.* New York: Norton.

———. 1997. *How the mind works.* New York: Norton.

———. 2002. *The blank slate: The denial of human nature in modern intellectual life.* New York: Viking.

———. 2007. Toward a consilient study of literature. *Philosophy and Literature,* 31:161–7.

———. 2008. The moral instinct. *New York Times Magazine,* January 13.

Plassmann, H., O'Doherty, J., Shiv, B., & Rangel, A. 2008. Marketing actions can modulate neural representations of experienced pleasantness. *Proceedings of the National Academy of Sciences,* 105:1050–54.

Pollan, M. 2006. *The omnivore's dilemma: A natural history of four meals.* New York: Penguin.

Preissler, M. A., & Bloom, P. 2008. Two-year-olds use artist intention to understand drawings. *Cognition,* 106:512–18.

Putnam, H. 1973. Meaning and reference. *Journal of Philosophy,* 70:699–711.

———. 1975. The meaning of "meaning." In H. Putnam (Ed.), *Philosophical papers 2: Mind, language and reality.* Cambridge: Cambridge University Press.

Quammen, D. 2006. *The reluctant Mr. Darwin: An intimate portrait of Charles Darwin and the making of his theory of evolution.* New York: Norton.

Quinn, P. C., Yahr, J., Kuhn, A., Slater, A. M., & Pascalis, O. 2002. Representation of the gender of human faces by infants: A preference for female. *Perception,* 31:1109–21.

Radford, C. 1975. How can we be moved by the fate of Anna Karenina? *Proceedings of the Aristotelian Society,* 49:67–80.

Ramachandran, V. S., & Blakeslee, S. 1998. *Phantoms in the brain.* New York: Harper Perennial.

Rawson, C. 1985. Eating people. *London Review of Books,* January 24.

Real, M. R. 1977. *Mass-mediated culture.* Edgewood Cliffs, NJ: Prentice-Hall.

Reza, Y. 1997. *Art: A play.* Trans. C. Hampton. London: Faber & Faber.

Rhodes, G. 2006. The evolutionary psychology of facial beauty. *Annual Review of Psychology,* 57:199–226.

Rhodes, G., Sumich, A., & Byatt, G. 1999. Are average facial configurations attractive only because of their symmetry? *Psychological Science,* 10:52–58.

Robinson, K. 2009. *The element: How finding your passion changes everything.* New York: Viking.

Rowling, J. K. 2000. *Harry Potter and the chamber of secrets.* New York: Scholastic.

Rozin, P. 1976. The selection of food by rats, humans, and other animals. In J. S. Rosenblatt, R. A. Hinde, E. Shaw, & C. Beer (Eds.), *Advances in the study of behavior,* vol. 6. New York: Academic Press.

———. 1986. One-trial acquired likes and dislikes in humans: Disgust as a US, food predominance, and negative learning predominance. *Learning and Motivation,* 17:180–189.

———— 2004. Meat. In S. Katz (Ed.), *Encyclopedia of food*. New York: Scribner.

———— 2005. The meaning of "natural": Process more important than content. *Psychological Science*, 16:652–58.

————. 2006. Domain denigration and process preference in academic psychology. *Perspectives on Psychological Science*, 1:365–76.

Rozin, P., & Fallon, A. 1987. A perspective on disgust. *Psychological Review*, 94:23–41.

Rozin, P., Haidt, J., & McCauley, C. R. 2000. Disgust. In M. Lewis & J. M. Haviland-Jones (Eds.), *Handbook of emotions*, 2nd ed. New York: Guilford Press.

Rozin, P., Markwith, M., & Ross, B. 2006. The sympathetic magical law of similarity, nominal realism, and neglect of negatives in response to negative labels. *Psychological Science*, 1:383–84.

Rozin, P., Millman, L., & Nemeroff, C. 1986. Operation of the laws of sympathetic magic in disgust and other domains. *Journal of Personality and Social Psychology*, 50:703–12.

Rozin, P., & Schiller, D. 1980. The nature and acquisition of a preference for chili pepper by humans. *Motivation and Emotion*, 4:77–101.

Rozin, P., & Vollmecke, T. A. 1986. Food likes and dislikes. *Annual Review of Nutrition*, 6:433–56.

Sacks, O. 2007. *Musicophilia: Tales of music and the brain*. New York: Knopf.

Sagarin, B. J., & Skowronski, J. J. 2009. The implications of imperfect measurement for free-choice carry-over effects: Reply to M. Keith Chen's (2008) "Rationalization and cognitive dissonance: Do choices affect or reflect preferences?" *Journal of Experimental Social Psychology*, 45:421–23.

Salinger, J. D. 1959. *Raise high the roof beam, carpenters, and Seymour: An introduction*. New York: Little, Brown & Company.

Sandel, M. J. 2007. *The case against perfection: Ethics in the age of genetic engineering*. Cambridge, MA: Harvard University Press.

Sapolsky, R. M. 2005. *Monkeyluv: And other essays on our lives as animals*. New York: Scribner.

Sendak, M. 1988. *Where the wild things are*. New York: HarperCollins.

Shutts, K., Kinzler, K. D., McKee, C. B., & Spelke, E. S. 2009. Social information guides infants' selection of foods. *Journal of Cognition and Development*, 10:1–17.

Siegal, M., & Share, D. 1990. Contamination sensitivity in young children. *Developmental Psychology*, 26:455–58.

Silva, P. J. 2006. *Exploring the psychology of interest*. New York: Oxford University Press.

Singer, P. 1999. The Singer solution to world poverty. *New York Times Magazine*, September 5.

————— 2009. *The life you can save: Acting now to end world poverty*. New York: Random House.

Skolnick, D., & Bloom, P. 2006a. The intuitive cosmology of fictional worlds. In S. Nichols (Ed.), *The architecture of the imagination: New essays on pretense, possibility, and fiction*. Oxford: Oxford University Press.

—————. 2006b. What does Batman think about SpongeBob? Children's understanding of the fantasy/fantasy distinction. *Cognition*, 101:B9–B18.

Slater, A., Von der Schulenburg, C., Brown, E., Badenoch, M., Butterworth, G., Parsons, S., & Samuels, C. 1998. Newborn infants prefer attractive faces. *Infant Behavior and Development*, 21:345–54.

Smith, E. W. 1961. The power of dissonance techniques to change attitudes. *Public Opinion Quarterly*, 25:626–39.

Smith, J. 1995. People eaters. *Granta*, 52:69–84.

Smith, J., & Russell, G. 1984. Why do males and females differ? Children's beliefs about sex differences. *Sex Roles*, 11:1111–20.

Soussignan, R. 2002. Duchenne smile, emotional experience, and autonomic reactivity: A test of the facial feedback hypothesis. *Emotion*, 2:52–74.

Steele, C. M., & Liu, T. J. 1983. Dissonance processes as self-affirmation. *Journal of Personality and Social Psychology*, 45:5–9.

Strahilevitz, M., & Lowenstein, G. 1998. The effect of ownership history on the valuation of objects. *Journal of Consumer Research*, 25:276–89.

Styron, W. 1979. *Sophie's choice*. New York: Random House.

Sylvia, C., & Nowak, W. 1997. *A change of heart: A memoir*. New York: Time Warner.

Tajfel, H. 1970. Experiments in intergroup discrimination. *Scientific American*, 223:96–102.

—————. 1982. Social psychology of intergroup relations. *Annual Review of*

Psychology, 33:1–39.

Taylor, M. 1996. The development of children's beliefs about social and biological aspects of gender differences. *Child Development*, 67:1555–71.

———. 1999. *Imaginary companions and the children who create them.* New York: Oxford University Press.

Taylor, M., Hodges, S. D., & Kohanyi, A. 2003. The illusion of independent agency: Do adult fiction writers experience their characters as having minds of their own? *Imagination, Cognition, and Personality*, 22:361–80.

Taylor, M., & Mannering, A. M. 2007. Of Hobbes and Harvey: The imaginary companions of children and adults. In A. Goncu & S. Gaskins (Eds.), *Play and development: Evolutionary, sociocultural and functional perspectives.* Mahwah NJ: Lawrence Erlbaum Associates.

Taylor, T. 2004. *The buried soul: How humans invented death.* Boston: Beacon Press.

Tetlock, P. E., Kristel, O. V., Elson, B., Green, M. C., & Lerner, J. 2000. The psychology of the unthinkable: Taboo trade-offs, forbidden base rates, and heretical counterfactuals. *Journal of Personality and Social Psychology*, 78:853–70.

Theroux, P. 1992. *The happy isles of Oceania.* New York: Putnam.

Tomasello, M., Carpenter, M., Call, J., Behne, T., & Moll, H. 2005. Understanding and sharing intentions: The origins of cultural cognition. *Behavioral and Brain Sciences*, 28:675–91.

Trainor, L. J., & Heinmiller, B. M. 1998. The development of evaluative responses to music: Infants prefer to listen to consonance over dissonance. *Infant Behavior and Development*, 21:77–88.

Trehub, S. E. 2003. The developmental origins of musicality. *Nature Neuroscience*, 6:669–73.

Trivers, R. L. 1972. Parental investment and sexual selection. In B. Campbell (Ed.), *Sexual selection and the descent of man, 1871–1971.* Chicago: Aldine.

Tylor, E. B. 1871/1958. *Primitive culture, vol 2: Religion in primitive culture.* New York: Harpers & Brothers.

Vonnegut, K. 2006. Vonnegut's blues for America. *Sunday Herald (Scotland)*, February 5.

Walton, K. L. 1990. *Mimesis as make-believe.* Cambridge, MA: Harvard University Press.

Walzer, M. 1984. *Spheres of justice: A defense of pluralism and equality*. New York: Basic Books.

Wangdu, K. S. 1941. Report on the discovery, recognition, and enthronement of the fourteenth Dalai Lama. New Delhi: Government of India Press. Reprinted in *Discovery, recognition, and enthronement of the fourteenth Dalai Lama: A collection of accounts* (edited by Library of Tibetan Work & Archives). New Delhi: Indraprastha Press.

Wedekind, C., & Furi, S. 1997. Body odour preferences in men and women: Do they aim for specific MHC combinations or simply heterozygosity? *Proceedings of the Royal Society of London*, Series B, *Biological Science*s, 264:1471–79.

Weinberg, M. S., Williams, C. J., & Moser, C. 1984. The social constituents of sadomasochism. *Social Problems*, 31:379–89.

Weinberg, S. 1977. *The first three minutes: A modern view of the origin of the universe*. New York: Basic Books.

Weisberg, D. S., Sobel, D. M., Goodstein, J., & Bloom, P. Under review. Preschoolers are reality-prone when constructing stories.

Weisman, A. 2007. *The world without us*. New York: Thomas Dunne Books.

Welder, A. N., & Graham, S. A. 2001. The influence of shape similarity and shared labels on infants' inductive inferences about nonobvious object properties. *Child Development*, 72:1653–73.

Wilson, E. O. 1999. *The diversity of life*. New York: Norton.

Wiltermuth, S. S., & Heath, C. 2009. Synchrony and cooperation. *Psychological Science*, 20:1–5.

Winner, E. 1982. *Invented worlds: The psychology of the arts*. Cambridge, MA: Harvard University Press.

Winnicott, D. W. 1953. Transitional objects and transitional phenomena: A study of the first not-me possession. *International Journal of Psychoanalysis*, 34:89–97.

Wright, L. 1997. *Twins: And what they tell us about who we are*. New York: Wiley.

Wright, R. 2000. *Nonzero: The logic of human destiny*. New York: Little, Brown.

Wright, R. N. 2007. *Black boy: A record of childhood and youth*. New York: Harper Perennial.

Wynn, K. 1992. Addition and subtraction by human infants. *Nature*, 358:749–50.

————. 2000. Findings of addition and subtraction in infants are robust and consistent: A reply to Wakeley, Rivera and Langer. *Child Development*, 71:1535–36.

————. 2002. Do infants have numerical expectations or just perceptual preferences? *Developmental Science*, 2:207–9.

Wynne, F. 2006. *I was Vermeer: The rise and fall of the twentieth century's greatest forger*. New York: Bloomsbury.

Xu, F. 2007. Sortal concepts, object individuation, and language. *Trends in Cognitive Sciences*, 11:400–406.

Yenawine, P. 1991. *How to look at modern art*. New York: Harry N. Abrams.

Zajonc, R. B. 1968. Attitudinal effects of mere exposure. *Journal of Personality and Social Psychology Monographs*, 9:1–27.

Zunshine, L. 2006. *Why we read fiction: Theory of mind and the novel*. Columbus: Ohio State University Press.

————. 2008. Theory of mind and fictions of embodied transparency. *Narrative*, 16:65–92.

ㄱ

ㄴ

우리는 왜 빠져드는가?

펴낸날	초판 1쇄 2011년 6월 7일
	초판 5쇄 2013년 11월 7일

지은이	폴 블룸
옮긴이	문희경
펴낸이	심만수
펴낸곳	(주)살림출판사
출판등록	1989년 11월 1일 제9-210호

주소	경기도 파주시 문발동 522-1
전화	031-955-1350 팩스 031-624-1356
홈페이지	http://www.sallimbooks.com
이메일	book@sallimbooks.com

ISBN   978-89-522-1576-5   03180